»Shedden - Brudermord bei den Bandidos«

von Alex Caine

Übersetzt von Rudolf Mast

Lizenznehmer:

© Stattverlag KG
Bruchwitzstr. 36
12247 Berlin
Germany

ISBN 978-3-937542-05-8
1. Auflage Juni 2011

Titel der kanadischen Originalausgabe «The Fat Mexican: The Bloody Rise Of The Bandidos Motorcycle Club»
Published by arrangement with Random House Canada an imprint of the Knopf Random Canada Publishing Group which is a division of Random House of Canada Limited

Für meine Kinder

Hoch auf einem Felsen saß ein Adler und hielt Ausschau, um Hasen zu erbeuten. Da traf ein Jäger ihn mit seinem Pfeil. Das Geschoss drang tief in seine Brust ein, doch der Schaft mit den Federn stand vor seinen Augen. Der Adler bemerkte es und sprach: „Welch neuer Schmerz, dass von den eigenen Federn ich muss sterben."

Äsop: Der getroffene Adler

Inhalt

Prolog

Jamie Flanz hatte Angst. Trotzdem hörte er nicht auf, den blutverschmierten Scheunenboden zu schrubben. Unter seiner blauen Nylonjacke schwabbelte bei jeder Bewegung der dicke Bauch. Oft hatten die anderen ihn deswegen aufgezogen und einen gestrandeten Wal genannt. Er hatte mit ihnen darüber gelacht, aber nicht, weil er es lustig fand, sondern weil er dazugehören wollte.

Er stand unter Schock. Er wollte nach Hause. Nicht in sein Haus in Keswick, seinem Wohnort, sondern nach Montreal, dorthin, wo seine Familie lebte. Er wollte den Weg der Gier und des fehlgeleiteten Ehrgeizes, der ihn zu diesem Horrorszenario am Ende der Welt geführt hatte, verlassen und zu dem einfacheren, sicheren Leben der Vergangenheit zurückkehren.

Während Jamie den Boden zu säubern versuchte, sah er immer wieder an die Stelle des kalten Betons, auf der bis vor wenigen Minuten inmitten all der anderen Männer sein Mentor Boxer gesessen hatte, ein Biker der alten Schule, der zwar nicht dumm war, mit den Fäusten aber mehr zu überzeugen wusste als mit dem Verstand. Er war der ranghöchste Anwesende gewesen, und Jamie begriff nicht, warum Boxer sich nicht gewehrt hatte. Nun war er tot. Alle anderen – zumindest alle, die noch lebten – schienen sich mit der Niederlage abgefunden zu haben, die ihnen durch die eigenen Leute, Freunde und Mitglieder der Bandidos, beigebracht worden war, und begnügten sich damit, Jamie zuzusehen, wie er die Beweise für das Blutbad beseitigte, das kurz zuvor hier stattgefunden hatte. Allerdings sah es eher so aus, als würden Jamie und Mikey die Blutlachen nicht entfernen, sondern nur auf dem rissigen Beton hin und her schieben.

In letzter Zeit hatte Jamie oft an Montreal gedacht. Er war mehrfach drauf und dran gewesen, den Club zu verlassen. Inzwischen hatte er begriffen, wie dumm es gewesen war, diesen Schritt hinauszuschieben, um den vermeintlich günstigsten Zeitpunkt abzupassen. Er war wütend auf sich selbst, aber auch auf die anderen, die bei der Schießerei den Kürzeren gezogen hatten. Er konnte nicht begreifen, warum sie sich nahezu widerstandslos in ihr Schicksal ergeben hatten. Als junger Mensch in Montreal hatte er erlebt, wie seine Familie das Los der Opfer des Holocausts beklagte und beweinte. Statt einzustimmen, hatte er sich darüber aufgeregt, weil ihm diese Menschen wie Lämmer vorkamen, die sich zur Schlachtbank führen ließen. Damals hatte er sich vorgenommen, sich gegebenenfalls zu wehren und niemals freiwillig in den Tod zu gehen.

Und doch schrubbte er nun den Boden von Wayne Kellestines Scheune und ergab sich wehrlos in sein Schicksal, das – so sah es zumindest aus – noch in dieser Nacht den Tod für ihn bereithielt.

Die letzten beiden Wochen waren ausgesprochen turbulent verlaufen. Jamie hatte beschlossen, die Bandidos zu verlassen und woanders hinzuziehen. Zeuge eines Mordes zu werden hatte ihn zutiefst verängstigt, und allein der Entschluss, sich zurückzuziehen, hatte sich wie eine Befreiung angefühlt. Er hatte sogar schon mit seinem Bruder die Möglichkeit diskutiert, zurück nach Montreal zu kommen.

Was er besaß, würde er verkaufen. Das Geld aus dem Drogendeal, der gerade jetzt hier in der Scheune über die Bühne gehen sollte, hätte ihm vielleicht sogar ermöglicht, in die USA zu gehen, wo seine Frau und seine Kinder lebten. Weil dort ein Verfahren gegen ihn anhängig war und die kanadischen Behörden in einem Mordverfahren auch gegen ihn ermittelten, konnte er jedoch nicht einfach so die Grenze passieren, zumindest nicht in der dafür vorgesehenen Art und Weise.

Der Club konnte darauf vertrauen, dass er über die Drogen kein Wort verlieren würde – und auch nicht über diese Nacht. Selbst nach dem Mord an Shawn Douse hatte er geschwiegen, obwohl die Tat in seinem eigenen Haus geschehen war. Sie wussten, dass auf ihn Verlass war. Er war kein Verräter. Aber warum wollte man ihn dann jetzt umbringen? Eine Weile lang hatte er es für möglich gehalten, das einige von ihnen lebend davonkommen würden. Doch je mehr Zeit verging und je weiter die Zahl der Opfer stieg, desto mehr schwand die vage Hoffnung, die Nacht zu überleben.

Jamie kehrte das Blut seiner toten Freunde über den Beton. Dass Wayne Kellestine ihn hasste, erklärte er sich damit, dass er Jude war. In einer dunklen Vorahnung hatte er Frank „Bam Bam" Salerno, den Präsidenten des Chapters Toronto, gestanden, dass er mit einem unguten Gefühl zu Kellestine fahren würde. Kellestine war ein bekennender Rassist mit einer Vorliebe für die Symbole und das Gedankengut der Nazis. Als Boxers Anwärter stand Jamie unter dessen Schutz und war deshalb eigentlich vor Kellestine und seinen verqueren Ansichten sicher. In dieser Nacht aber war Boxer mit vorgehaltener Waffe zunächst aus dem Gefecht genommen und kurz darauf nach draußen gebracht worden, von wo er nicht mehr zurückkehren würde.

Jamie schrubbte den Boden und verfluchte sich dafür, dass er George nicht abgesagt hatte. Hätte er doch bloß den Wagen nicht abgeschleppt oder wenigstens darauf verzichtet, ihn zu durchsuchen. Seit jener Nacht vor zwei Wochen war die Absicht, den Club zu verlassen, sowohl komplizierter als auch verlockender geworden. Der Anteil, der ihm aus dem Drogendeal zustand, hätte ihn in die Lage versetzt, ein neues Leben anzufangen. Aber einen der gefürchtetsten Motorradclubs der Welt zu verlassen, dazu gehörte mehr, als seine Tasche zu packen und zu gehen.

Der George, an den Jamie dachte, war George „Pony" Jesso, Fahrer eines Abschleppwagens und Mitglied des Chapters Toronto. George stammte von der Prince-Edward-Insel und war vor etwa 30 Jahren nach Ontario gekommen. Nun verbrachte er seine Nächte damit, die Straßen von Rexdale, einem Vorort im Norden Torontos, auf der Suche nach willigen Mädchen und herrenlosen Autos zu durchkämmen. In dieser Nacht im März 2006 hatte er aber offensichtlich etwas anderes vor und Jamie Flanz, Anwärter aus Keswick, Ontario, gebeten, für ihn einzuspringen. Als Anwärter blieb Jamie keine andere Wahl, als „Ja" zu sagen, aber das machte ihm nichts aus. Alles war besser als eine weitere einsame Nacht in einem ansonsten leeren Haus.

Die Nacht war ereignislos und langweilig verlaufen. Bei seiner letzten Runde durch die Straßen von Rexdale war Jamie ein älterer Oldsmobile aufgefallen, der auf der falschen Straßenseite geparkt war. Er war langsam daran vorbeigefahren und hatte nach einem Parkschein hinter der Windschutzscheibe gesucht: Fehlanzeige. Anhand der Nummernschilder war Jamie jedoch aufgefallen, dass das Auto in Quebec zugelassen war. Daraufhin wendete er und hielt neben dem Auto. Von Montreal nach Toronto ist es nicht sonderlich weit, aber in letzter Zeit kam es Jamie vor, als liege seine Heimatstadt auf der anderen Seite der Welt. Er starrte mehrere Minuten lang auf die Nummernschilder, eher er sich einen Ruck gab und alle sentimentalen Gedanken abschüttelte. Dann steig er aus, um den Wagen an den Haken zu nehmen.

Zehn Minuten später war er auf dem Weg zum Sammelplatz für alle abgeschleppten Autos. Ehe er ihn erreichte, hielt er noch einmal an – vorgeblich, um sich zu vergewissern, dass der Oldsmobile fest vertäut war. In Wahrheit aber nutzte er die Gelegenheit, den Wagen rasch zu durchsuchen. Weil er nichts fand, betätigte er den Hebel, der den Kofferraum öffnete. Dann ging er zum Heck des Autos, um dort nach Wertsachen zu suchen. Im Kofferraum lagen ein alter blauer Schlafsack und eine mit Kleidung gefüllte Sporttasche – nichts, was Jamie gebrauchen konnte.

Er wollte die Haube gerade schließen, als ihm die Griffe einer weiteren Tasche auffielen. Sie stand am äußersten Ende des Kofferraumes, wo sie kaum zu sehen war. Jamie zog sie heraus, sah hinein und fiel fast auf den Hintern. In der Tasche lagen Unmengen kleiner durchsichtiger Tüten, die ein weißes Pulver enthielten. Als Türsteher und Biker hatte Jamie in seinem Leben genügend Drogen gesehen, um mit Sicherheit sagen zu können, dass es sich um Kokain handelte. Den Wert schätzte er überschlagsmäßig auf mehrere Hunderttausend Dollar.

Draußen waren Schüsse zu hören, aber Jamie schrubbte unverdrossen den Boden der Scheune und versuchte, das Blut im rissigen Beton verschwinden zu lassen. Ihm war klar, dass einer nach dem anderen aus der Scheune nach draußen gebracht würde, wo der Tod auf ihn wartete. Boxer war als Erster an der Reihe gewesen, und im Laufe der Nacht würden alle anderen folgen.

In jener Nacht in Rexdale hatte Jamie den Wagen auf dem Sammelplatz abgestellt und die Tasche mit dem Kokain mitgenommen. Es war ein riskantes Spiel. Shawn Douse, der Drogendealer, der in Jamies Haus in Keswick getötet worden war, musste sterben, weil er der Schwester eines Bandidos ein paar Gramm Kokain überlassen hatte. Mit dem Besitz verstieß sie gegen ihre Bewährungsauflagen, was wiederum ihren Bruder auf die Palme brachte. Einer der Bandidos, die später des Mordes beschuldigt wurden, sagte aus, dass Douse drei Unzen Kokain, knapp 100 Gramm, bei sich hatte, als er in die tödliche Falle ging. Wenn die Bandidos für solch geringe Mengen töteten, was würden sie für Mengen tun, wie sie Jamie in die Hände gefallen waren?

Wenn er nicht wie Shawn enden wollte, musste er gegenüber dem Club mit Bedacht vorgehen. Als Erstes rief er seinen Förderer John „Boxer" Muscedere an. Boxer war 48 Jahre alt und ein Biker der alten Schule. Er stammte aus Chatham, Ontario, und lebte in Toronto. Dass Jamie sich Boxer anvertraute, verlangten erstens die Regeln der Bandidos, und zweitens konnte er sich sicher sein, dass Boxer ihm helfen würde.

Da niemand wusste, wem die Drogen gehörten, entschied Boxer, dass es sicherer war, sie aus der Stadt zu bringen. Als Ziel wählte er Winnipeg, wo es ein Bandidos-Chapter auf Probe gab, was hieß, dass es noch beweisen musste, dass es die endgültige Aufnahme in den Club verdient hatte. Auf diese Weise waren die Drogen dem Zugriff des wahren Besitzers entzogen, und die Bandidos von Toronto würden mit dem Diebstahl nicht in Verbindung gebracht. Boxer bat seinen alten Freund und Präsidiumskollegen Wayne Kellestine, als Mittelsmann aufzutreten und alles Nötige zu veranlassen. Die Beziehungen zwischen Winnipeg und Toronto hatten zuletzt ein wenig gelitten, aber Wayne fungierte in Toronto als Ansprechpartner für die Leute aus Winnipeg, und daher glaubte Boxer, dass er die Differenzen zwischen den beiden Chaptern zumindest so weit aus der Welt räumen könnte, dass alle

Beteiligten aus dem Zufallsfund Profit ziehen konnten. Und vielleicht würde ein warmer Geldregen auch die Spannungen beseitigen, die zuletzt zwischen Boxer und Kellestine geherrscht hatten.

Boxer war im Jahr 2002 zum nationalen Präsidenten der kanadischen Bandidos gewählt worden. Kellestine war offenbar der Ansicht, dass diese Ehre ihm zugestanden hätte, doch einstweilen musste er sich mit dem Amt des nationalen Sergeant at Arms zufriedengeben. Es kursiert auch das Gerücht, dass er drei Autos und eine Harley-Davidson für sich reklamierte, die anderen Bandidos aus Toronto gehörten, und damit das restliche Chapter verärgert hat. Die Autos befanden sich in Newmarket, Ontario, und der Besitzer des Grundstücks, auf dem sie standen, hatte angekündigt, sie zu beschlagnahmen, weil die Bandidos ihre Miete nicht bezahlt hatten. Kellestine war mit einem Lastwagen hingefahren und hatte die Autos auf seine Farm gebracht – offensichtlich mit der Absicht, sie zu behalten.

Nachdem bei einem Treffen aller kanadischen Bandidos in Toronto beraten worden war, was mit dem Kokain passieren sollte, schlossen die beiden Männer Frieden miteinander – zumindest vorläufig. Die Aktion selbst sollte auf Waynes Farm unweit von London, Ontario, über die Bühne gehen. Sie lag einsam und abgelegen und war deshalb geradezu ideal für dunkle Geschäfte. Noch aber war keine Einigkeit darüber erzielt worden, wie viel Geld den Besitzer wechseln und wann das Kokain den Weg nach Winnipeg antreten sollte.

Draußen fielen wieder Schüsse, die davon kündeten, dass noch ein Biker hingerichtet worden war. Jamie schrubbte weiter.

Wayne hatte Michael „Taz“ Sandham, den Präsidenten des Chapters Winnipeg, beauftragt, einen Käufer für das Kokain zu suchen. Taz, Boxer und Kellestine trafen sich in Toronto und entschieden, dass die Drogen, sobald sie in Winnipeg angekommen waren, an einen einzelnen Abnehmer verkauft werden sollten und nicht, auch wenn das mehr Geld gebracht hätte, nach und nach in kleineren Mengen an mehrere Interessenten. Je weniger Menschen beteiligt wären, desto unwahrscheinlicher war es, dass der ursprüngliche Besitzer Wind von der Sache bekam. Mit der hatte Jamie Flanz nichts mehr zu tun. Die Fäden hielten längst kaltblütigere und wohl auch gierigere Männer in Händen.

Kurze Zeit später fand in Jamies Haus ein zweites Treffen statt, an dem Kellestine und Mitglieder des Chapters Toronto teilnahmen. Dass die Biker ihre Geschäfte in seinem Haus abwickelten, muss Jamie das Gefühl gegeben haben, es bis ins Machtzentrum des Clubs geschafft zu haben. Aber vielleicht hat ihn die Anwesenheit der Männer auch daran erinnert, wie viel in dieser Sache auf dem Spiel stand und dass es höchste Zeit war, seine Absicht, den Club zu verlassen, in die Tat umzusetzen – sobald er das Geld aus dem Verkauf der Drogen in der Tasche hatte.

Jamie hatte die Tasche mit den Drogen Boxer übergeben. Der hatte zwei Kilo in eine kleinere Sporttasche umgefüllt und sie Kellestine übergeben, damit er Interessenten von der Qualität der Ware überzeugen konnte. Wayne äußerte sich nicht dazu, ob es sich bei potenziellen Käufern, die er und das Chapter Winnipeg ausfindig gemacht hatten, um Bandidos handelte, aber er sagte, dass sich die Männer aus Winnipeg für sie verbürgten und bei der Übergabe die Sicherheit gewährleisten würden. Die Vorbereitungen würden zirka eine Woche dauern. Wenn alles bereit wäre, würde er sich beim Chapter Toronto melden. Mit diesen Worten und zwei Kilogramm Kokain im Gepäck machte er sich auf den Weg.

Allen anderen muss klar gewesen sein, dass es sehr gewagt war, Kellestine für eine ganze Woche so viel Kokain anzuvertrauen. Weil er selbst leidenschaftlich gern schnupfte, war es nicht ausgeschlossen, dass er nach einer Woche zu einem unberechenbaren Irren mutiert war.

Und wenn Jamie sah, wie Wayne singend und tanzend und mit einem Gewehr in der Hand in der Scheune herumsprang, dann musste er zu dem Schluss kommen, dass genau das passiert war.

Kellestine hatte Jamie und Mikey – ein 31-Jähriger, der mit dem Handel von gebrauchten Anhängern sein Geld verdiente – beauftragt, Choppers Leichnam in einen alten Teppich einzurollen. Luis „Chopper“ Raposo war einer der wenigen Bandidos, die dem blutigen Bikerkrieg der 90er Jahre in Quebec mit heiler Haut und unbeschädigtem Aufnäher entkommen war. Daraufhin hatte er sich dem Chapter in Toronto angeschlossen, wo es, zumindest bis jetzt, deutlich friedlicher zuging. Unter den aufmerksamen Blicken mehrerer bewaffneter Männer hatten Jamie und Mikey das leblose Bündel aufgehoben, nach draußen gebracht und in eines der Autos gelegt, mit denen sie früher am Tage aus Toronto gekommen waren.

Nachdem Jamie Boxer von dem Drogenfund erzählt hatte, hatte er große Zuversicht verspürt. Er vertraute Boxer blind und wusste, dass er sich auf den Präsidenten der Bandidos verlassen konnte. Doch genau das schien sich nun als tödlicher Irrtum zu erweisen.

Am letzten Tag seines Lebens hatte Jamie lange geschlafen. Er hatte seiner Mutter versprochen, sie morgens anzurufen. Doch dafür war er zu spät aufgestanden. Normalerweise telefonierten sie täglich miteinander. Obwohl er schon 37 Jahre alt war, sorgte sie sich um ihn, und das nicht ohne Grund. Immerhin wurde er verdächtigt, am Mord an Shawn Douse beteiligt gewesen zu sein.

Als Gelegenheitsdealer war Douse den Behörden bestens bekannt, und die Leiche war rasch identifiziert. Die Polizei glaubte, dass er zwischen dem 6. und 8. Dezember 2005 erschlagen worden war. Sein Leichnam wurde in Pickering gefunden, wo die Mörder noch versucht hatten, ihn anzuzünden – mit bescheidenem Erfolg. Langwierige Ermittlungen führten zur Verhaftung von vier Bandidos, die in der Folge verschiedenster Straftaten angeklagt und später verurteilt wurden. Aus unterschiedlichen Gründen war keiner der vier an diesem Tag auf Waynes Farm – zwei waren geschäftlich in einer anderen Provinz, einer war untergetaucht, und einer saß im Gefängnis. Wenige Wochen später erfolgte die Verhaftung wegen des Mordes an Douse. Und obwohl Jamie an der brutalen Ermordung von Douse nicht unmittelbar beteiligt gewesen war, hatte das Erlebnis in ihm den Wunsch geweckt, den Club zu verlassen, ehe er Vollmitglied geworden war.

Zwar war er mit einem mulmigen Gefühl zu Kellestines Farm gefahren, doch was ihn und die anderen an Schrecklichem erwartete, hatte er sich beim besten Willen nicht vorstellen können. Genauso wenig hatte er ahnen können, dass er keine Gelegenheit mehr haben würde, den Anruf bei seiner Mutter nachzuholen. Als er Anwärter wurde, war ihm durchaus klar, dass er gelegentlich mit Gewalt konfrontiert sein würde. Das gehörte dazu. Doch der bedingungslose Zusammenhalt, von dem ihm ältere Mitglieder gelegentlich erzählten, schien arg gelitten zu haben und nicht mehr existent, sobald es um Geld ging.

Während Jamie darauf wartete, nach draußen geführt zu werden, wurde ihm klar, dass dies ein ganz spezieller Tag war. Doch diese Erkenntnis kam leider zu spät.

Ich komme nicht umhin, Mitleid für Jamie Flanz zu empfinden, einem bescheidenen Kind aus guter Familie, ein Hüne, dessen enorme Körperkraft in umgekehrtem Verhältnis zu seinem Selbstwertgefühl stand. Mit seiner Kraft und seiner Präsenz wirkte er auf viele Menschen bedrohlich, und da er zeitweilig in der Computerbranche tätig war, entsprach er genau dem Menschenschlag, den die frisch gegründeten kanadischen Bandidos gebrauchen konnten.

Ich kenne diese Männer – oder zumindest kannte ich ihre Vorgänger sehr gut. Im Zuge meiner Arbeit als verdeckter Ermittler habe ich mich für drei Jahre in das Bandidos-Chapter Bellingham, Washington, eingeschleust. Damals, es waren die frühen 80er Jahre, war George Wegers Vizepräsident des Chapters – später war er der internationale Präsident aller Bandidos weltweit. Sergeant at Arms war Pete „Mongo" Price, der Wegers treu ergeben war und es bis heute ist. Wegers und ich haben oft zusammengesessen und über seine Vorstellungen für die Zukunft des Clubs gesprochen. Vieles von dem, was er mir seinerzeit erzählt hat, ist Wirklichkeit geworden. Mit Mongo verstand ich mich anfangs gar nicht, aber irgendwie haben wir uns arrangiert.

Die Bandidos, genau wie ihre berühmteren Rivalen, die Hells Angels, haben Erfolg, weil sie Leute wie Jamie Flanz anziehen. Diese Männer lockt die Aussicht auf Macht, Wohlstand und Kameradschaft.

Um Anerkennung zu finden, sind sie bereit, Schwierigkeiten in Kauf zu nehmen. Die meisten Menschen fürchten sich vor den Männern mit den Abzeichen auf ihren Kutten, aber fasziniert sind sie gleichwohl. Und diese intensive Reaktion zu erleben ist für die meisten jungen Anwärter mehr Bestätigung, als sie in ihrem normalen Leben je erhoffen dürfen. Während meiner Zeit in Washington wurde ich schnell zum Vollmitglied ernannt, und ich habe den Reiz, den diese Kameradschaft auf einen jungen Menschen ausüben kann, sehr wohl verspürt. Später zuzusehen, wie die Polizei hereinstürmt und die Clubmitglieder aufgrund von Beweisen verhaftet, die ich zusammengetragen hatte, war eines der schwersten Dinge, die ich je erlebt habe. Ich brauchte Jahre, um damit klarzukommen. Und diese Art von Kameradschaft ist der Köder, mit dem die Clubs neue Mitglieder rekrutieren. Dummerweise wird dieser Umstand von einem anderen, ungleich grausameren überdeckt, einem Umstand, den Jamie gerade im Begriff war zu begreifen, als das Verhängnis in jenem Frühjahr seinen Lauf nahm: Als Biker hat man beste Chancen, jung zu sterben.

Über die Hells Angels ist viel geschrieben worden, die Bandidos sind hingegen deutlich weniger bekannt. Seit sie in den 1960er Jahren in einer kleinen Stadt am Golf von Mexiko gegründet wurden, teilen sie und die Angels eine gemeinsame Geschichte. Die nicht enden wollenden Streitigkeiten und Konflikte in der Welt der Einprozenter haben die Entwicklung beider Clubs maßgeblich beeinflusst. Es ist daher keine Überraschung, dass die Angels, wie dieses Buch zeigen wird, ihre Fingerabdrücke in Wayne Kellestines Scheune hinterlassen haben. Und das Kokain, das Jamie in die Hände fiel, gehörte ursprünglich – den Hells Angels.

Um zu verstehen, wie es zu einem der größten Massenmorde in der Geschichte der Motorradclubs und dem wohl schlimmsten in der Geschichte Kanadas kommen konnte, müssen wir vorn beginnen. Ganz vorn. Ich lade Sie ein zu einer Geschichtsstunde, in der viel von Schusswaffen, Drogen und gestohlenen Autos die Rede sein wird (auch wenn die Banden selbst das stets abstreiten: Wenn sie beteiligt sind, geht es immer um Verbrechen, das war so, ist so, bleibt so). Um die Bandidos besser kennenzulernen, als viele ihre Mitglieder sie kennen, müssen wir uns in eine andere Zeit und an einen anderen Ort begeben: nach Texas im Jahre 1965.

Die, vor denen unsere Eltern uns gewarnt haben

Im Sommer 1965 besang Elvis den tränenreichen Besuch einer Kirche, und die Beach Boys priesen die Vorzüge der kalifornischen Mädchen. Noch lag der Sommer der Liebe in der Zukunft, aber die Veränderung lag bereits in der Luft. Um sich zu einer Gruppe zusammenzuschließen, die sich der Gewalt und dem Chaos verschrieb, war es jedenfalls ein merkwürdiger Zeitpunkt. Und doch erblickte in dem kleinen Fischerdorf San Leon am Golf von Mexiko ein solches Monstrum die Welt.

Anfangs war die Ansammlung von hartgesottenen Männern gar nicht so furchterregend; es handelte sich um eine kleine Gruppe von Dockarbeitern, die meisten von ihnen Veteranen des Vietnamkrieges, die sich nach Feierabend und an den Wochenenden trafen, um gemeinsam zu feiern. Im Frühjahr 1966 formte Donald Chambers daraus einen Motorradclub. Zuvor war er in mehreren anderen Clubs Mitglied gewesen, hatte sie jedoch sämtlich als zu lahm und zu zahm befunden.

Chambers sah exakt so aus, wie Biker in den 60er Jahren auszusehen hatten: Er war dünn und drahtig, trug schulterlanges Haar, riesige Koteletten und die entsprechende Kleidung. Als er die Bandidos gründete, war er Mitte 30, hatte eine Vorliebe für kanadischen Whisky und war dafür bekannt, dass er beim kleinsten Anlass die Fäuste fliegen ließ oder ein Messer zückte. Für seinen Club wollte er die verwegensten Männer gewinnen, und die ersten fand er ziemlich schnell. Vor allem wegen des Buches von Hunter S. Thompson hatten es die Hells Angels gerade erst zu landesweiter Bekanntheit gebracht. Chambers und seine Kumpane waren davon überzeugt, es in jeder Hinsicht mit den Hells Angels aufnehmen zu können, und machten sich umgehend daran, es zu beweisen.

Den von ihm gegründeten Club nannte Chambers „Bandidos" – eine Referenz an die mexikanischen Desperados und Revolutionäre Pancho Villa und Emilio Zapata, die, so meinte Chambers, ein freies Leben geführt hatten und sich von niemandem etwas hatten vorschreiben lassen. Und so wurde ein Ausspruch Zapatas zu einem wichtigen Motto der Bandidos: „Lieber als freier Mann sterben denn als unfreier Mann leben." Das Erkennungszeichen der Bandidos, auch „Fat Mexican" genannt, zeigt einen dickbäuchigen Desperado mit Sombrero. Er lächelt und hält in der einen Hand eine Pistole, in der anderen eine Machete. Chambers warb von Anfang an auch um Hispanics, spanischsprechende Amerikaner, als Mitglieder und unterschied sich damit grundlegend von der „Nur Weiße"-Politik der Hells Angels. Auch für die Bezeichnungen von Ämtern und Titeln wählte er spanische Ausdrücke, die bis heute gebräuchlich sind: Der nationale Präsident heißt El Presidente, der Schatzmeister El Secretario und so weiter. Das Clubabzeichen ähnelt frappierend dem „Frito Bandito", einer Comicfigur, die ab 1967 für einen Snack der Firma FritoLay Reklame machte, und obwohl der Club seinen Namen bereits 1966 bekam, erblickten der dicke Mexikaner und Frito Bandito nahezu zeitgleich das Licht der Welt, so dass eine wechselseitige Beeinflussung zumindest wahrscheinlich ist.

Die Farben Gold und Rot auf dem Abzeichen und im Schriftzug der Bandidos hat Chambers angeblich beim US-Marinekorps ausgeborgt – dem er früher selbst angehörte. Eine besondere Note bekommt die mexikanische Ausrichtung der Bandidos, wenn man sich die Verehrung des Alamo und seiner Geschichte in Erinnerung ruft. (Ich habe sehr schnell begriffen, dass solcherlei Widersprüche an der Tagesordnung sind, sobald man mit Bikern zu tun hat). Einmal hat Chambers für die Mitglieder des Clubs sogar Visitenkarten drucken lassen. Am oberen Rand der goldenen Karte standen in roter Schrift die Worte: „Wir sind die, vor denen unsere Eltern uns gewarnt haben." Am linken Rand standen die drei Buchstaben „FTW", kurz für „Fuck The World". In der Mitte der Karte stand: „Zum Biker geboren, zum Bandido berufen, zum Liebhaber bestimmt. Du hattest soeben die Ehre mit …" Es folgte eine Linie, auf die das Mitglied seinen Namen setzen konnte.

Der Club war eine ideale Anlaufstelle für Veteranen, die die Kameradschaft und die hierarchischen Strukturen aus ihrer aktiven Zeit beim Militär vermissten. Das befremdliche Gesellschaftsbild, das sie sich auf den Schlachtfeldern Südostasiens zugelegt hatten, und die Zurückweisung, die sie nach ihrer Heimkehr erlebt hatten, bestärkten sie in ihrem Gefühl der Entfremdung und der Ausgrenzung. Sie kamen in ein Land zurück, in dem sie offenbar nicht mehr erwünscht waren, sie verfügten über Fähigkeiten und Kenntnisse, an denen im bürgerlichen Leben niemand Bedarf hatte. So war es nahezu zwangsläufig, dass sie den Kontakt zueinander suchten und unter sich blieben. (Es ist bemerkenswert, dass viele Beamte, die auf Seiten des Gesetzes gegen die Biker vorgehen, ebenfalls Veteranen sind. Da auch ich als Soldat in Vietnam war, zähle ich dazu.)

Die Bandidos gaben sich schon bald nicht mehr damit zufrieden, gemeinsam Motorrad zu fahren und zu feiern. Hinzu kam der Diebstahl von Motorrädern, die sie, wenn sie knapp bei Kasse waren, auseinandernahmen und in Einzelteilen verkauften oder, wenn ihre eigenen Maschinen streikten, selbst benutzten. Obwohl der Club nie aufhörte, mit gestohlenen Teilen zu handeln, wurde der Diebstahl selbst bald Anwärtern übertragen, die vor der Aufnahme in den Club eine Art Probezeit bestehen mussten. Den Vollmitgliedern schmeckte Diebstahl zu sehr nach Arbeit.

Dass die Ausübung von Straftaten delegiert wird, ist in der Welt der Outlaw-Motorradclubs ziemlich weit verbreitet. Schätzungen der Behörden zufolge kommen auf jedes Vollmitglied zwischen fünf und 30 Anwärter und Sympathisanten, sogenannte Hangarounds, die ihm jederzeit zu Diensten sind und gewöhnliche Hausarbeit ebenso klaglos erledigen wie kriminelle Machenschaften. Letzteres schützt die Biker vor Verfolgung durch die Strafbehörden, wohingegen die Drohung mit Vergeltung jedem Anwärter oder Sympathisanten auch dann noch die Lippen versiegelt, wenn er von der Polizei gefasst und verhört wird.

Rasch fand der Club Möglichkeiten, schneller und bequemer an Geld zu kommen: Sex und Drogen, wenn auch nicht immer in dieser Reihenfolge. Als Badeort war San Leon ein beliebter Anlaufpunkt für attraktive junge Frauen. Geradezu mit Begeisterung stiegen sie auf die Harley-Davidsons der Bandidos und ließen sich von ihnen auf wilde Partys mitnehmen. Drogen gab es dort stets mehr als genug, und die jungen Mädchen abhängig zu machen war nicht schwer. Waren sie erst einmal süchtig, wurden sie als Stripperinnen, Hostessen oder Prostituierte anschaffen geschickt.

Wenn man die Leute heute danach befragt, was in ihren Augen für Biker typisch ist, dann gründen ihre Antworten oft auf Bildern, die aus Hollywood und Filmen wie «Easy Rider» mit Dennis Hopper und Peter Fonda stammen. Damals aber, in den 60er Jahren, hieß die Antwort: Geld. Das Leben der Bandidos erschöpfte sich darin, Motorrad zu fahren, zu trinken und zu feiern. Sie entwickelten sich schnell zu einer nicht zu unterschätzenden asozialen Macht, die von der abschätzig „Bürger" genannten Mehrheitsgesellschaft bewundert und gefürchtet wurde. Mit anderen Clubs sahen sie sich selbst mindestens auf Augenhöhe, wenn nicht gar überlegen. Irgendwann Ende der 60er Jahre, um ein Beispiel zu nennen, auf das die Bandidos sich selbst gern berufen, wollten die Hells Angels in Houston ein Chapter gründen. Chambers und einige andere Bandidos besuchten sie und rieten ihnen, wieder zu verschwinden, was sie kurz darauf auch taten. Und Hells Angels einzuschüchtern ist kein leichtes Unterfangen.

1968 verlegte der Club das Zentrum seiner Aktivitäten nach Corpus Christi, Texas, wie San Leon ein Badeort, aber ungleich größer und beliebter. Dort stand auch ein größeres Reservoir an Frauen zur Verfügung, aus dem sie auswählen konnten. Frauen wurden bald ein wesentlicher Bestandteil der Vereinsstrukturen, und dass, obwohl sie nie als gleichwertig behandelt wurden. Selbst „Old Ladys" wie Frauen und Freundinnen genannt werden, gelten als Eigentum ihrer Männer beziehungsweise Freunde und tragen Aufnäher, die das unterstreichen. Die Bandidos sind versierte Zuhälter, aber sie benutzen Frauen auch als

Informanten. Stripperinnen aus ihrem Umfeld berichten ihnen über den Drogenhandel und Polizeieinsätze in den verschiedenen Bars, andere Frauen arbeiten vielleicht bei der Polizei oder in Behörden und lassen den Bandidos vertrauliche Informationen zukommen.

Im selben Maße wie der Club wuchs auch das Geschäft mit Drogen. 1970 bestanden die Bandidos aus etwa 20 Vollmitgliedern, die sämtlich in der Region rund um Corpus Christi lebten. Ein Jahr darauf beschloss das Chapter Long Island des Pagans Motorcycle Club, sich selbst ein Bild von den texanischen Bikern zu machen, deren Ruf inzwischen bis zu ihnen vorgedrungen war. Gerüchte besagen, dass die Pagans den Club eigentlich schlucken und die Mitglieder übernehmen wollten, aber daran waren die Bandidos offensichtlich nicht interessiert. Dennoch empfingen sie ihre Verwandten aus dem Norden freundlich. Mit den Pagans von damals war nicht zu spaßen. Später gelang es ihnen nicht, neue Mitglieder zu werben, was ihren Einfluss schmälerte. Doch in den 60ern und 70ern gehörten sie unbestritten zu den „Big Four", und im Osten der USA sind sie bis heute eine Macht. Doch ungeachtet ihres Einflusses sahen die Männer aus Texas in ihnen letztlich nichts als Eindringlinge aus dem Norden. Die Bandidos waren vom Scheitel bis zur Sohle Südstaatler, was sie nur dann vergaßen, wenn es um lukrative Geschäfte ging.

Die Pagans verstanden sich auf die Herstellung von Methamphetamin. Lou Dobkins, der die Pagans 1959 gegründet hatte, arbeitete als Biochemiker beim nationalen Gesundheitsinstitut der USA – wahrlich eine unheilvolle Fügung. Die Pagans ließen die Bandidos an ihrem Wissen teilhaben, im Gegenzug lieferten die Bandidos die Stripperinnen für die Bars der Pagans. Als Zeichen der Freundschaft wurde ein Aufnäher entworfen, der den dicken Mexikaner der Bandidos mit dem Zutar, dem Symbol der Pagans, kombinierte.

Bei einem späteren Besuch bei den Bandidos ließen einige Pagans Geld und Drogen mitgehen, was die Südstaatler in ihrer Überzeugung bestärkte, dass man den Yankees nicht über den Weg trauen konnte. Dieses grundsätzliche Misstrauen hat sich nie gelegt, selbst wenn es in letzter Zeit Anzeichen dafür gibt, dass sich die beiden Clubs ausgesöhnt haben, um gemeinsam gegen die Hells Angels anzutreten. 1977 ermordeten zwei Mitglieder der Bandidos einen Anwärter der Pagans, weil er sich mit dem „falschen" Abzeichen auf ihrem Hoheitsgebiet hatte blicken lassen. Die Polizei geht davon aus, dass der Befehl dazu direkt von Ronny Hodge kam, dem damaligen nationalen Präsidenten der Bandidos. Für die Tat ist jedoch nie jemand zur Rechenschaft gezogen worden.

Wie in der Szene üblich behaupteten die Bandidos vom ersten Tag ihres Bestehens an, dass es ihnen allein um die Motorräder, gemeinsame Ausfahrten und gemeinsames Feiern ging. Die Fakten sprechen eine andere Sprache. 1972 entführten die Bandidos Donald Chambers, Jesse Fain „Injun" Deal und „Crazy" Ray Vincente die beiden Drogendealer Marley Leon und Preston LeRay Tarver aus El Paso, Texas. Sie hatten gewagt, den Bandidos statt Methamphetamin Backpulver zu verkaufen. Die Bandidos verschleppten und folterten sie mit tatkräftiger Unterstützung ihrer Frauen mehrere Tage lang. Dann brachten sie die beiden Brüder im Alter von 17 und 21 Jahren in die Wüste im Norden der Stadt und zwangen sie, ihr eigenes Grab auszuheben. Schließlich erschossen die Bandidos sie und steckten die leblosen Körper in Brand. Mit dem Spaß an gemeinsamen Ausfahrten und Feiern ließ sich das wahrlich nicht mehr erklären.

Chambers, Deal und Vincente konnten wegen dieser Morde verurteilt werden, weil ein Augenzeuge gegen sie aussagte. Chambers wurde zu lebenslanger Haft verurteilt. Die Verteidigung der Biker übernahmen Joe und Lee Chagra, beides Brüder von Jimmy Chagra, dem wir später noch begegnen werden. Später gab es Bestrebungen, sich von der Droge unabhängig zu machen, und zwar sowohl hinsichtlich des eigenen Konsums als auch hinsichtlich des Handels damit. Fakt ist jedoch, dass der Drogenhandel bis heute eine unverzichtbare Einnahmequelle des Clubs bildet. In dieser Hinsicht sind die Bandidos ihren Anfängen treu geblieben, und zwar vor allem im Süden der USA, wo die „konservativen", traditionsverbundenen Mitglieder in der Mehrheit sind.

Das besondere Image und das schnelle Geld, das damit zu verdienen war und ist, macht den Drogenhandel zu ihrem bevorzugten Tätigkeitsfeld. Die geografische Nähe zu Mexiko, wo sämtliche illegale Drogen zu haben sind, kommt begünstigend hinzu.

Mitte der 70er Jahre war der Club auf geschätzte 700 Mitglieder angewachsen, jeweils mehrere Chapter gab es in Texas, Alabama, South Dakota und Washington, einzelne auch in Indiana und Montana.

Da Chambers im Gefängnis saß, wurde Ronny Hodge als neuer nationaler Präsident gewählt. Hodge war früher ebenfalls bei der Marine und trug den Spitznamen „Mr. Prospect", weil seine Zeit als Anwärter nur einen Monat gedauert hatte. Er galt als der abgefeimteste Mann im ganzen Club. Nach seiner Wahl legte er sich den Kampfnamen „Stiefmutter" zu – Chambers hatte sich „Mutter" genannt.

Hodge, der fraglos noch entschlossener war als Chambers, formte den Club dadurch um, dass er sich aller Mitglieder entledigte, die er für unzuverlässig und der Mitgliedschaft für unwürdig hielt. Das führte dazu, dass die Chapter in Montana und Indiana aufgelöst wurden. (Später wurden die Bandidos in Montana wieder ansässig.) Trotz dieses Aderlasses legte der Club hinsichtlich Macht und Einfluss zu, und sehr schnell fanden sich willige Rekruten, die auch die Mitgliederzahlen wieder wachsen ließen.

Unter Hodges Leitung besuchten die Bandidos 1978 erstmals die Bike Week in Daytona Beach. Dafür schlossen sie sich mit den Outlaws zusammen, die in Florida besonders stark vertreten waren. Daraus entwickelte sich eine dauerhafte Zusammenarbeit, und die engen Verbindungen bestehen bis heute, obwohl beide Clubs seither deutlich gewachsen sind. Wie in den Clubs selbst, so ging es auch bei der Zusammenarbeit vor allem um Drogen. Sehr bald übernahmen es die Outlaws, die Bandidos mit Kokain zu versorgen, umgekehrt lieferten die Bandidos Methamphetamin. Und nicht zuletzt dank dieser Verbindung zählen die Bandidos bis heute zu den „Big Four" der Motorradclubs.

1978 wurde im texanischen San Antonio auf den Staatsanwalt James Kerr geschossen. Kurz darauf wurde der Bundesrichter John J. Woods Opfer eines Attentats. Vor seinem Haus in San Antonio traf ihn eine Kugel in den Rücken. Woods hatte den Spitznamen „Maximum John", weil er in Drogenprozessen regelmäßig Höchststrafen verhängte. Auch Kerr, der viele Verfahren gemeinsam mit Woods bestritt, war dafür bekannt, für Drogendealer hohe Strafen zu fordern.

Ein Lieferwagen, der exakt so aussah wie jener, der bei dem Mord an Kerr verwendet worden war, wurde auf dem Grundstück eines Bandidos gefunden. Bei einer Gegenüberstellung identifizierte Kerr später drei Bandidos als mögliche Attentäter. Für beide Anschläge galten Mitglieder des Clubs als Hauptverdächtige, und sowohl die Bundespolizei als auch die texanischen Behörden übten enormen Druck auf die Bandidos aus. Sie wurden observiert, fotografiert und abgehört, und Dutzende Mitglieder wurden vor Gericht zitiert, wo sie unter Eid aussagen mussten.

Für den Mord am Richter verurteilt wurde schließlich ein Mann namens Charles Harrelson, der Vater des Schauspielers Woody Harrelson. Für den Mord erhielt er ein Blutgeld in Höhe von 250.000 Dollar, das ein Mitglied der Chagra-Familie aus El Paso ausgesetzt hatte – ein Drogenhändler, der eine Verurteilung durch Woods fürchtete. Jimmy Chagra wurden im Zusammenhang mit dem Mord mehrere Verbrechen zur Last gelegt. Ihm gelang es, bis auf einen alle Vorwürfe zu entkräften: Wegen Irreführung des Gerichts und Behinderung der Ermittlungen erhielt er eine Haftstrafe von zehn Jahren. Im Verfahren wegen des Attentats auf Kerr bekannte er sich hingegen schuldig und wurde zu lebenslanger Haft verurteilt. Seine dritte Ehefrau Elizabeth, die Harrelson das Geld übergeben hatte, wurde ebenfalls zur Rechenschaft gezogen. Sie bekam 30 Jahre, erlebte ihre Entlassung jedoch nicht mehr, sondern starb hinter Gittern. Jimmy, der in einem anderen Verfahren noch einmal 30 Jahre aufgebrummt bekommen hatte, wurde 2003 entlassen. Kurz danach heiratete er erneut, und Berichten zufolge lebte er zurückgezogen, bis er 2008 an Krebs starb.

Lange vor diesen Ereignissen hatte der Club sein Hauptquartier nach Houston verlegt. Doch unter dem Druck der Behörden wichen sie nach Corpus Christi aus, was mancher Behördenvertreter als Eingeständnis der Niederlage wertete. Hodge wurde im Oktober 1980 unter dem Vorwurf der schweren Körperverletzung verhaftet, und obwohl es nie zu einer Verurteilung kam, trat er als nationaler Präsident zurück. Sein Nachfolger wurde Alvin Frakes. Hodges zog sich in seinen Heimatort Rapid City in South Dakota zurück. Gleichwohl gingen die Behörden davon aus, dass er weiterhin alle wichtigen Entscheidungen traf. Frakes hatte sich nie sonderlich hervorgetan und wurde als Präsident auch nicht gewählt, sondern von Hodges ernannt. Deshalb nahm die Polizei an, dass er nur als Strohmann diente, der die Aufmerksamkeit vom eigentlichen Chef ablenken sollte. Die Selbstverständlichkeit, mit der Hodge später in das Amt zurückkehrte, lässt die Theorie glaubwürdig erscheinen. Doch falls er geglaubt haben sollte, so dem Druck der Behörden entgehen zu können, dann hatte er sich geirrt.

Auch wenn die Bandidos ziemlich gewieft waren, wurden sie von den Maßnahmen, die die Polizei nach den Attentaten von San Antonio ergriff, ziemlich überrascht. 1%-Motorradclubs wurden kurzerhand zu kriminellen Organisationen erklärt, Bargeld und Wertgegenstände konfisziert. Damals richteten viele Polizeidienststellen spezielle Dezernate ein, die sich ausschließlich um Zusammenschlüsse von Einprozentern kümmerten. Auch wenn es keine Biker waren, die die Schüsse in San Antonio abgegeben hatten, machten die Behörden sie gleichwohl für die Taten verantwortlich. Und obwohl den Bandidos in diesen Fällen nichts nachzuweisen war, galt das auch für sie.

Die US-amerikanischen Medien griffen das Thema, das ihnen die Behörden lieferten, dankbar auf, und überall im Lande landeten Biker in den Schlagzeilen – meistens im Zusammenhang mit schlechten Nachrichten. Niemand Geringeres als Ronald Reagan, seines Zeichens Präsident der USA, erklärte den vier großen Clubs des Landes im Fernsehen den Krieg. Dann erließ er eine Verfügung, die die Motorradclubs auf die Liste der kriminellen Organisationen setzte, gegen die nach Sondergesetzen wie dem Racketeer Influenced and Corrupt Organizations Act (RICO) vorgegangen werden konnte. Die Pagans, die Outlaws, die Hells Angels und die Bandidos fanden sich auf dieser illustren Liste wieder. Zweifellos erfüllte es manch einen Bandido mit Stolz, dass ihnen die Gefährlichkeit offiziell bescheinigt wurde. Doch die staatlichen Ermittler standen damit unter mächtigem Erfolgsdruck und waren bestrebt, Ermittlungsergebnisse vorzulegen. Außerdem wurden ihnen Mittel zur Verfügung gestellt, von den sie zuvor nur hatten träumen können. Die Operation, von der nun die Rede sein soll, hatte ein Budget von mehr als drei Millionen Dollar.

Das FBI und die DEA, die nationale Behörde für Drogenbekämpfung, beschlossen, den Angriff auf die Bandidos im Nordwesten des Landes zu beginnen. Das Chapter Bellingham im US-Staat Washington lag denkbar weit entfernt vom Zentrum des Clubs in Texas, und die Behörden hofften, sich am Pazifik sogar den ein oder anderen Fehler erlauben zu können, ohne anderswo die Ermittlungen zu gefährden. Außerdem war die Motorradsaison aufgrund des rauen Klimas dort so kurz, dass die Bandidos die längste Zeit nicht mit dem gesamten Chapter verbrachten, sondern in kleinen Gruppen. In der Tat war das Clubleben dort so unverbindlich, dass nur einmal im Monat „Kirchgang“ abgehalten wurde, bei dem das Erscheinen Pflicht war. „Kirchgang“, so heißt bei allen Outlaw-Clubs die regelmäßige Versammlung, auf der die Mitglieder Clubangelegenheiten besprechen. Auch wenn sie meistens in rauschenden Partys münden, sind sie eine ernste Angelegenheit. Die Bandidos aus Bellingham nahmen es mit diesen Dingen nicht so ernst und waren ein eher loser Zusammenschluss. Das machte sie in den Augen der Polizei zu einer leichten Beute.

Damit will ich nicht sagen, dass sie nicht ernst genommen werden mussten. Auch in Bellingham gab es Bandidos, die zu Recht gefürchtet waren. Jack „Dr. Jack“ Sekora, Mongo und George Wegers – zumindest diese drei waren intelligente und gewiefte Männer, wie ich schon bald aus erster Hand erfahren sollte. Mongo und Wegers brachten es

später zu landesweiter Prominenz. Ich war dazu ausersehen, die Polizeiaktion vorzubereiten, indem ich mich in den Club einschleuste. Ich hatte zwar schon Erfahrungen als verdeckter Ermittler, aber keinerlei Erfahrung mit Bikern. Deshalb zögerte ich zunächst. Ein anderer Auftrag war noch nicht vollständig abgearbeitet, und die Welt der Biker war mir nicht vertraut. Meine Spezialität waren asiatische Banden. Schließlich ließ ich mich überzeugen und legte mir eine Strategie zurecht, die mir einen Weg in den Club bahnen sollte.

Als Kanadier hatte ich keinerlei Kontakte nach Bellingham. Deshalb legte ich mir die Vita eines gewöhnlichen Kriminellen zu und ließ mich von den Bandidos in die Lehre als Biker nehmen. Das war nicht ganz ohne Risiko. Denn zumindest zu Beginn hatten die Mitglieder keinen Grund, mich in ihrer Nähe zu dulden. Genauso gut hätten sie mich als Konkurrenten und damit als Bedrohung ansehen können. Das blieb mir zwar erspart, dennoch sind Biker gegenüber Fremden notorisch misstrauisch. Ihr Vertrauen zu gewinnen hat mich viel Zeit und Nerven gekostet.

Gleich zu Beginn meiner Zeit in Bellingham kam mir zu Ohren, dass mich ein Clubmitglied verdächtigte, ein Polizeispitzel zu sein. Um meine Tarnung nicht zu gefährden, musste ich in die Offensive gehen und die Verdächtigungen öffentlich machen. Auf einem Parkplatz zu stehen und sich vor einer Horde martialischer Biker erklären zu müssen ist eine Erfahrung, die ich nicht ein zweites Mal machen möchte, aber zu meiner Erleichterung hatte ich Erfolg. Offensichtlich waren sie beeindruckt von meinem Mut – oder, wie sie es nannten, meinen „Eiern".

Anfangs engagierte ich die Biker als „Leibwache" bei Drogendeals, die, da fingiert, stets reibungslos über die Bühne gingen. So kamen sie zu leicht verdientem Geld und ich zu einem immer besseren Ansehen. Schließlich war der Zeitpunkt gekommen, an dem ich mir eine Harley besorgte und die ersten Ausfahrten mitmachte, auf denen ich die Bandidos aus Bellingham besser kennenlernte, aber auch Mitglieder aus anderen Chaptern traf. Binnen weniger Monate absolvierte ich die

Laufbahn vom Bürger über den Sympathisanten und Anwärter bis zum Vollmitglied.

Wegers und Mongo stellten in der Biker-Szene etwas Besonderes dar. Während meiner Zeit als Bandido bin ich beiden ziemlich nahegekommen. Wegers selbst hat mir das Abzeichen eines Einprozenters überreicht. Das Club-Abzeichen wurde für gewöhnlich in großer Runde und vom gesamten Chapter übergeben. Das Abzeichen als Einprozenter erhielt man jedoch von einem ausgewählten Mitglied persönlich, und zwar erst dann, wenn man durch Taten und Verhalten seine Eignung hinreichend unter Beweis gestellt hatte.

Den Ausdruck „Einprozenter" verwenden alle Motorradclubs, deren Mitglieder sich als „Outlaws", als Geächtete begreifen. Entstanden ist der Ausdruck 1947 in Hollister, Kalifornien, wo vor Hunderten Zuschauern ein Motorradrennen stattfand. Unter den Besuchern befanden sich auch Mitglieder des Clubs Piss Off Bastards aus Bloomington, einem der ersten Motorradclubs überhaupt. Einer der Männer wurde am Rande des Rennens verhaftet, woraufhin die anderen versuchten, ihn zu befreien. Das führte zu einer Auseinandersetzung, bei der die halbe Stadt in Mitleidenschaft gezogen wurde. Auf einer Pressekonferenz beteuerte ein Sprecher des amerikanischen Motorradfahrer-Verbandes AMA, dass 99 Prozent aller Motorradfahrer gesetzestreue Männer seien, und ein Polizist bezeichnete die Täter als „Outlaws". Die Clubs übernahmen den Begriff und die Bezeichnung Einprozenter als Ehrentitel. Später änderten die Piss Off Bastards übrigens ihren Namen und nannten sich nach einem Film von Howard Hawks Hells Angels.

Der folgende Text ist ein Auszug aus dem sogenannten „Glaubensbekenntnis der Einprozenter". Auch wenn es vermutlich aus der Feder eines Hells Angels stammt, teilen alle Clubs die in ihm formulierten Ideale:

„Wir Einprozenter bilden das eine Prozent von Männern, die sich von der Gesellschaft, den Politikern und den verlogenen Gesetzen verabschiedet haben. Wir sehen so abstoßend aus, um damit zum Ausdruck zu bringen, dass wir nicht sein wollen wir ihr. Also tretet

uns lieber nicht unter die Augen. Schaut, wer neben euch steht. Es ist euer Bruder. Würdet ihr mit ihm euren Besitz teilen, euer Essen? Wenn ein Bürger euren Bruder schlägt, springt ihr ihm dann zur Seite, ohne nach Gründen zu fragen? Wen interessieren Gründe? Niemand hat immer Recht, auch euer Bruder nicht, aber er ist und bleibt euer Bruder. Einer für alle und alle für einen, das ist die Devise. Wer nicht so denkt, soll aus dem Weg gehen, weil er ein Bürgersöhnchen ist und nicht zu uns gehört."

Mir ist zu Ohren gekommen, dass die Sitte, das Einprozenter-Abzeichen in einer eigenen Zeremonie durch ein verdientes Mitglied zu vergeben, in den letzten Jahren aus der Mode gekommen ist und es nun gemeinsam mit dem Clubabzeichen ausgehändigt wird.

Doch zurück nach Bellingham. George Wegers war humorvoll, hochintelligent und belesen, doch wenn man ihn ärgerte, konnte er sich schlagartig in eine gewalttätige und unberechenbare Furie verwandeln. Mongo war knapp zwei Meter groß und fast 150 Kilogramm schwer. Sein Haar war grell orange gefärbt, weil er beim Färben nicht aufgepasst hatte. In mancherlei Hinsicht vertrat er Ansichten, die, vorsichtig formuliert, verschroben waren. Zum Beispiel liebte er alles, was gelb war, aber nur, solange es ihm gehörte. Trotz seiner Macken hatte er einen festen Job bei Boeing in der Triebwerksentwicklung. Wegers und er bildeten ein schlagkräftiges, wenn auch merkwürdiges Team – ein weiteres Beispiel für die Widersprüche, auf die man bei Bikern so oft stößt.

Seit ich Mitglied der Bandidos war, machte unsere Operation rasche Fortschritte. Nachdem ich bei den Bandidos vor Ort mehrmals Drogen und Waffen gekauft hatte, beschloss die Einsatzleitung, die Aktion auszuweiten. Als Vollmitglied des Clubs war es mir ein Leichtes, Geschäfte mit Bandidos in anderen Teilen der USA zu machen. In kürzester Zeit erbrachten meine Aktivitäten belastendes Material gegen fast 100 Mitglieder in neun Bundesstaaten.

Im Februar 1985 schlugen die Behörden zu und verhafteten 93 Bandidos sowie mehrere Dutzend Anwärter und Sympathisanten, darunter auch die meisten Bandidos aus Bellingham. Wegers war ebenfalls dabei, nur Mongo leider nicht. Zudem fielen der Polizei namhafte Mengen an Drogen und Waffen in die Hände. In Texas wurde ein Schützenpanzer eingesetzt, um ein Clubhaus zu stürmen, in dem sich die Mitglieder verschanzt hatten. Unterdessen war die Hierarchie im Club in Bewegung geraten. Im April 1985 erlag Alvin Frakes einem Krebsleiden. Daraufhin übernahm Hodge erneut das Amt des nationalen Präsidenten und damit die Macht. Allerdings trug er nicht den offiziellen Aufnäher eines El Presidente, sondern den des Präsidenten der Nomads, die zu dieser Zeit stärkste Kraft im Club geworden waren. Zu den Nomads zählten ausschließlich langjährige Mitglieder der Bandidos, die sich vielfach bewährt hatten.

Nomads-Chapter gibt es in allen großen Motorradclubs. In ihnen versammeln sich die verwegensten und unerschrockensten Mitglieder, die in ihren Clubs den Ton angeben. Anders als gewöhnliche Chapter sind sie nicht ortsgebunden, sondern können sich frei im Land bewegen und überall ohne Zustimmung der lokalen Chapter ihren Geschäften nachgehen. Daher der Name „Nomaden“. Lediglich den nationalen Offizieren gegenüber müssen sie sich verantworten, und sehr oft dienen sie ihnen als Bodyguards oder Schutztruppe. Gemeinsam mit ihnen bilden sie das nationale Chapter.

Wieder einmal zog das Hauptquartier der Bandidos um, und zwar von Corpus Christi nach Rapid City in South Dakota. Rapid City war die Heimatstadt von Hodge, in der er auch eine Bar betrieb. Das nationale Chapter war dort drei Jahre lang ansässig, bis die Bar irgendwann in Flammen aufging. Hodge siedelte daraufhin mitsamt dem Hauptquartier nach Memphis, Tennessee, um.

Donald Chambers, der Gründer des Clubs, wurde 1983 vorzeitig aus der Haft entlassen und zog sich aus dem Club zurück. Er ließ sich in El Paso, Texas, nieder, wo er ein vergleichsweise ruhiges Leben führte. Die Tattoos, die ihn als Bandido auswiesen, ließ er entfernen oder unkenntlich machen.

Kurz nach Chambers Haftentlassung beschlossen die Bandidos, den Schritt nach Übersee zu wagen. Natürlich hatten sie mitbekommen, dass die Hells Angels ihnen darin zuvorgekommen waren, aber die Entscheidung, es ebenfalls zu wagen, wurde durch Entwicklungen auf der anderen Seite der Welt begünstigt. In Australien hatten sich bereits mehrere Motorradclubs etabliert, vor allem im Bundesstaat New South Wales waren sie stark vertreten. Einer der führenden Clubs waren die Comancheros, gegründet 1966 und damit im selben Jahr wie die Bandidos.

Einige Comancheros, darunter der Präsident des Chapters Sydney-Stadt, Arthur „Snodgrass" Spencer, hatten während einer USA-Reise Kontakt zu den Bandidos aufgenommen. In Australien war es denkbar leicht, selbst in großen Mengen Phenylaceton, auch P2P genannt, zu beschaffen, eine Chemikalie, die zur Herstellung von Methamphetamin benötigt wurde und in den USA nicht frei verkäuflich war. Die Comancheros erklärten sich bereit, ihre amerikanischen Gesinnungsgenossen damit zu beliefern.

Snodgrass war vom Auftreten der amerikanischen Biker beeindruckt, und offenbar kam er bei den Bandidos gut an. Sie verbrachten viel Zeit miteinander, feierten ausgiebig und gerieten auch ins Fadenkreuz der Polizei, wenn auch ohne Folgen. Im Zuge ihrer USA-Reise verbrachten die Gäste aus Australien auch einige Tage in Bellingham, Washington. Damals war ich Mitglied des dortigen Chapters der Bandidos. Ich erinnere mich noch, dass wir von den Comancheros nicht ganz so angetan waren wie die texanischen Bandidos. Den Namen hatten wir nie zuvor gehört, und auf uns wirkten sie nicht wie echte Biker, sondern wie Figuren aus einem Hollywood-Film.

1983 gab es zwei Chapter der Comancheros: eines in der Innenstadt von Sydney mit Snodgrass als Präsident, ein weiteres in Parmatta, einem Ort wenige Kilometer westlich von Sydney. Dort war William „Jock" Ross Präsident, der zugleich als nationaler Präsident fungierte. Er war es auch, der Snodgrass in den Club geholt hatte. Ross, ein Schotte, der aus Glasgow stammte, hatte einige Veränderungen im Club veranlasst, die darauf abzielten, eine paramilitärische Organisation zu formen. Snodgrass war mit dieser Entwicklung nicht einverstanden; er wollte nicht Soldat, sondern Biker sein (besser gesagt

„Bikie", wie es in Australien heißt). Er und einige andere Comancheros zogen sich aus dem Club zurück, und im Rahmen einer kleinen Zeremonie verbrannten sie ihre Abzeichen. In der Hoffnung, einen australischen Ableger gründen zu dürfen, nahm Snodgrass anschließend Kontakt zu den amerikanischen Bandidos auf. Er fühlte sich ihrer Denk- und Lebensweise verwandt und meinte, dass sich ihre Ideale mit seinen deckten – mehr jedenfalls als die seiner vormaligen Kollegen von den Comancheros.

Australien war für die Bandidos ein sehr dankbares Revier, weil es aufgrund seiner Größe viele Freiheiten bot – und weil man sich dort mühelos P2P beschaffen konnte. Nach ihrem Besuch in den USA galten Snodgrass und seine Kumpane als zuverlässig genug, um die Bandidos würdig zu vertreten. Hodge, der von ihnen deutlich mehr beeindruckt war als wir, gab grünes Licht. So kam es 1983 in Sydney zur Gründung des ersten australischen Chapters der Bandidos. Snodgrass und seine Leute erfüllten sich den Traum von einem Leben als Biker mit großer Hingabe, und sehr schnell war das Chapter für seine rauschenden Partys bekannt – zumindest auch dafür.

Das verbliebene Chapter der Comancheros, das weiterhin von Jock Ross geleitet wurde, reagierte sehr erbost auf die Gründung, die sie als amerikanische Invasion empfanden. Schon durch ihren Austritt aus dem Club hatten Snodgrass und die anderen sich sämtliche Sympathien verscherzt. Dass sie sich einem ausländischen Club angeschlossen hatten, machte es nicht besser. Die frischgebackenen Bandidos wollten ihrerseits mit den Comancheros nichts zu tun haben, es sei denn, dass sie wechselwillig waren. Sehr schnell entwickelte sich zwischen beiden Gruppen eine Rivalität, die sich auch in kleineren Scharmützeln und dem Aufblitzen von Gewalt niederschlug. Auch mit den anderen ansässigen Clubs (wie den Hells Angels und den Rebels) gab es Reibereien, bei denen es um Drogenhandel und andere attraktive Einnahmequellen wie Prostitution und Waffenschieberei ging. Mit ihrem Sprung nach Australien hatten die Bandidos die Zeichen auf Sturm gestellt, und es dauerte nicht lange, bis er ausbrach.

Am Vatertag des Jahres 1984 (in jenem Jahr der 2. September) veranstaltete der British Motorcycle Club, ein zwar ernst zu nehmender, aber alles in allem friedlicher Club, in Milperra, einem südlichen Vorort Sydneys, eine Tauschbörse für Motorradteile – wie es sich für einen Feiertag gehört, gab es Lammbraten vom Spieß –, um damit zugleich den Umzug ihres Hauptquartiers in das Lokal Viking Tavern zu feiern. Nicht erwartet hatten sie, dass sowohl die neuen Bandidos als auch die verbliebenen Comancheros aufkreuzen würden.

Die Spannungen zwischen beiden Clubs hatten sich unterdessen verstärkt. Im August 1984 wurde offiziell der Krieg erklärt, wie es heißt, im Anschluss an ein Telefonat zwischen Snodgrass und Jock Ross. Das bedeutete, dass Mitglieder des einen Clubs die des anderen angreifen würden, wo und wann immer sich Gelegenheit dazu bot.

Am Morgen des 2. September standen mehrere Bandidos vor dem Haus des Comancheros Glen Eaves und teilten ihm mit, dass sie die Absicht hatten, am Fest des British Motorcycle Club teilzunehmen. Damit hatten sie den Fehdehandschuh hingeworfen, und die Comancheros nahmen ihn dankbar auf. Gegen ein Uhr mittags versammelte sich eine bewaffnete Delegation auf einem Parkplatz. Kurz darauf trafen die Bandidos ein, auch sie bis an die Zähne bewaffnet. Ihnen folgte ein Lieferwagen mit weiteren Waffen. Zur Ausrüstung beider Clubs gehörten Baseballschläger, Messer, Ketten, Eisenstangen und sowohl Schrotflinten als auch Gewehre.

Die verfeindeten Gruppen bezogen auf jeweils einer Seite des Parkplatzes Aufstellung, rüsteten sich für den Kampf und warfen sich grimmige Blicke zu. Dann zog Jock Ross eine Machete und fuchtelte damit herum. „Bringt sie um!“ rief er schließlich, und die Schlacht begann. Passanten, die zufällig in der Nähe waren, suchten ängstlich Schutz hinter Autos und Bäumen, während die Biker aufeinander losgingen und sich Schreie und Schüsse zu einem infernalischen Lärm vermischten.

Mehr als 200 Polizisten rückten an und wollten dem Spuk ein Ende bereiten, aber um ein Blutbad zu verhindern, kamen sie zu spät. Das Inferno dauerte nur Minuten, und in dieser Zeit wurden 20 Menschen verletzt und sieben getötet: vier Comancheros, zwei Bandidos und ein halbwüchsiges Mädchen, das von einem Schuss im Gesicht getroffen wurde. Das Massaker von Milperra, als das es in die Geschichte eingegangen ist, war die Botschaft, dass die Bandidos in Australien angekommen waren und niemand sie unterschätzen sollte.

Über das Mädchen, das bei dem Vorfall ums Leben gekommen war, kursierten bald merkwürdige Gerüchte. So hieß es, dass es sich, im Gegensatz zu dem, was auf dem bei ihr gefundenen Ausweis stand, nicht um Leanne Walters handelte, sondern um eine andere Person. Doch die Untersuchung unter anderem der Zähne der Leiche ergab, dass diese Theorie haltlos ist. Trotzdem kursiert sie vor allem im Internet bis heute. Ihr zugrunde liegt offenbar eine schlichte Verwechslung: Ein Foto zeigt angeblich Leanne, doch später fand man heraus, dass man versehentlich das Bild eines anderen Mädchens veröffentlicht hatte.

Die Schießerei bedeutete zugleich das Ende der Vorherrschaft der Comancheros über den Drogenhandel in Sydney. Ihr hinsichtlich Größe und Bedeutung einzig ernst zu nehmender Rivale waren bis dahin die Rebels gewesen; die Hells Angels waren zwar schon seit den späten 70er Jahren in Australien präsent, hatten jedoch zu wenige Mitglieder und zu wenige Charter, um dort so wichtig zu werden wie in nahezu allen anderen Teilen der Welt.

Bereits kurz nach dem Massaker nahm die Polizei 43 Verdächtige fest, doch keiner der Beschuldigten war gewillt auszusagen. Trotzdem wurde Jock Ross vom Gericht als Hauptverantwortlicher ausgemacht und zu lebenslanger Haft verurteilt. Genauso erging es sieben weiteren Comancheros. Wegen Totschlags wanderten 16 australische Bandidos für jeweils 14 Jahre hinter Gitter. Die Verhandlungen dauerten insgesamt drei Jahre, und an ihrem Ende standen 63 Verurteilungen wegen Mordes und 147 wegen Totschlags. Der Prozess war der größte, den Australien bis dahin erlebt hatte.

Auch auf die australischen Waffengesetze hatte das Massaker Einfluss. So wurden halbautomatische Schusswaffen verboten. Eine solche

Waffe war bei dem Vorfall benutzt worden. Diese Maßnahme sorgte für böses Blut bei vielen australischen Waffenbesitzern, und von denen gab es offenbar sehr viele. Die Labour-Partei, die das Gesetz ins Parlament eingebracht hatte, erlitt bei den nachfolgenden Wahlen die empfindlichste Niederlage seit Jahrzehnten – nicht zuletzt wegen des Verbots. Die neue Regierung beeilte sich daher, es zu widerrufen, doch 1997 wurde es bestätigt, und diese Regelung hat bis heute Bestand.

Nur zwei Biker, die an dem Massaker beteiligt waren, entgingen einer Verurteilung. Der eine war Philip „Knuckles“ McElwaine, der wie seine beiden Brüder Mark „Gloves“ und Greg „Dukes“ McElwaine Mitglied der Comancheros war. Alle drei gehörten zur Schutztruppe des Clubs, und alle drei waren gute Boxer. Philip hatte bei den Commonwealth-Spielen 1978 in Edmonton die Goldmedaille im Mittelgewicht gewonnen. Ein Motorradunfall beendete seine Karriere. Im Zusammenhang mit dem Massaker wurde er zwar mehrerer Straftaten angeklagt, aber letztlich freigesprochen. Der zweite, der ohne Verurteilung davonkam, war Arthur „Snodgrass“ Spencer, der Anführer der neu gegründeten australischen Bandidos. Trotzdem hatte er weniger Glück als McEwaine, denn er wurde in Untersuchungshaft genommen, wo er sich das Leben nahm, ehe der Prozess begann. Auf der Webseite der australischen Bandidos findet sich ein Abriss der Clubgeschichte, in dem der Selbstmord von Snodgrass erwähnt wird. Es folgt ein Loblied auf sein Wirken und sein Wesen. Das ist zumindest verwunderlich, da die Regeln der Bandidos den Selbstmord verbieten und jedem Mitglied, das gegen dieses Verbot verstößt, die Ehre einer rituellen Bandidos-Bestattung versagen.

20 Jahre später dominierten die Bandidos in Australien zwar, trotzdem waren die Comancheros weiterhin eine Macht, die ihren Rivalen hartnäckig Anteile am dortigen Drogenmarkt abspenstig zu machen versuchten. Und dass sich im Jahr 2007 mehr als 60 Mitglieder aus zwei Chaptern der Nomads (dabei handelt es sich um einen regulären, mit den Comancheros verbundenen australischen Club, nicht um Nomads-Chapter nach unserem Verständnis) den Bandidos anschlos-

sen, ließ die alte Feindschaft neu aufleben. Es führte zu einer ganzen Serie brutaler Übergriffe und schließlich zur Gründung eines neuen Clubs, den Notorious. Eine Polizeiaktion zur Beendigung der Gewalt mündete in mehr als 300 Verhaftungen und über 800 Anklagepunkten. Der massenhafte Clubwechsel dürfte durch einen Wechsel an der Spitze der Comancheros begünstigt gewesen sein. 2006 wurde Raymond „Sunshine" Kucler, der das Massaker von Milperra überlebt hatte, Präsident des Clubs. Er ersetzte Jock Ross, der unterdessen wieder auf freiem Fuß war, den Club aber wohl auch aus dem Gefängnis geführt hatte.

Offenbar sind Motorradclubs wie Unkraut: Sie wachsen immer nach. Und wie Unkraut verbreiten sie sich rasch und unkontrolliert: Die Outlaws kamen 1994 nach Australien, und die Black Pistons, ihr wichtigster Unterstützer-Club, gründeten dort 2007 ihr erstes Chapter. Neben den genannten gibt es eine Vielzahl kleinerer Clubs wie die Finks, die Gypsy Jokers und nach wie vor die Nomads. Und selbstverständlich gibt es auch eine kleine, aber mächtige Abordnung der hinlänglich bekannten Hells Angels.

Ehe wir Australien wieder verlassen, möchte ich noch auf etwas hinweisen: Zu jeder Geschichte, die im Bikermilieu kursiert, existiert eine Version, die dasselbe anders erzählt. So gibt es seit Kurzem die Version, dass die Aufspaltung der Comancheros ihren Grund nicht in der Veränderung der Organisation hatte, in unterschiedlichen Auffassungen über Ausrichtung und Lebensstil, sondern darauf zurückzuführen war, dass zwei Mitglieder des Clubs ihren Präsidenten Jock Ross in flagranti mit der Frau eines anderen Mitglieds erwischten. Damit hatte Ross gegen Regeln verstoßen, die er selbst aufgestellt hatte. Als andere Offiziere des Clubs davon erfuhren, wurde Ross zu einem Meeting einbestellt, bei dem er sich verantworten sollte. Zweimal erschien er nicht, und beim dritten Mal blieb er gerade lange genug, um zu erklären, dass er den Club auf zwei Chapter aufteilen wolle. Diejenigen, die ihm ergeben waren, blieben in Parmatta, wo der Club zu Hause war, die anderen, darunter Snodgrass, ließen sich in Sydney nieder, wo sie das Chapter gründeten, das kurz darauf das erste Bandidos-Chapter in Australien wurde.

Während sie sich allmählich über die Welt verbreiteten, standen die Bandidos daheim vor einem ungewohnten Problem: Sie wurden gebeten, zwischen den Outlaws und den Hells Angels zu vermitteln. Die Outlaws, deren Hauptquartier sich in Chicago befindet, sind älter als die Hells Angels oder jeder andere der großen Clubs. Sie wurden 1935 in Illinois gegründet.

Seit mehr als zehn Jahren lagen die beiden Clubs im Krieg miteinander, in dem sie um die Vorherrschaft in weiten Teilen der USA kämpften. Der Konflikt wurde international, als die Outlaws wie zuvor die Hells Angels nach Kanada gingen, wo sie Ende der 1970er Jahre das Chapter Ontario der Satan's Choice schluckten. Beide Seiten hatten in dem Krieg Federn gelassen, und beide Seiten waren schließlich bereit, sich an einen Tisch zu setzen und miteinander zu reden.

Das Treffen sollte in Sturgis in South Dakota während des Biker Run stattfinden, dem weltweit größten Bikertreffen, zu dem einmal im Jahr aus allen Teilen Nordamerikas Motorradfahrer jeglicher Couleur strömen. Die beiden Streitparteien durften zusätzlich zum Präsidium jeweils 50 Mitglieder mitbringen.

Von den vier großen Clubs waren nur die Pagans nicht vertreten. Der Grund war, dass sie als einziger Club keine Expansionsgelüste hegten, sondern sich auf ihr Stammgebiet im Nordosten der USA beschränkten. Dort sind sie bis heute anerkanntermaßen eine Macht. Das musste auch Sonny Barger erleben, der zur Zeit des Treffens von Sturgis Präsident der Hells Angels war. Als er 2007 nach Long Island reiste, um ein Buch zu präsentieren, wurde er von zahllosen Pagans empfangen, die ihn massiv attackierten.

Die Bandidos reisten als Erste in Sturgis an, wo sie ihr Lager auf einem eingezäunten Gelände aufschlugen, das ihnen gehörte. Nur eine Straße führte dorthin, und hinter dem Gelände lag ein künstlich angelegter See, hinter dem die Outlaws campierten. Obwohl sie dort also vergleichsweise sicher waren, boten die Bandidos 400 schwerbewaffnete Männer auf – nicht, weil sie den Hells Angels misstrauten, sondern weil sie ihnen alles zutrauten. Schließlich lautete das Motto der Angels: „Was drei wissen, bleibt nur dann unter ihnen, wenn zwei tot sind."

In der Bikerszene war es ein offenes Geheimnis, dass die Hells Angels Zusagen und Absprachen nach Belieben brachen, egal ob davon eigene Leute oder rivalisierende Clubs betroffen waren (eine besonders blutige Folge dieser Eigenschaft führte zu den Ereignissen in Lennoxville, Quebec, die wiederum den Bikerkrieg auslösten, der in den 1990er Jahren die kanadische Provinz erschütterte). Beruhigend ist aber auch das Motto der Outlaws nicht. Es lautet: „Gott vergibt, ein Outlaw nicht." (Die Outlaws behaupten, dieses Motto schon seit 1969 zu verwenden. Die Bandidos verwenden es ebenfalls und beschwören, dass es ihnen gehört. Ursprünglich stammt es von Emilio Zapata. Wer der beiden Clubs es tatsächlich zuerst verwendet hat, weiß ich nicht. Und falls es je irgendjemand wusste, lebt er bestimmt nicht mehr.)

Wie erwartet, brachten die Hells Angels mehr als die 50 erlaubten Männer mit nach Sturgis: Sage und schreibe 600 Hells Angels schlugen dort ihr Lager auf. Fragen der Sicherheit wurden kurzerhand an die Bandidos und die Outlaws abgeschoben, es herrschte Alarmstufe eins. Ich war ebenfalls als Bandido vor Ort, als die Hells Angels anreisten. Niemals werde ich den imposanten Anblick all der Motorräder vergessen, die an unserem Lager vorfuhren.

Die Verhandlungsführer zogen sich in einen Wohnwagen zurück, der von den Bandidos Nomads gesichert wurde. Ihnen gegenüber stand ein Kordon aus Hells Angels. Erstaunlicherweise gab es nur einen kleinen, folgenlosen Zwischenfall, und auch die Verhandlungen verliefen überraschend reibungslos. Das Ergebnis war, dass die USA in mehrere Machtbereiche aufgeteilt wurden, in denen jeweils ein Club das Sagen hatte. Die Bandidos bekamen die Mitte der USA bis an die kanadische Grenze zugesprochen, der Ostteil ging an die Outlaws, und die Hells Angels kontrollierten fortan die Westküste bis hinauf nach Alaska, wo sie ungestört mit Drogen und Frauen handeln konnten.

Die einzige Kröte, die die Angels schlucken mussten, war das Chapter Bellingham, das den Bandidos auch nach der Einigung den Zugang zum Pazifik sicherte. Derzeit teilen sich Angels und Bandidos den Staat Washington, und ein inoffizieller Waffenstillstand garantiert, dass beide Clubs Zugang zur kanadischen Grenze haben, um ihren Geschäften nachzugehen.

Nach dem Abkommen von Sturgis hatten die großen Motorradclubs Anlass, sich zufrieden auf die Schultern zu klopfen; die kleinen Clubs aber, die über das Land verstreut waren, waren nicht bereit, ihr Stück vom Kuchen freiwillig herzugeben. Sie piesackten die großen, indem sie ihnen die Geschäfte erschwerten und die Profite minderten. Die Bandidos mussten sich mit Emporkömmlingen und Neugründungen auseinandersetzen. Manche wie die Gypsy Jokers wurden schlicht aus den USA verdrängt. Andere aber wie die Banshees, ein Einprozenter-Club mit Wurzeln in Texas, blieben geraume Zeit ein Stachel im Fleisch der Bandidos.

1983 kam es an der Rennstrecke in Porter nördlich von Houston zu einer Auseinandersetzung zwischen Mitgliedern der Banshees und einigen Bandidos. Zuerst starb ein Bandido, dann erwischte es den Präsidenten der Banshees: Der Bandido John Batchelor schnitt ihm die Kehle durch. Daraufhin wurde er von einem Banshee mit einer Automatikpistole niedergeschossen, zwei andere Bandidos erlitten Stichverletzungen.

Dass es jemand wagte, sich ihnen zu widersetzen, war für die Bandidos denkbar ungewohnt. Und um alles noch schlimmer zu machen, handelte es sich bei vielen Mitgliedern der Banshees um ehemalige Bandidos, die den Club gewechselt hatten. So war das gesamte Nomads-Chapter von New Orleans übergelaufen. Ein solcher Verrat rückte einen Friedensschluss natürlich in unerreichbare Ferne.

Im Anschluss an Batchelors Beerdigung kam das nationale Präsidium der Bandidos zusammen. Ein Mitglied war getötet worden, aber fast noch schwerer wog der Umstand, dass ein kleinerer Club es wagte, sich mit ihnen anzulegen – und das auch noch in Texas. Ruf und Ansehen besitzen in der Bikerszene einen ungeheuer hohen Stellenwert, und die Duldung selbst einer weniger gravierenden Provokation wäre die Aufforderung an andere gewesen, es den Banshees gleichzutun.

Ronny Hodge stellte mehrere Teams zusammen, die alle verfügbaren Informationen über die Chapter Dallas und Texarkana der Banshees beschaffen und ihm fortlaufend Bericht erstatten sollten. Zudem ordnete er an, dass jeder Bandido 100 Dollar zu zahlen hatte, um so die Operation zu finanzieren. Schließlich rief er für den 13. Juni eine Versammlung in Longview, Texas, ein, wo die Teams die Ergebnisse ihrer Erkundungen präsentieren und weitere Maßnahmen gegen die Banshees beschlossen werden sollten. Außer dem kompletten Präsidium nahmen auch viele Bandidos der ersten Stunde an der Versammlung teil.

Einer von ihnen, der Nomad Keith Alan „Crash" Miller, wurde von Hodge beauftragt, ein geeignetes Haus zu suchen und medizinische Ausrüstung zusammenzutragen, um für den Fall der Fälle gerüstet zu sein. Verschiedene Vergeltungsmaßnahmen wurden erwogen, darunter der bewaffnete Überfall auf das Clubhaus der Banshees in Texarkana, für das zwei halbautomatische Maschinengewehre Typ MAC-10 bereitlagen, aus denen durch einige bauliche Veränderungen vollautomatische Waffen geworden waren. Dieser Plan wurde jedoch nie in die Tat umgesetzt.

Ein drittes Treffen fand Ende Juni in Lubbock, Texas, statt, und daran nahmen das gesamte Präsidium sowie die Präsidenten und die Secretarios aller Chapter teil. Den Erkundungsteams war es unterdessen gelungen, die Adresse von zwei Banshees herauszubekommen, und die Führung der Bandidos beschloss kurzerhand, die beiden Häuser in der Nähe von Dallas in die Luft zu jagen. Ken „Crabs" Vodron, Mitglied des nationalen Präsidiums, wurde nach Houston geschickt, um alles Nötige zu besorgen. Den Sprengstoff stahl er von der Ladefläche des Lastwagens eines Abrissunternehmens. Als Zeitzünder sollte eine gewöhnliche Küchenuhr dienen.

Für den 4. Juli, den US-amerikanischen Unabhängigkeitstag, wurden zwei Partys geplant, eine in Rapid City, South Dakota, eine in Corpus Christi, Texas. Nahezu alle Bandidos würden eine der beiden Veranstaltungen besuchen – und denen, die derweil mit dem Bombenanschlag befasst waren, ein nahezu perfektes Alibi liefern. Die Party in Corpus Christi wurde kräftig beworben und als Benefizveranstaltung angekündigt, bei der mit einem Poker-Turnier Geld für eine Stiftung gesammelt werden sollte, die geistig behinderte Kinder unterstützt. Ergänzt wurde das Ganze durch einen Parade aus Anlass des Feiertages, einen Grillstand, eine Tauschbörse und abendlichen Tanz, ein Programm, das nicht nur Bandidos, sondern auch die „normale" Bevölkerung anlocken sollte.

In den frühen Morgenstunden des 5. Juli 1983 wurden „Little Joe" Benavides und Crandle „Lamonte" Presnel in der Nähe des ersten Zielobjektes abgesetzt. Bei der letzten Inaugenscheinnahme am 2. Juli war Little Joe vor einem der beiden Häuser ein Kinderwagen aufgefallen. Daraufhin hatte er beschlossen, nicht das Haus in die Luft zu jagen, sondern die Bombe unter dem weißen Transporter zu platzieren, der in der Auffahrt stand.

Randy Hanson, der am Steuer des Autos der Bandidos saß, und Dale Lynn Brewer fuhren um den Block, während sich die beiden anderen zur Auffahrt schlichen. Alle vier trugen eine kugelsichere Weste und einen Kampfanzug, wie ihn auch die Polizei von Dallas verwendet. Deren Abzeichen zierte auch die Basecaps der vier. Die beiden Bomben hatten sie in einem Aluminiumkoffer an den Tatort gebracht.

Während Little Joe unter das Auto kroch, beobachtete Lamonte die Umgebung. Er hielt eine der umgebauten, nun mit einem Schalldämpfer versehenen MAC-10 im Anschlag. Little Joe befestigte die Bombe an der Hinterachse – direkt unter dem Benzintank, der bei einer Explosion mit in die Luft fliegen würde. Der Zünder war so ausgelegt, dass die Bombe detonieren würde, sobald sich der Wagen in Bewegung setzte. Die andere Bombe war noch immer mit einem Zeitzünder versehen. Als Little Joe fertig war, stiegen Lamonte und er zu den beiden anderen in den Wagen, und gemeinsam fuhren sie zum zweiten Zielobjekt.

Dieses Mal platzierte Hanson die Bombe, und Brewer stand Schmiere. Nachdem Hanson den Sprengsatz am Fundament des Hauses befestigt hatte, fuhren die vier wieder davon. Lamonte und Brewer machten sich auf den Weg nach Corpus Christi, um den amtierenden El Presidente Alvin Frakes zu informieren. Little Joe und Hanson fuhren nach Rapid City, wo Hodge sie erwartete.

Auf dem Weg nach South Dakota hielt Little Joe mehrmals an, um sich telefonisch zu erkundigen, ob in den Nachrichten bereits von den Anschlägen berichtet wurde. Dabei verwendete er seine Kreditkarte und hinterließ so eine Spur, die die Behörden später aufnehmen konnten.

Die zuletzt gelegte Bombe explodierte als erste. Es war genau sechs Uhr in der Früh, und die Detonation beschädigte mehrere Häuser. Die Rettungskräfte vermuteten daher zunächst eine undichte Gasleitung als Ursache, doch sehr bald wurde klar, dass eine Bombe gezündet worden war. Daraufhin übernahm das Amt für Alkohol, Tabak und Schusswaffen (ATF) die Ermittlungen, eine Unterbehörde des US-Finanzministeriums.

13 Stunden nach der ersten Explosion, um 19 Uhr Ortszeit, setzte der hochrangige Banshee Mackie Ladry Bonnette seine einjährige Tochter in den Kindersitz auf dem Beifahrersitz seines Autos. Den ganzen Tag über hatte er mit dem Wagen keinen Meter zurückgelegt. Nun stieg er ein und ließ den Motor an. Als sich der Wagen in Bewegung setzte, riss eine Explosion ein großes Loch in den Fußraum vor den Rücksitzen, und überall im Auto breitete sich Rauch aus. Doch keiner der beiden Insassen wurde verletzt. Um wirklichen Schaden anzurichten, war das Material einfach zu schlecht, was wiederum damit zu erklären ist, dass die Bandidos in jenen Jahren zwar eine ernst zu nehmende Größe waren, aber noch bei Weitem nicht zu jener Art Kriegsführung imstande, wie es später der Fall sein sollte.

Im Februar 1985 griffen das ATF, die DEA und das FBI gemeinsam und im ganzen Land zu und nahmen zahlreiche Bandidos fest. Für manches, was man ihnen zur Last legte, hatte ich durch meine Arbeit als verdeckter Ermittler in Washington die Beweise geliefert. Randy

Hanson, Angehöriger der Nomads und einer der Bombenleger, hatte in jener Zeit beschlossen, sich aus dem Club zurückzuziehen. Er ging nach Las Vegas und versuchte, sich dort ein neues Leben aufzubauen. Doch weil er nahezu sämtliche Club-Interna kannte, wollten die Bandidos ihn nicht ziehen lassen und setzten auf seinen Kopf eine Belohnung aus. Zu seinem Glück fand die Polizei ihn als Erster und machte ihm ein Angebot. Die Entscheidung fiel Hanson nicht schwer: Er beschloss, mit der DEA zusammenzuarbeiten.

Der besondere Wert seiner Aussagen lag darin, dass er aus dem Machtzentrum der Bandidos berichten konnte. Denn auch wenn dank meiner Arbeit überall in den USA Anklagen erhoben worden waren, blieb mir an meinem Einsatzort in der nordwestamerikanischen Provinz manches verborgen, was sich in Texas abspielte, wo der Club seine Wurzeln hatte. Dank Hanson konnte die Polizei nun einen Blick ins Herz der Bandidos werfen und sich davon überzeugen, mit welch gefährlichem Gegner sie es zu tun hatte.

Anfang 1986 informierte Hanson die Behörden über Details der Bombenattentate auf die Banshees. Seit den Explosionen waren drei Jahre vergangen, doch Hanson war davon überzeugt, dass Little Joe die Aluminiumkoffer, in denen die Bomben transportiert worden waren, die Maschinengewehre und sogar die Kleidung aufbewahrt hatte.

Am 26. März 1986 stürmte das ATF das Anwesen der Benavides in Lubbock, wo sie alles vorfanden, was Hanson genannt hatte. Darüber hinaus fielen ihnen Drogen, vier Handgranaten und zwei Sprengkapseln in die Hände. Es folgte das übliche Prozedere aus Anklageerhebung und Durchsuchungen.

Am 31. März 1988 wurde gegen 23 ehemalige und aktive Mitglieder der Bandidos Haftbefehl erlassen, und bis zum 30. April war er in fast allen Fällen vollstreckt. Nur wenige Biker konnten sich der Festnahme entziehen, aber nach ein paar Monaten war auch der letzte Flüchtige hinter Gittern. Sechs Verdächtige kamen später mangels Beweisen auf freien Fuß. Am 7. November wurden acht Bandidos verurteilt. Der Prozess gegen die verbliebenen neun Angeklagten endete am 7. Dezember 1988 mit sieben Schuld- und zwei Freisprüchen. Die Strafe betrug zumeist fünf Jahre Haft, mit vier Jahren kamen nur diejenigen davon, die nicht unmittelbar an dem Anschlag auf die Banshees beteiligt waren. Unter denen, die fünf Jahre bekamen, waren auch Ronny Hodge, sein Stellvertreter, zwei nationale Secretarios namens Schmick und Pruett sowie zwei nationale Sergeant at Arms. Die Behörden zeigten sich zuversichtlich, damit das Ende der Bandidos eingeläutet zu haben.

Weil nahezu die gesamte Führung im Gefängnis saß, trafen sich die Bandidos auf dem Anwesen von Ronny Hodge in Memphis und wählten ein neues Präsidium. Die beiden Spitzenämter als Präsident und Vizepräsident gingen an James Edward „Sprocket" Lang beziehungsweise Lawrence „Beaver" Borrego. Sprocket war zuvor Vizepräsident eines der Chapter von Houston. Von seiner Wahl zum Präsidenten aller Bandidos wurde die Polizei vollkommen überrascht. Das Gleiche gilt für Beaver: Auch wenn er zu den Nomads gehörte, hatten die Behörden ihn eher für einen Mitläufer gehalten.

Daher hielten sie das neue Präsidium zunächst für eine Ansammlung von Strohmännern, die nur gewählt worden waren, um von den eigentlichen Machthabern abzulenken. Doch Sprocket schien die neue Aufgabe sehr ernst zu nehmen. Unter seiner Leitung entstanden mehrere neue Chapter: in Washington, Gillette, Wyoming, Mobile, Alabama, und sogar eines in Paris, der Hauptstadt von Frankreich. Die neun Männer, die das dortige Chapter bildeten, erhielten anlässlich der Sturgis Motorcycle Rally ihre Abzeichen. Kurz darauf entstand in Australien ein neues Chapter.

So also sah das erhoffte Ende der Bandidos aus.

Nichts Neues in der alten Welt

Dass die Bandidos in Europa Fuß fassten, blieb den dort ansässigen Motorradclubs natürlich nicht verborgen. Als die Bandidos 1989 den Club de Clichy aus Marseille schluckten und zu ihrem ersten europäischen Chapter machten, mussten die Hells Angels reagieren. Sie betrachteten Europa als ihr Territorium und beschlossen, den Versuch der Bandidos, sich dort breitzumachen, im Keim zu ersticken. Dafür wählten sie die für sie typische Manier.

Im August 1991 wurde der Vizepräsident des Chapters Marseille vor dem Clubhaus der Bandidos von vier Männern auf Motorrädern erschossen, zwei weitere Bandidos wurden verletzt. Die Polizei hatte jedoch einen Beamten in den Buccaneer Motorcycle Club eingeschleust, einen Puppet Club der Hells Angels. Und so konnte sie bereits am 6. Februar 1992 zum Gegenschlag ausholen.

Auf einer Pressekonferenz verkündeten sie, dass in Grenoble acht Mitglieder der Hells Angels verhaftet worden waren. Auch Mitglieder der Buccaneers landeten im Zusammenhang mit den Schüssen von Marseille hinter Gittern. Sie hatten die Motorräder besorgt, die bei dem Überfall verwendet worden waren. Jedem, der es hören wollte, erklärte die Polizei ihre Entschlossenheit, zu verhindern, dass die Bandidos in Frankreich oder sonst wo in Europa Fuß fassen. Doch obwohl quer über den Kontinent die Behörden dasselbe Ziel verfolgten, gelang es den Bandidos, sich in Europa auszuweiten und den Boden für Gewalt zu bereiten, indem sie den Hells Angels die Vorherrschaft streitig machten. Im August 2009 beging das Chapter Marseille seinen 20. Geburtstag.

In derselben Woche, in der die Polizei ihre Pressekonferenz abhielt, fanden die Bandidos in Deutschland einen Supporter Club, mit dessen Hilfe sie sich in den Jahren darauf stark ausbreiten konnten. Ende der 90er Jahre waren sie fest in Deutschland etabliert und besaßen zusätzlich zu verschiedenen Puppet und Supporter Clubs mehr als 30 eigene Bandidos-Chapter. (Interessanterweise spricht die Polizei sehr oft über die Szene, ohne zwischen Vollmitgliedern und Anhängern zu unterschieden. Das führt dazu, dass Clubs den Bandidos zugeschlagen werden, obwohl sie ihnen nur nahestehen. Wenn man später versucht, bestimmte Ereignisse bestimmten Gruppen zuzuordnen, kann das zu erheblichen Schwierigkeiten führen.)

Der Kampf mit den Hells Angels weitete sich nach Norden aus und erreichte bald Dänemark und das übrige Skandinavien. Angeheizt wurde der Konflikt dadurch, dass sich beide Parteien auf einen befremdlichen Ehrbegriff beriefen, einen irrationalen Hass aufeinander hegten und die Kontrolle über einträgliche kriminelle Aktivitäten anstrebten.

Die Hells Angels waren in Dänemark schon seit 1980 vertreten. Dafür hatten sie sich einige Scharmützel mit einem Club namens Bullshit liefern müssen. Jorn „Jonke“ Nielsen, ein Mitglied der Hells Angels, wurde 1984 wegen Mordes an „Mackerel“, dem Anführer der Bullshit, verurteilt. Andere Kontrahenten gab es nicht – jedenfalls nicht bis 1992, als sich die Undertaker, ein dänischer Club, der sich zuvor Morticians genannt und gute Beziehungen zu den Hells Angels gepflegt hatte, mit den Bandidos verbündete. Nicht einmal ein Jahr später waren die Undertaker offiziell zu den Bandidos gewechselt und bildeten ein eigenes Chapter.

In Schweden spielte sich Vergleichbares ab. Dort schlossen sich die Morbids mit den Bandidos zusammen, weil die Hells Angels versuchten, den Widersacher auszuschalten und sich das Land unter den Nagel zu reißen. Gewalt war in diesem Konflikt sehr schnell an der Tagesordnung. Nach verschiedenen Vorfällen in Schweden selbst – darunter der Tod eines Hells Angels – kam es auch in Finnland zu Auseinandersetzungen. Dort wurde der Präsident eines Supporter Clubs der Bandidos namens Klan von einem Anhänger der Hells Angels erschossen. Auch in der norwegischen Hauptstadt Oslo kam es zu einer Schießerei zwischen Bandidos und Angels, bei der ein Biker verletzt wurde. Derweil wurde die Bewaffnung immer martialischer. In zwei

Fällen feuerten Biker mit einer Panzerfaust auf das Clubhaus ihrer Rivalen, weitere spektakuläre Überfälle folgten. Für Biker, aber auch für Unbeteiligte, die ihnen zufällig in die Nähe kamen, wurde das Leben in Nordeuropa immer gefährlicher.

Ende 1995 breitete sich der Krieg nach Dänemark aus. Dort hatte es zwar bereits einzelne Zwischenfälle gegeben, doch alles in allem war das Land von der Plage, mit der die Nachbarn im Norden zu kämpfen hatten, weitgehend verschont geblieben. Verschiedene Quellen verorten den Beginn übereinstimmend auf das Weihnachtsfest 1995, als zwei Mitglieder der Hells Angels in einem Nachtclub in Kopenhagen von Bandidos zusammengeschlagen wurden. Auch wenn das der Funke gewesen sein mag, der den Brand endgültig entfachte, ist der Auslöser eher in einem Anschlag zu suchen, der sich einige Monate zuvor auf dem Kopenhagener Flughafen Kastrup ereignete.

Am 10. März 1996 flogen mehrere Bandidos, die in Finnland ein Club-Treffen besucht hatten, auf dem Rückflug nach Kopenhagen. Dort wurden sie von sechs bewaffneten Hells Angels erwartet. Nach der Landung wollten die Bandidos zu ihren Autos gehen. Kaum hatten sie den Parkplatz betreten, nahmen die Hells Angels sie unter Beschuss. Uffe Larsen, der Anführer der dänischen Bandidos, wurde getötet, drei weitere Bandidos verletzt. Die Schützen sprangen in ein wartendes Auto und rasten davon.

Die Schießerei erregte weltweit Aufmerksamkeit und traf die dänischen Behörden völlig unvorbereitet. Ein solches Ausmaß an Gewalt hatte das kleine Land nie zuvor erlebt, doch leider war der Vorfall nur der Auftakt zu einer wahren Welle der Gewalt, die das Land überrollen sollte.

Biker gab es in Dänemark schon seit vielen Jahren, aber kaum Konflikte zwischen rivalisierenden Clubs. Die Dänen betrachteten Biker zwar als gesellschaftliche Außenseiter, aber nicht als Kriminelle, und Zusammenschlüsse von mehr als fünf Menschen, die sich einem gemeinsamen Hobby oder gemeinsamen Interessen widmeten, konnten staatliche Unterstützung in Anspruch nehmen. Von dieser Regelung profitierten auch Motorradclubs, indem sie mit staatlichem Geld ihre Clubhäuser betrieben, die zumeist in normalen Wohngegenden lagen. Nun, nach dem Ausbruch des Bikerkrieges, wurden sie zu bevorzugten Zielen für Angriffe und Überfälle.

Der Überfall von Kastrup bildete den Auftakt zu einem Konflikt, der mit nicht gekannter Brutalität geführt wurde. Im April und Mai 1996 wurden drei weitere Clubhäuser angegriffen, zwei der Hells Angels und eines des Support Clubs Avenger. Zwei der Gebäude wurden mit Panzerfäusten beschossen, wie sie im restlichen Skandinaven bereits verwendet worden waren. Wie der Name sagt, sind sie dafür ausgelegt, Panzerstahl zu knacken. Wie durch ein Wunder gab es bei den Angriffen auf die Clubhäuser aber weder Tote noch Verletzte. Lediglich eines der Häuser wurde schwer beschädigt. Dass es so glimpflich endete, war aber die Ausnahme, und wie zahllose Biker, die geschlagen, beschossen oder in die Luft gejagt wurden, litt mehr und mehr auch die Zivilbevölkerung unter diesem Krieg.

Aus zugegebenermaßen fragwürdigen Quellen verlautete, dass die Panzerfäuste aus dem Einbruch in ein schwedisches Militärdepot stammten, bei dem neben Handgranaten, Sprengstoff und Minen auch zwölf Bazookas erbeutet wurden. Dan Lynge, ein ehemaliger Biker (beziehungsweise „Rocker", wie sie in Europa auch genannt werden), behauptet, dass er von den Bandidos nach Schweden beordert worden sei, wo er die Waffen inspizieren und erklären sollte, wie man sie sachgemäß bedient. Unklar bleibt jedoch, wo er sich das dafür erforderliche Wissen angeeignet haben könnte. Lynge, der zunächst den Hells Angels und später den Bandidos angehörte, behauptet darüber hinaus, in den 90er Jahren für die Polizei als Undercover-Agent gearbeitet zu haben, was die dänischen Behörden jedoch bestreiten. Im Jahr 2004 wurde eine offizielle Untersuchung eingeleitet, weil die dänischen Gesetze verdeckte Ermittlungen verbieten.

Im Sommer 1996 erlebte Skandinavien eine wahre Serie von Schießereien und Sprengstoffanschlägen, darunter zwei Angriffe mit Handgranaten, von denen sich einer gegen die Hells Angels und einer gegen die Bandidos richtete. Im September wurden in Schweden drei Clubhäuser angegriffen, und bei einer Bombenexplosion starben zwölf Zivilisten. Am 6. Oktober um drei Uhr nachts feuerte Niels Poulsen, ein Anwärter der Bandidos, mit einer Panzerfaust auf das Kopenhagener Clubhaus der Hells Angels, wo gerade eine Party lief. Ein Mitglied der Hells Angels und eine Frau namens Linde Nielsen kamen zu Tode, viele weitere der mehr als 100 Gäste wurden mehr oder weniger schwer verletzt. Poulsen wurde später zu lebenslanger Haft verurteilt.

Das beispiellose Ausmaß an Gewalt versetzte das Land in eine Art kollektiven Schock. Die dänische Regierung reagierte mit einem Gesetzespaket, das der Polizei mehr Rechte einräumte und die Strafen für eine Vielzahl von Vergehen drastisch erhöhte. (Verdeckte Ermittlungen blieben jedoch verboten, obwohl sich ihre Wirksamkeit beim Kampf gegen gewalttätige Motorradclubs in anderen Ländern erwiesen hatte.) Die Regierung ergriff zudem Maßnahmen, um die Biker aus ihren Clubhäusern zu vertreiben – vor allem aus jenen, die zu Festungen ausgebaut worden waren. Das verabschiedete Gesetzespaket, von den Medien nur „Rockergesetze" genannt, versetzte die Polizei in die Lage, Clubhäuser von Motorradclubs zu räumen, nur weil es sich um Motorradclubs handelte. Den Betroffenen gefiel das natürlich ganz und gar nicht, und einige von ihnen stritten vor Gericht um eine Entschädigung. In der Tat war die Verfassungsmäßigkeit der Räumungen umstritten, doch unterm Strich bleibt festzuhalten, dass die Biker dadurch aus reinen Wohngegenden vertrieben werden konnten.

Auch andere Maßnahmen, die zu dem Gesetzespaket gehörten, hatten Erfolg. Mehr als 170 Personen aus dem Umfeld der Hells Angels und der Bandidos wurden in den folgenden zwei Jahren angeklagt und verurteilt. Sechs Mitglieder der Hells Angels wurden des Anschlags am Flughafen Kastrup überführt, ein Bandido wurde schuldig befunden, den Anschlag auf das Kopenhagener Clubhaus der Hells Angels verübt zu haben. Die Liste ließe sich beliebig fortsetzen, doch inwieweit selbst langjährige Haftstrafen dazu beigetragen haben, die Gesinnung der

Verurteilten zu ändern oder kriminelle Karrieren zu beenden, das steht auf einem anderen Blatt.

In Dänemark überwiegt der offene Strafvollzug, der Methoden benutzt, die zu Zeiten des Zweiten Weltkriegs angewendet wurden, als die Gefängnisse heillos überbelegt waren. Die Gefangenen dürfen normalerweise jedes dritte Wochenende zu Hause verbringen und erhalten zu besonderen Anlässen auf Antrag zusätzlichen Freigang. Auch innerhalb der Gefängnismauern genießen sie relativ große Freizügigkeit. Selbst Jonke Nielsen, der Angel, der wegen Mordes am Präsidenten der Bullshit rechtskräftig verurteilt worden war, durfte das Gefängnis mehrfach verlassen, unter anderem, um in Schulen Vorträge zu halten. Es geht das Gerücht um, dass er am Abend des Panzerfaust-Angriffs im Clubhaus war und verletzt wurde. Auch die Kontrolle der Besucher scheint eher lax gewesen zu sein. 1997 wurde Jonke in seiner Zelle im Gefängnis von Jyderup niedergeschossen und schwer verletzt. Einige Zeit zuvor war ein Bandido, der in Horseröd einsaß, durch eine Handgranate verletzt worden, die jemand in seine Zelle geworfen hatte. Zu anderen Zeiten mag der offene Vollzug sinnvoll gewesen sein, aber für die bestens vernetzten Kriminellen, die nun hier einsaßen, waren die auf Wiedereingliederung der Häftlinge bedachten Regeln eine Einladung, die alten Feindschaften hinter Gittern fortzusetzen.

Auch in anderen Teilen Skandinaviens ging der Bikerkrieg weiter. Schießereien und Sprengstoffanschläge erschütterten Schweden und Finnland. In Norwegen wurden die Outlaws in den Krieg hineingezogen, als ihr Präsident Thor „Henki" Holm von einem Anhänger der Hells Angels angeschossen wurde. Die Kontrahenten setzten weiterhin Panzerfäuste ein und beschossen nun neben Clubhäusern und Privatwohnungen auch Gefängniszellen, in denen feindliche Biker saßen.

Bis 1997 forderte der Bikerkrieg in Skandinavien elf Todesopfer Dutzende Menschen wurden verletzt, darunter auch viele Zivilisten und Angehörige der Polizei. Hinzu kommen mehr als 70 versuchte Morde, zahlreiche Häuser wurden zerstört. In Anbetracht dieser Zahlen und des zunehmenden Drucks durch die Behörden rangen sich die

Kontrahenten schließlich zu einem Friedensabkommen durch. Das Gebiet wurde aufgeteilt, und beide Seiten verpflichteten sich, den jeweils anderen zu informieren, sobald sich etwas von Bedeutung tat. Zudem vereinbarten sie, keine neuen Chapter zu gründen. (Dieser Punkt war bald hinfällig, denn schon Ende der 90er Jahre setzten beide Clubs ihren aggressiven Expansionskurs in Europa fort.) Am 25. September 1997 trafen sich Jim Tinndahn, Präsident aller europäischen Bandidos, und Bent Nielsen, seine Gegenüber von den Hells Angels, in einem Studio des dänischen Fernsehens und besiegelten das Abkommen vor laufenden Kameras mit einem Handschlag.

Unterdessen war auch den Bikern in Nordamerika kein ruhiges Leben vergönnt. Trotz der Störmanöver durch die Behörden hatten die Bandidos auch dort versucht, ihr Einflussgebiet auszudehnen. Sprocket Lang (der Nachfolger von Hodge als Präsident) wurde wegen irgendwelcher Drogendelikte verhaftet und verurteilt; seinem Nachfolger Craig Johnston erging es genauso. 1998 übernahm George Wegers aus Bellingham, Washington, der mich in den Club aufgenommen hatte, das Amt des El Presidente.

Wegers begann umgehend damit, den Club zu reformieren. Als Erstes verbot er bestimmte Praktiken und Rituale, bei denen es zumeist um die Behandlung von Anwärtern und neuen Mitgliedern ging. Davon betroffen war zum Beispiel auch die Praxis, die Kutte eines neuen Mitglieds auf den Boden zu legen, damit die anderen Mitglieder ihren Magen, ihre Blase und ihren Darm darauf entleeren können. Dann musste das neue Mitglied die Weste anziehen und sie zum Trocknen auf seinem Motorrad durch die Stadt fahren. Wegers war zudem von dem Wunsch beseelt, das Methamphetamin aus dem Club zu verbannen. Er wollte die Bandidos in die Richtung bewegen, die schon die Hells Angels genommen hatten, und den Club straffer organisieren, um auch in geschäftlichen Dingen schlagkräftiger zu werden. Damit erregte er vor allem bei jenen Mitgliedern böses Blut, die sich auf die traditionellen Werte beriefen, worunter sie in erster Linie ausgelassene Partys, das Image als Bürgerschreck und natürlich Drogenhandel verstanden. Jeff Pike, ein Texaner, der seit mehr als 25 Jahren Mitglied der Bandidos war und inzwischen als nationaler Vizepräsident fungierte, zählte zu dieser Fraktion der Traditionalisten. Der Riss ging also mitten durchs Präsidium und führte zu einem Machtkampf, der im Widerspruch zu dem Bestreben stand, den Machtbereich des Clubs um ein Gebiet zu erweitern, das die Hells Angels mit Klauen und Zähnen verteidigen würden.

Noch in den 80er Jahren betrachteten die Bandidos Kanada als „Terra Nova", als großes, menschenleeres Land, in dem es für sie so gut wie nichts zu holen gab. Die Hells Angels hingegen hatten bereits 1977 das Potenzial des nördlichen Nachbarn erkannt und mit der Gründung eines Chapters in Montreal begonnen, sich dort breitzumachen. Und als die Bandidos endlich begriffen, welche Möglichkeiten das riesige, weitgehend noch nicht vergebene kanadische Staatsgebiet und vor allem die Region zwischen Toronto und dem französischsprachigen Montreal für den Drogenhandel bot, waren die kanadischen Hells Angels vornehmlich in den Provinzen Quebec und British Columbia bereits fest etabliert. Selbstverständlich gab es noch andere kanadische Motorradclubs, aber alle, die nicht mit den Angels verbündet waren, waren entweder Unterstützer der Outlaws und den Bandidos daher freundlich gesinnt, oder sie waren schlicht zu klein, um ernst genommen zu werden.

Als die Frage diskutiert wurde, ob die Bandidos den Schritt über die Grenze wagen sollten, gab es nicht wenige Mitglieder, die dem skeptisch gegenüberstanden, weil das zwangsläufig zu Konflikten mit den Hells Angels führen würde, die auf eine solche Provokation prompt und entschieden reagieren würden. Vor allem die älteren, der Tradition verpflichteten Bandidos zweifelten an dem Potenzial des Clubs, in einem nordamerikanischen Bikerkrieg bestehen zu können. Die jüngeren Mitglieder hingegen lockte die Aussicht auf die Erschließung neuer Einkommensquellen. Dass die Entscheidung schließlich für die Ausweitung nach Kanada fiel, konnte den Argwohn vieler Mitglieder nicht besänftigen.

1997 hielten die Bandidos in Quebec Einzug. Wie zuvor bereits die dänischen Undertaker rief nun die kanadische Rock Machine die Bandidos zu Hilfe, damit sie ihnen im Kampf gegen die Hells Angels beistehen konnten. Schiere Verzweiflung hatte Fred Faucher, der Präsident der Rock Machine, zu diesem Schritt getrieben. Sein Club lag schon seit Jahren mit den Hells Angels im Krieg, bei dem es, wie andernorts auch, um Einflussgebiete und die Kontrolle über den Drogenhandel ging. (Zu den Hells Angels gehörte seinerzeit ein Biker namens Stéphane Faucher; ich glaube aber nicht, dass er mit Fred verwandt war.)

Die Rock Machine war eine lose Verbindung von Drogendealern und begeisterten Motorradfahrern, die eher zufällig zu einem Motorradclub wurde. Den Namen Rock Machine entliehen sie der Werkstatt in Montreal, in der sie sich regelmäßig trafen. Erst 1986 wurde daraus ein Motorradclub mit Regeln und Statuten. Anfangs trugen die Mitglieder Ringe mit einem Adler als Erkennungszeichen – vermutlich um von der Polizei und anderen Clubs nicht auf Anhieb erkannt zu werden. Erst als der Krieg mit den Hells Angels den Höhepunkt bereits überschritten hatte, gingen sie dazu über, ihr Abzeichen offen und für jedermann sichtbar zu tragen. Der Club hatte eine wechselvolle Geschichte. Salvatore und Giovanni Cazzetta, zwei Brüder, die maßgeblich dafür verantwortlich waren, dass die Rock Machine zu einem Club von Einprozentern wurde, hatten zuvor einem rechtsextremen Club angehört, der sich SS nannte und den Hells Angels nahestand. Zu den Mitgliedern gehörte auch Maurice „Mom" Boucher, der später zu den Hells Angels wechselte, sehr schnell in der Hierarchie aufstieg und es bis zum Nomads-Präsidenten brachte. Die Brüder Cazzetta verließen zusammen mit Fred Faucher und Paul Porter den Club SS und gehörten zu den Gründungsmitgliedern der Rock Machine.

Anlass dafür, dass sich die Wege trennten, war das sogenannte Massaker von Lennoxville. Es gilt bis heute als Beispiel für die Risiken, die jeder eingeht, der sich den Hells Angels anschließt. Sie hatten ein Charter in Laval, Quebec, von Montreal nur durch den Fluss getrennt. Die Mitglieder erregten den Unmut ihrer dortigen Kollegen, weil sie mit den Beitragszahlungen im Rückstand waren und mehr Kokain verbrauchten als verkauften. Réjean „Zig Zag" Lessard, damals Präsident der kanadischen Hells Angels, traf sich mit anderen hochrangigen Mitgliedern, um zu besprechen, wie mit dem Problem umzugehen war. Sie beschlossen, das Charter Laval aufzulösen und einige Mitglieder zu töten. Die übrigen wollte man entweder zwingen, die Karriere als Biker zu beenden, oder dem Charter Sorel zuschlagen.

Am Nachmittag des 24. März 1985 erreichte das Charter Laval geschlossen Lennoxville, wohin sie in der Annahme aufgebrochen waren, an einem Kirchgang teilzunehmen. Stattdessen erwartete sie ein Hinterhalt der anderen Hells Angels, die fünf Männer erschossen. Die Leichen wurden mit Beton beschwert und in den Sankt-Lorenz-Strom geworfen. Drei Überlebende arbeiteten später mit den Behörden zusammen. Ihre Aussagen bescherten 17 Mitgliedern der Hells Angels eine Anklage wegen Mordes. Das Massaker von Lennoxville hatte Auswirkungen auf die gesamte kanadische Bikerszene, die sich in eine Gruppe der Befürworter und eine zweite teilte, die das Vorgehen der Angels strikt ablehnte. Die Outlaws brachten ihre Verärgerung sogar öffentlich zum Ausdruck, und die Gründung der Rock Machine war eine direkte Folge dieser Morde.

An ihrem Standort Montreal gehörte die Rock Machine bald zu einem losen Verbund krimineller Organisationen wie dem Pelletier-Klan, der West End Gang und den Gebrüdern Dubois. Andere unabhängige Drogenhändler, die sich dem Bestreben der Hells Angels, den Verkauf von Drogen in Montreal zu kontrollieren, widersetzten, waren ebenfalls willkommen. Auch einen passenden Namen legte sich die Allianz zu: Sie nannte sich „The Alliance".

Als die Hells Angels in Quebec ankamen, hatten die verschiedenen kriminellen Clans noch versucht, sich mit ihnen zu arrangieren. Sogar zur Zusammenarbeit war es gekommen, weil die Alteingesessenen für die Produkte der Hells Angels den Vertrieb übernahmen. Das klappte zwar eine Zeit lang, aber natürlich nicht auf Dauer, weil die Hells Angels den Markt nicht nur beherrschen, sondern für sich haben wollten. Sie gründeten ein Nomads-Charter, aus dem fünf Biker eine Gruppe bildeten, die unter dem Namen „La Table" firmierte und mit einigem Erfolg versuchten, den Drogenhandel unter Kontrolle zu bringen. Die Polizei schnitt das Telefonat eines Nomads mit, bei dem er die Mitglieder eines Puppet Clubs von einem Abkommen mit der Mafia berichtete, das den Preis für ein Kilogramm Heroin auf 50.000 Dollar festsetzte. Der Versuch, ein Monopol aufzubauen, blieb natürlich nicht ohne Konsequenzen. Die Spannungen stiegen, und als die Brüder Cazzetta im Gefängnis landeten, sahen die Hells Angels die Chance, sich der rivalisierenden Rock Machine zu entledigen. Mom Boucher glaubte, dass der Club ohne ihre Anführer relativ leichte Beute sei. Was folgte, war ein erbitterter Krieg, der 1994 begann und viele Jahre dauern sollte. Die Rock Machine dachte gar nicht daran, sich den Angels kampflos zu ergeben, sondern wehrte sich nach Kräften. Und wie andere Clubs vor ihnen nutzten sie die Auseinandersetzung dazu, neue Mitglieder anzuwerben. In Ontario konnten sie sogar vor ihren Rivalen Fuß fassen. Dort gründeten sie im Jahr 2000 drei Chapter: eins in Toronto, eins in Kingston, eins in Sarnia.

In Quebec verbreitete sich die Gewalt wie ein Virus, und niemand konnte sich in diesem Krieg auf seine Neutralität berufen. Die Angels stellten spezielle Einheiten auf, die unabhängige Drogendealer verfolgten und sie mit Baseballschlägern malträtierten – weshalb sie auch „Baseball Team" genannt wurden. Dann gab es das „Football Team", deren Mitglieder es nicht bei Schlägen beließen, sondern auch vor Mord nicht zurückschreckten. Sprengstoffanschläge häuften sich. Schließlich ging es um viel Geld. Die Behörden schätzen, dass die Hells Angels Nomads in den späten 90er Jahren allein durch den Drogenhandel binnen zwei Jahren mehr als 110 Millionen Dollar eingenommen haben.

Vor allem nachts entwickelte sich das Leben in Montreal derweil zu einer Art russischem Roulette. Jedes Lokal und jede Bar musste sich zu einer der beiden Kriegsparteien bekennen. In den meisten Städten der USA ist es vollkommen normal, dass die unbeteiligte Bevölkerung auf

Flohmärkten oder in speziellen Geschäften Kleidungsstücke mit dem Abzeichen „ihres“ Clubs kauft und in der Überzeugung anzieht, darin besonders gut auszusehen. In Quebec war das während jener Jahre undenkbar. Dort konnte die Wahl des T-Shirts über Leben und Tod entscheiden. Und auch wenn man mit keinem Motorradclub sympathisierte, ja, nicht einmal einen kannte, konnte ein Besuch der Innenstadt tödlich enden, weil jederzeit ein Auto oder ein Lastwagen in die Luft fliegen konnte.

Erst als die Rivalen dazu übergingen, die Explosionen per Funk auszulösen, verbesserte sich die Sicherheitslage in der Stadt etwas, weil sie Zeit und Ort ihrer Anschläge genauer wählen konnten. Fehler passierten jedoch weiterhin. Als der Krieg Ende 2000 endete, waren mehr als 160 Menschen gestorben. Bei Weitem nicht alle Opfer waren Biker, und ein Opfer war ein elfjähriger Junge.

Ich interessiere mich sehr für Geschichte, und das Ende des Bikerkrieges von Quebec erinnert mich stark an das Jahr 1944. Damals wussten die Deutschen bereits, dass der Krieg verloren war. Für den Kampf gegen die Hells Angels hatte die Rock Machine einen hohen Preis bezahlt: Zwölf Mitglieder waren ums Leben gekommen. Pierre Bastien wurde vor den Augen seiner Tochter erschossen. Tony Plescio wurde in einer Filiale von McDonald’s erschossen, wo gerade ein Kindergeburtstag gefeiert wurde. Tonys Bruder Johnny, einer der Gründer der Rock Machine, war einige Monate zuvor durch das Fenster seines Hauses erschossen worden. Der Heckenschütze hatte sage und schreibe 32 Schüsse abgefeuert. In einer Werkstatt, die einem Mitglied der Rock Machine gehörte, starb ein Mechaniker. Die Polizei vermutete, dass die Mörder ihn verwechselt hatten. Wer sich die Mitgliederlisten der Rock Machine jener Jahre ansieht, glaubt eine Todesliste vor sich zu haben. Und alle, die noch lebten, waren sich im Klaren darüber, dass es sie jederzeit erwischen konnte.

Zu den Hochzeiten des Mordens konnte die Polizei kaum mehr tun, als die Leichen einzusammeln. Und doch spielten die Behörden ein gefährliches Spiel. Ihnen war es gelungen, den Informanten Danny

Kane in die Hells Angels von Quebec einzuschleusen. Tatsächlich aber war Kane ein Auftragskiller und tief in die Gräuel des Bikerkrieges verstrickt. Für die Verbrechen, die er beging, war die Polizei blind, weil sie wusste, dass die Straftaten sein Ansehen im Club mehrten und die Qualität seiner Informationen erhöhten. Hätte die Polizei diese Informationen nutzen und den Hells Angels früher als im März 2001 Einhalt gebieten müssen? Wie viele Menschenleben wären dadurch gerettet worden?

Sicher war einstweilen nur, dass der Bikerkrieg für die Rock Machine kein gutes Ende nehmen würde. Die „Big Red Machine“, wie die Hells Angels nach den Clubfarben auch genannt wird, rollte über die Rock Machine hinweg und hinterließ nur wenige Überlebende. Die Männer hatten sich nach Kräften gewehrt, doch nun benötigten sie dringend Hilfe. Frische Kräfte allein reichten nicht mehr aus; sie brauchten Verbündete, die über genügend Macht und Einfluss verfügten, um den Angels Paroli bieten zu können. Sie brauchten Verstärkung, die es ihnen ermöglichen würde, den Krieg auf Augenhöhe weiterzuführen. Sie brauchten die Bandidos.

Nach zahllosen Telefonaten zwischen Texas, Washington und Montreal sowie Unmengen an E-Mails war es der Rock Machine gelungen, den großen US-amerikanischen Club dazu zu bewegen, über die Bitte des kleinen Clubs aus dem kanadischen Quebec um Unterstützung wenigstens nachzudenken. Die Rock Machine kontrollierte in einem Gebiet von nicht unerheblicher Größe den Drogenhandel und verdiente damit namhafte Summen. Allein das war für viele Bandidos Grund genug, sich Land und Leute genauer anzusehen. Zudem erhielt die Rock Machine bereits Unterstützung von Bandidos aus Europa und Australien, zu denen sie schon vor geraumer Zeit Kontakt aufgenommen hatte. Und auch wenn die US-Bandidos den Club nach wie vor dominierten, verfügten die überseeischen Chapter mittlerweile durchaus über Macht und Einfluss.

George Wegers beschloss, nach Quebec zu reisen und mit der Rock Machine zu sprechen. Fred Faucher rechnete damit, dass Wegers ihm anbieten würde, mitsamt der Rock Machine den Bandidos beizutreten und als kanadisches Bandidos-Chapter fortzubestehen. Nicht wissen konnte er, dass Wegers aufgrund der Größe und komplizierten Hierarchie des Clubs vor einer Entscheidung mit den führenden Bandidos in aller Welt Kontakt aufnehmen und ihre Zustimmung einholen musste. Und überall in der Welt fürchteten die Bandidos, in die Auseinandersetzung hineingezogen zu werden und dadurch den fragilen Frieden mit den Hells Angels zu gefährden.

Faucher war gegenüber den Bandidos nicht als Bittsteller aufgetreten, sondern hatte durchaus etwas anzubieten. Mit der Aufnahme der Rock Machine würden die Bandidos in Kanada nicht bei null anfangen, sondern von Beginn an Präsenz zeigen können. Und die Männer, die Faucher mitbringen würde, brauchten in Sachen Fähigkeit und Entschlossenheit den Vergleich mit anderen Bikern nicht zu scheuen. Doch sowenig sich die US-amerikanischen Biker in die Lage ihrer kanadischen Kollegen versetzen konnte, so wenig verstand die Rock Machine das Handeln und Denken der Bandidos.

Viele Bandidos, vor allem jene aus dem Süden der USA, waren eher schlichte Gemüter. Wenn sie das Wort Kanada hörten, dachten sie an Eskimos und Iglus. Keiner von ihnen machte sich klar, dass es nur eine gute Handvoll Männer war, die sich dort oben dem erbittertsten Rivalen der Bandidos widersetzen – und das mit einigem Erfolg. Denn auch wenn auf jedes Mitglied der Rock Machine in diesem Krieg mindestens zwei Gegner kamen, machten sie ihre Unterlegenheit durch finstere Entschlossenheit zumindest so weit wett, dass der Vormarsch der Hells Angels ins Stocken geraten war. Die europäischen Bandidos hatten das ebenso begriffen wie die australischen. Die US-amerikanischen Bandidos hingegen waren so sehr mit sich selbst beschäftigt, dass sie die Leistung der Rock Machine nicht einmal zur Kenntnis genommen hatten.

Faucher plante, den Bandidos beizutreten oder zumindest mit diesem Schritt zu drohen, um Mom Boucher, der die Nomads anführte, an den Verhandlungstisch zu zwingen. Teil dieser Strategie war, dass er zu Ehren Wegers' eine Feier organisierte. Gut zwei Dutzend Biker trafen sich im L'Astral, einem Feinschmeckerrestaurant in der Stadt Quebec. Die Feier endete abrupt, als die Polizei hereinstürmte. 22 Mitglieder der Rock Machine, darunter auch Faucher, wurden verhaftet. Wegers wurde von den Behörden abgeführt und wegen zahlreicher Vorstrafen aus Kanada ausgewiesen. Für Faucher war der Vorfall natürlich ein Schlag ins Kontor.

Durch die Abschiebung hatte der Elan, mit dem Wegers die Aufnahme der Rock Machine betrieb, deutlich gelitten. Ganz ad acta gelegt wurde der Plan dennoch nicht, und trotz des Rückschlags blieb das Thema aktuell. Mitglieder der Rock Machine wurden bei Zusammenkünften der Bandidos sowohl in Europa als auch in den USA gesehen, und in Diskussionen über einen möglichen Zusammenschluss ergriffen sie selbst das Wort.

Wenn ein großer Club einen kleinen schlucken will, dauert das normalerweise seine Zeit. Zunächst muss sich der Aufnahmekandidat unter den kritischen Augen des großen Clubs als Anwärter bewähren. Die Mitglieder erhalten einen Aufnäher, der zwar die Farben des großen Clubs enthält, meistens jedoch in anderer Kombination. Hält der Beitrittskandidat den Erwartungen stand, wird er zum „Probationary Club" erklärt. Manchmal entfällt dieser Schritt auch, und es folgt direkt der endgültige Zusammenschluss.

Normalerweise besiegelt eine feierliche Zeremonie die Aufnahme in den Club, bei der auch die Aufnäher überreicht werden, die künftig die Kutte aus Leder oder Baumwolle zieren. Bei den Bandidos gibt es die Regel „no colours in cage", die verbietet, dass die Abzeichen in Autos oder Gefängniszellen getragen werden. Vor der Aufnahme muss jedes neue Mitglied eine Gebühr entrichten, die zwischen 500 und 1.000 Dollar liegt. Mit der Aufnahme wird ein monatlicher Mitgliedsbeitrag fällig.

Die Lage der Rock Machine im Krieg mit den Hells Angels wurde allmählich aussichtslos. Kurze Zeit erwogen sie sogar, sich zu ergeben und von den Hells Angels schlucken zu lassen. Dann mischte sich das Schicksal ein. Je länger der Krieg dauerte, desto aggressiver wurde die

Stimmung in der Bevölkerung, und die „gewöhnlichen“ Kriminellen im Land waren zunehmend daran interessiert, dass der Konflikt ein Ende fand. Mehrere Gangsterbosse wandten sich direkt an Mom, der sich außer Bitten wohl auch Drohungen anhören musste. 1997 hatte die kanadische Regierung das Gesetz C-95 erlassen, das sich gegen Bandenkriminalität und das organisierte Verbrechen richtete. Die Mitgliedschaft in einer kriminellen Vereinigung konnte mit bis zu 14 Jahren Haft geahndet werden. Die Polizei hatte mehr Rechte bekommen, und die Hürden für Durchsuchungen und Überwachungen waren deutlich gesunken. Auch wenn die Maßnahmen ergriffen worden waren, um dem Bikerkrieg Herr zu werden, konnten sie auch gegen andere Gruppierungen verwendet werden, und diese Gruppierungen hatten verständlicherweise kein Interesse daran, dass die Polizei, gestärkt durch frisches Geld der Regierung, neue Regeln der Justiz und den Unmut der Bevölkerung, bei ihnen auftauchte und die Geschäfte verdarb.

Letztlich war es der Druck aus der Unterwelt und aus der Bevölkerung, der die Kontrahenten Fred Faucher und Mom Boucher nach sechs Jahren Krieg an einen Tisch zwang, wo sie ein Friedensabkommen aushandeln sollten. Die Drohung der Rock Machine, zu den Bandidos zu wechseln, hatte ihre Wirkung auf Mom sicher nicht verfehlt. Das Treffen fand am 8. Oktober 2000 im Restaurant Bleu Marin im Zentrum von Montreal statt. In der Zeitung «Allô Police» erschien später ein Foto, das zwei Männer zeigt, die sich vor Verhandlungsbeginn die Hände reichen. Nach 45-minütiger Diskussion erklärten beide Seiten den Krieg für beendet. Fauchers Leute benötigten dringend eine Verschnaufpause, und ebenso dringend musste Mom die anderen kriminellen Gruppierungen in Quebec besänftigen. Boucher unterbreitete Faucher zudem ein Angebot: Er lud die Rock Machine ein, den Hells Angels beizutreten.

Mom wusste genau, dass er die Leute, aus denen sich die Rock Machine zusammensetzte, in seinem Club bestens gebrauchen konnte. Er wollte nur die Besten, und die Männer der Rock Machine hatten beweisen, dass sie zu den Besten gehörten. Dass ihr Anführer nach einem blutigen Konflikt mit ihm auf Augenhöhe verhandelte, bewies ihre Unverwüstlichkeit und Entschlossenheit zu überleben.

Ein Zusammenschluss von Rock Machine und Hells Angels hätte nach so vielen Jahren des Blutvergießens auf viele Beobachter sicherlich befremdlich gewirkt. Doch so weit hergeholt war der Vorschlag nicht. Viele Mitglieder beider Clubs kannten sich lange und gut, weil sie in derselben Gegend aufgewachsen waren oder zusammen im Gefängnis gesessen hatten. Manche waren noch immer eng befreundet oder begegneten dem anderen zumindest mit Respekt. Die Brüder Cazzetta, die Gründer der Rock Machine, hatten zusammen mit Mom Boucher und anderen den SS-Club gebildet. Dennoch litt Bouchers Vorschlag massiv unter einem Glaubwürdigkeitsproblem, das aus der Geschichte der Hells Angels resultierte: Normalerweise streckten sie die Hand nicht aus, um sich zu versöhnen, und in Quebec wusste das jeder, der den Namen Biker verdiente.

Faucher jedoch hielt Wort und informierte seine Leute über Bouchers Angebot. Sie lehnten das Ansinnen ab und beschlossen, zumindest für die nahe Zukunft als Rock Machine fortzubestehen. Faucher wollte vor allem eine Atempause, damit sich der Club endlich wieder den Geschäften widmen, die Kriegskasse auffüllen und zu Kräften kommen konnte – idealerweise ohne auf irgendjemanden Rücksicht nehmen zu müssen.

Deshalb konnte es ihm nicht gefallen, dass Mom Boucher schon wenige Tage nach dem Friedensschluss festgenommen wurde. Der Anführer des Nomads-Charter der Hells Angels wurde beschuldigt, die Ermordung von zwei Gefängniswärtern beauftragt zu haben. Die Vorwürfe waren nicht neu, doch 1997 war Boucher bei einer ersten Verhandlung freigesprochen worden. Doch die Staatsanwaltschaft war mit der Begründung in Berufung gegangen, dass einer der Richter die Geschworenen auf unzulässige Weise beeinflusst hatte. Der Berufung wurde stattgegeben, und im Jahr 2000 begann der zweite Prozess.

Die Anklage gegen Boucher fußte auf Aussagen, die durch ein fragwürdiges Geschäft zustande gekommen waren – ein Mittel, zu dem die

Polizei in jenen Jahren vergleichsweise häufig griff. In diesem Falle profitierte davon Stéphane Gagné, der wegen des Mordes an der Aufseherin Diane Lavigne saß und gegen Boucher und zwei weitere hochrangige Hells Angels aussagte. So abgeschmackt der Deal auch war, gelang es mit seiner Hilfe, einen gefährlichen Kriminellen von der Straße zu bekommen. Der Prozess endete für Boucher mit einem Schuldspruch und der Verurteilung zu lebenslanger Haft. Zusätzlich zur Aussage Gagnés präsentierte die Staatsanwaltschaft im zweiten Prozess eine Reihe neuer Beweise gegen Boucher. Beschafft hatte sie ein gewisser Danny Kane.

Als Mitglied der Rocker, eines Puppet Clubs der Hells Angels, war es Kane gelungen, in den inneren Kreis der Hells Angels in Quebec vorzudringen und für den Club Aufträge zu erledigen – im Drogenhandel, bei einem Mord in Halifax, beim Bombenbau in Montreal. Gleichzeitig hatte er eifrig Beweise gegen die Hells Angels zusammengetragen und an die Polizei weitergeleitet. Auf dieses Material stützte sich auch der Prozess gegen Mom Boucher.

Kurz nachdem er sein Wissen der Polizei anvertraut hatte, wurde Danny Kane angeblich tot in seiner Garage aufgefunden. Als Todesursache wurde eine Kohlenmonoxidvergiftung genannt. Sein Tod macht es unmöglich, dass er je wieder vor Gericht erscheint und von den Verteidigern der Angeklagten ins Kreuzverhör genommen wird. Seine schriftlichen Aufzeichnungen und seine Videoaufnahmen hingegen können weiterhin verwendet werden. Alles in allem ist durch Kanes Tod für die Vertreter der Anklage eine ideale Situation entstanden.

Boucher war die treibende Kraft hinter allen Aktionen der Hells Angels von Quebec. Faucher hatte seine Hoffnungen deshalb an George Wegers geknüpft, der es jedoch nicht sonderlich eilig zu haben schien, das Vertrauen zurückzuzahlen. Deshalb war Faucher vor allem froh darüber, dass es ihm gelungen war, den Bikerkrieg zu beenden. Doch da Mom im Gefängnis saß, bot sich der Rock Machine unversehens eine neue Perspektive. Viele blendeten die Tatsache aus, dass ein

Friedensabkommen galt, und einige besonders ambitionierte Mitglieder ergriffen die Initiative: Sie reisten nach Deutschland und kamen mit dem zurück, was Faucher in den USA versagt worden war, der offiziellen Aufforderung, den Bandidos beizutreten. Nicht alle Mitglieder der Rock Machine gaben sich offensichtlich damit zufrieden, als Rock Machine fortzubestehen.

Am 29. November 2000 fand ein großes Club-Treffen statt, auf dem über den Vorschlag, das Angebot aus Deutschland anzunehmen, abgestimmt wurde. Eine Mehrheit war dafür und beschloss kurzerhand, den Clubfarben der Rock Machine die der Bandidos hinzuzufügen, um den neuen Status als Probationary Club nach außen sichtbar zu machen. Das Angebot aus Deutschland besagte nichts über eine spätere Vollmitgliedschaft, weil dafür die Zustimmung der amerikanischen Bandidos erforderlich war. Dem Ziel jedoch kam die Rock Machine sehr nahe, auch wenn es ein Ziel war, das nicht alle Mitglieder anstrebten.

Es gibt gute Gründe für die Annahme, dass die Bandidos ein Ende des kanadischen Bikerkrieges zur Bedingung gemacht haben, um über die Aufnahme der Rock Machine auch nur zu verhandeln. Der Ablauf der Ereignisse stützt diese These. Fred Faucher persönlich hat über Treffen der Bandidos mit den Hells Angels berichtet, die von den Angels als Reaktion auf die Gespräche zwischen den Bandidos und der Rock Machine veranlasst worden waren. Bei diesen Treffen hatten die Hells Angels die Bandidos angeblich davor gewarnt, sich mit den Rivalen zu verbünden. Doch nach dem Ende des Krieges gab es diese Rivalität offiziell nicht mehr, und keine der Zusagen, die die Bandidos gemacht haben mögen, war noch bindend. Plötzlich erschien es denkbar, dass ein Zusammenschluss ohne Konflikte vonstatten ging, zumindest ohne solche Konflikte, die einen erneuten Flächenbrand auslösen konnten.

Eine Woche nach der Abstimmung nahm das Schicksal eine weitere Wendung, als das künftige neue Bandidos-Chapter in Quebec es mit der Polizei zu tun bekam. Am 6. Dezember 2000 nahm eine Spezialeinheit mehr als ein Dutzend Biker fest, unter ihnen der Präsident Fred Faucher und weitere hochrangige Mitglieder.

Wegen Verbrechen, die er während des Bikerkrieges begangen haben soll, darunter mehrere Sprengstoffanschläge, wurde Faucher zu zwölf Jahren Haft verurteilt. Inzwischen scheint er des Bikerlebens überdrüssig zu sein und behauptet, alle Brücken abgebrochen zu haben. Manche Behördenvertreter glauben, dass seine Distanzierung nur eine Taktik war, die ihm im Gefängnis das Überleben sichern sollte. Faucher ist bis heute stolz darauf, dass er sich an alle Abmachungen, die er mit Mom Boucher getroffen hatte, gehalten hat. Zudem beteuert er, dass die Entscheidung der Rock Machine, sich aufzulösen und den Bandidos anzuschließen, erst nach seiner Verhaftung gefallen ist. Das Letztere stimmt zwar, dennoch tut er gut daran, nichts anderes zu behaupten. Wer sich die Hells Angels zum Feind machen will, sollte dafür nicht ausgerechnet ein Gefängnis in Quebec wählen.

Dass sich einige Mitglieder der Rock Machine direkt an die deutschen Bandidos gewandt hatten, war für Faucher wie ein Schlag ins Gesicht und drohte das Abkommen zu entwerten, das er mit Boucher ausgehandelt hatte. Vielen anderen Mitgliedern der Rock Machine behagte der Gedanke, Bandidos zu werden, so oder so nicht. Die US-amerikanischen Bandidos waren ihnen fremd, wohingegen die Angels, mit denen sie sich gerade ausgesöhnt hatten, wie sie selbst aus Quebec stammten und nicht selten sogar Freunde waren. Das Angebot der Hells Angels, sich ihnen anzuschließen, galt nach wie vor, und weil sich die Bandidos weigerten, allen Mitgliedern der Rock Machine den Status eines Vollmitgliedes zu verleihen, machten einige prominente Mitglieder der Rock Machine davon Gebrauch. Zu ihnen gehörte das Gründungsmitglied Paul Porter, der sich mit einigen anderen dem Nomads Charter der Hells Angels von Quebec anschloss.

Unterdessen saßen die Anführer beider Clubs in Haft, und die Blicke der führungslos gewordenen Biker richteten sich gen Westen. Mit der Übernahme der Rock Machine als Probationary Club waren die Bandidos in Ontario angekommen. Die Hells Angels folgten ihnen auf dem Fuße und gaben sich alle Mühe, die Bandidos zu übertrumpfen. Ende 2000 veranstalteten sie in ihrem zur Festung ausgebauten Clubhaus von Sorel, 60 Kilometer nordöstlich von Montreal, ein rauschendes Fest. Anlass war die feierliche Aufnahme zahlreicher Biker aus Ontario.

Die Bikerszene der kanadischen Provinz war in viele kleine Clubs zersplittert, die meist friedlich nebeneinanderher lebten. Sogar die Outlaws, die als erster US-amerikanischer Club den Schritt nach Ontario gewagt hatten, schienen mit ihrem Teil des Kuchens zufrieden. Die Hells Angels hatten unterdessen Verbindung mit Clubs im französischsprachigen Teil von Ontario aufgenommen, vor allem im Norden und Städten wie Sudbury. Das südliche Ontario, wo die meisten Menschen leben und mit Drogen und Glücksspiel ein Vermögen verdient wurde, teilten sich die verschiedenen kleineren Clubs und neuerdings auch die Bandidos, die mit drei Chaptern auf Probe vertreten waren, während die Hells Angels damals noch nicht eines vorweisen konnten.

Toronto ist die größte Stadt Kanadas, und die Zahl der dort vertretenen Clubs legt den Schluss nahe, dass es auch der mit Abstand lukrativste Drogenmarkt des Landes war und ist. Neben der Rock Machine waren auch Mitglieder der Statan's Choice im Drogengeschäft engagiert, die wiederum mit den Outlaws verbunden waren.

Die Rock Machine hatte sich durch die Aufnahme unzufriedener Mitglieder der Outlaws über die Jahre verstärkt, einmal hatten neun Mitglieder gleichzeitig den Club gewechselt. Der nationale Präsident der Outlaws, Mario „The Wop" Parente, war darüber natürlich alles andere als glücklich, zumal es auf einem Territorium stattfand, das er als sein Hoheitsgebiet begriff. Die Outlaws waren bereits 1977 nach Ontario gekommen, indem sie ein Chapter der Satan's Choice übernommen hatten. Sie waren erklärte Feinde der Hells Angels, und überall sonst auf der Welt kamen Bandidos und Outlaws prächtig miteinander aus. Nur in Ontario wurden sie Konkurrenten, und auch der Umstand, dass sie einen gemeinsamen Feind hatten, konnte nicht verhindern, dass es gelegentlich zu kleineren Übergriffen kam.

Die Hells Angels hatten sich bis dahin sehr besonnen verhalten, vor allem in der Hauptstadt Toronto. Doch als sich abzeichnete, dass die Rock Machine zu den Erzrivalen überlaufen würde, klingelten die Alarmglocken. Schließlich ging es um die Vorherrschaft auf einem der lukrativsten Märkte. Die Hells Angels mussten also handeln, und zwar entschlossen.

Mit einem Schachzug, der jeder Armee zur Ehre gereicht hätte, gingen sie ans Werk. Am 29. September 2000 nahmen die Hells Angels fast 200 Biker aus Ontario auf, die zuvor kleineren Gruppen wie den ParaDice Riders, Satan's Choice, den Loners, Last Chance, Los Lobos und anderen angehört hatten. Allein in Toronto gründeten sie drei Charter, zusätzliche in Woodbridge, Kitchener, Sudbury, Oshawa, Thunder Bay, Windsor, Lanark County, Keswick und Simcoe County. Hinzu kam ein Anwärter-Charter in der Niagara-Region, wo seit Langem die Outlaws und noch länger die Mafia das Sagen hatten.

Den kleineren Clubs hatten die Angels freigestellt, sich ihnen anzuschließen, aber eine wirkliche Wahl hatten sie selbstverständlich nicht. Unparteiische konnte es in dieser Situation nicht geben, und die kleineren Clubs in Ontario konnten nur überleben, wenn es den Hells Angels gefiel. Mehrere Mitglieder der Loners wagten es trotzdem, das Angebot abzulehnen, womit sie augenblicklich zu Feinden geworden waren. Zu ihnen gehörten Wayne Kellestine, Frank Lenti und John Muscedere.

Die Strategie der Angels sah vor, so viele neue Mitglieder wie möglich aufzunehmen, um die Rivalen einzuschüchtern, und erst dann zu sehen, wen man sich in den Club geholt hatte. Daher übersprangen viele der Neuen die Zeit als Anwärter und wurden direkt zu Vollmitgliedern ernannt. Das ist zwar ausgesprochen ungewöhnlich, erfüllte aber seinen Zweck: Binnen eines Jahres hatte sich die Hälfte der neuen Mitglieder wieder verabschiedet, aber die Strategie war aufgegangen. Wenn sich die zukünftigen Bandidos aus Ontario nun umsahen, erblickten sie überall Hells Angels.

Die Folgen zeigten sich ganz unmittelbar. Laut einem Bericht der kanadischen Behörden kamen die Aktivitäten in Sarnia und Toronto binnen kurzer Zeit zum Erliegen. Einige Bandidos schlossen sich den Hells Angels an. Das Chapter in Kingston blieb aktiv, und in Woodbridge entstand sogar ein neues. Es wurde aus jenen ehemaligen Loners gebildet, die sich geweigert hatten, den Hells Angels beizutreten. Doch schon sehr bald wurde ihnen das Leben zur Hölle gemacht.

Das Unheil nimmt seinen Lauf

Die US-amerikanischen Bandidos, an deren Spitze inzwischen George Wegers stand, fassten schließlich einen Beschluss, in dem die europäischen und australischen Ableger sie bestärkten: Sie boten der Rock Machine an, mit allen Rechten und Pflichten in die Bandidos Nation einzutreten. Am 1. Dezember 2001 wurde der Übertritt mit einer feierlichen Zeremonie in Kingston besiegelt. Damit war es offiziell: Die Rock Machine gehörte der Geschichte an, und die 45 Mitglieder bildeten die Keimzelle der kanadischen Bandidos.

In der Folge entwickelte sich rund um den Globus ein labiles Gleichgewicht zwischen den rivalisierenden Clubs, und ob der Friede tatsächlich hielt, hing stark von der Entwicklung in einer kleinen Region mit einer eigentümlichen Sprache in einem dünn besiedelten Land ab, das die meisten für ein unbedeutendes Anhängsel der USA hielten. Ohne den Friedensschluss zwischen Faucher und Mom hätte die Aufnahme der Rock Machine in die Bandidos aus einem schwelenden Konflikt zwischen den rivalisierenden Clubs wohl einen regelrechten Krieg werden lassen. Nun waren die Bandidos davon überzeugt, dass diese Gefahr nicht länger drohte.

Doch falls die US-Bandidos, die auch in dieser Angelegenheit das letzte Wort hatten, davon ausgingen, dass die Hells Angels sich mit den Tatsachen abfinden und die Ankunft der Bandidos in Quebec klaglos hinnehmen würden, dann hatten sie sich gründlich geirrt. Dass Mom im Gefängnis saß, hatte die Hells Angels zwar etwas geschwächt, doch Bouchers handverlesene Nomads waren so präsent und entschlossen wie eh und je. Dass der alte Gegner nun ein neues Abzeichen trug, änderte an der Feindschaft nichts.

George Wegers selbst durfte seit seiner Abschiebung nicht mehr nach Kanada einreisen, aber er war darauf erpicht, die neuen Mitglieder genauestens im Blick zu behalten. Dafür bediente er sich eines

Bikers aus Oklahoma, der auf den Namen „Connecticut Ed“ Winterhalder hörte und noch nicht sehr lange bei den Bandidos war. Ausgerüstet mit dem Auftrag, der Rock Machine die Denk- und Lebensweise der Bandidos nahezubringen, reiste er 2001 zum ersten Mal nach Kanada.

Winterhalder war zwar ein hochrangiger Bandido und genoss Wegers' Vertrauen, trotzdem war er eine denkbar schlechte Wahl. Er galt als geschickter Diplomat und Verhandlungsführer, aber für die kanadischen Biker und ihre besondere Situation brachte er keinerlei Verständnis auf. Das kriminelle Milieu von Quebec ist vollständig anders als in allen anderen Teilen Nordamerikas. Während sich der kriminelle Nachwuchs dort meist an Einbruchdiebstahl versuchte, griffen die Kollegen aus Kanada zu bewaffnetem Raub. Und wer einen Biker aus Quebec gegen sich aufbrachte, musste damit rechnen, aufs Übelste verprügelt zu werden. 80 Prozent aller Bankräuber Kanadas stammen aus Quebec. Die kriminelle Szene dort ist härter als irgendwo sonst, und Schusswaffen sind ausgesprochen beliebt.

Richtig ist, dass George nicht sehr große Auswahl hatte. Trotzdem hätte er sich wohl für ein erfahreneres Mitglied entscheiden sollen, jemanden, der die Vergangenheit, in der Biker in erster Linie für ausschweifende Partys standen, nicht nur vom Hörensagen kannte. Ein solcher Mann, der breite Akzeptanz gefunden hätte, wäre Georges Widersacher Jeff Pike gewesen. Der arme Ed jedoch war in jeder Hinsicht überfordert, und seine Vorgehensweise spielte der Taktik der Behörden geradezu in die Hand. In Ed hatten sie jemanden, mit dem sie diskutieren und verhandeln konnten, weil ihm Anwaltskanzleien vertrauter waren als schummrige Gassen.

Obwohl seine Absichten fraglos redlich waren, sah sich Connecticut Ed von Beginn an enormen Problemen gegenüber. Zu seinem Entsetzen musste er feststellen, dass die Rock Machine über keinerlei funktionierende Organisation oder Buchführung verfügte. Niemand wusste genau, wer zu den Mitgliedern zählte und wer nicht. Doch Ed übersah, dass die Rock Machine an einer Struktur nach US-amerikanischem Vorbild keinen Bedarf hatte. In Quebec kennt jeder jeden, und man weiß, wer wo geboren wurde und wen zum Freund oder Feind hat. Nachforschungen anzustellen konnte man sich ebenso sparen wie irgendwelche Mutmaßungen. Nebenbei bemerkt, war gerade das ja der Grund dafür, dass es nicht oder nur mit größten Schwierigkeiten gelang, in einen der Clubs oder Banden einen Spitzel einzuschleusen.

Die Behörden konnten nur selten mit Sicherheit sagen, wer zu wem gehörte. Deshalb sprachen sie oft von „Sympathisanten" und „Anhängern" der Bikerszene. Doch je mehr sich die ehemalige Rock Machine den Bandidos anglich, desto größer wurde die Gefahr, dass die akribisch gesammelten Daten für die Polizei ebenso aufschlussreich wurden wie für das Präsidium in den USA. Mit einer Razzia zur richtigen Zeit am richtigen Ort konnte die Polizei in den Besitz von wichtigen Unterlagen wie Telefonnummern und Adressen sämtlicher Mitglieder gelangen. Im Jahr 2002 geschah genau das, als die Polizei im Haus von Alain Brunette auf eine Vielzahl von brisanten Unterlagen und Informationen stieß. Brunette gehörte zu jenen Mitgliedern der Rock Machine, die sich hilfesuchend an die deutschen Bandidos gewandt hatten, und bis zu seiner Verhaftung im Zuge der „Operation Amigo" fungierte er als Präsident der kanadischen Bandidos. Mitunter brauchte die Polizei nicht einmal eine Razzia durchzuführen, um reiche Beute zu machen: Viele Bandidos tragen eine Liste mit den Telefonnummern aller Mitglieder ihres Chapters bei sich, und nicht selten sind diese Listen sogar wasserfest beschichtet. Anhand solcher Listen kann die Polizei gezielt Telefone abhören. Ein bisschen erinnert mich das Ganze an die Nürnberger Prozesse nach dem Zweiten Weltkrieg, bei denen die akribischen Aufzeichnungen der Nazis als Belastungsmaterial gegen sie verwandt wurden.

Die Hells Angels von Quebec hielten den Druck auf die Rivalen unterdessen aufrecht. Dass ihr Anführer im Gefängnis saß, hinderte sie ebenso wenig daran wie ein gültiges Friedensabkommen. Der erste Bandido aus Quebec, der sterben musste, war Réal „Tin Tin" Dupont. Am 18. Januar 2001 wurde er in seinem Auto erschossen. Der psychologische Effekt dieses Mordes war gewaltig, weil seine Clubkameraden feststellen mussten, dass ihre Sicherheit nach dem Übertritt genauso bedroht war wie zuvor. Die Angels waren nicht bereit, auch nur einen Quadratmeter ihres Einflussgebietes kampflos aufzugeben.

Doch die Angels waren nicht die Einzigen, die sich über das Friedensabkommen hinwegsetzten. Roger Berthiaume und Robert Beland, zwei ehemalige Mitglieder der Rock Machine, wurden am 11. Januar 2001 in Montreal überfallen. Berthiaume starb, Beland wurde schwer verletzt. Statt zu den Bandidos zu wechseln, hatten sie sich den Rockers angeschlossen, die ihrerseits den Hells Angels nahestanden. Die Lehre aus dem Anschlag lautete, dass kein Club in seiner Aufmerksamkeit nachlassen durfte.

Experten aus den diversen Behörden gingen davon aus, dass die Bandidos nur dann überleben würden, wenn es ihnen gelänge, sich binnen kürzester Zeit zu organisieren und zu verstärken. Für Biker, die sich zu den Einprozentern hingezogen fühlten, waren sie die erste Alternative zu den Hells Angels. Unterm Strich galten sie als berechenbarer und weniger dogmatisch. Doch damals waren sie ja auch noch nicht dazu übergegangen, Mitglieder des eigenen Clubs in einen Hinterhalt zu locken und umzubringen.

Die Veränderungen in Quebec wirkten sich massiv auch auf die Bikerszene im Zentrum Kanadas aus. Und obwohl in Ontario niemand den Biker-Krieg von Quebec wiederholen wollte, waren die Spannungen zwischen den rivalisierenden Clubs auch dort mit Händen zu greifen. Seit sich die Outlaws und die Bandidos angenähert hatten, war die Lage ohnehin explosiv, und aus Angst, dass der Kessel in die Luft fliegen könnte, ergriff die Polizei (ja, es gab sie noch) drastische Maßnahmen.

Mom Boucher saß bereits geraume Zeit in Haft – in einer Einzelzelle, die man eigens für ihn gebaut hatte. Auch Fred Faucher war aus dem Verkehr gezogen. Nun widmeten sich die Beamten wieder den Hells Angels und stürmten ein Treffen im Holiday Inn von Montreal. Sieben der acht verhafteten Angels waren Nomads. Die Polizei konnte umfangreiches Beweismaterial sicherstellen, darunter eine „Todesliste“

mit potenziellen Opfern. Kurz darauf erfolgte die „Operation Springtime“, die den Club weiter schwächte. Mehrere hochrangige Mitglieder wurden verhaftet, darunter mit Walter „Nurget“ Stadnick jener Biker, dem das „Verdienst“ zugeschrieben wird, dass sich unter seiner Präsidentschaft die Hells Angels über ganz Kanada ausbreiten konnten.

In Quebec bemühte sich Connecticut Ed unterdessen weiter darum, aus der Rock Machine echte Bandidos zu machen. Im Januar 2001 wurde er verhaftet und anschließend ausgewiesen, behauptet aber, auch danach noch in Kanada gewesen zu sein. Unterdessen arbeiteten die Behörden mit Hochdruck an der Aktion mit dem Decknamen „Operation Amigo“.

Im Juli 2001 erschien im «Ottawa Citizen» ein langer Artikel des Journalisten Gary Dimmock über die US-amerikanischen Bandidos und deren Zusammenschluss mit der Rock Machine. Die ersten Sätze lauteten wie folgt:

„Edward Winterhalder, laut Behörden ein führendes Mitglied der US-amerikanischen Bandidos, eines gefürchteten, weltweit operierenden Motorradclubs, versucht seit geraumer Zeit, die Beziehungen zu dem aus der früheren Rock Machine hervorgegangenen kanadischen Chapter zu intensivieren. Unterdessen befürchtet die Polizei, dass sich der Konflikt mit den rivalisierenden Hells Angels verschärfen könnte.“

Als der Artikel erschien, war Ed schon längst wieder zu Hause, und überhaupt gehört diese Art von Sensationsheischerei eher in ein Revolverblatt wie «Allô Police» und nicht in eine seriöse Tageszeitung wie den «Citizen». Gleichwohl verfolgte und erfüllte Dimmocks Artikel einen Zweck: Auf diese und ähnliche Artikel konnte sich die Polizei immer dann berufen, wenn sie eine Aufstockung ihres Etats forderte. Und einen solchen Anlass bot die „Operation Amigo“.

Die Aktion begann im Jahr 2001 und endete im Juni 2002, Ziel waren die Bandidos von Ontario und von Quebec. In der französischsprachigen Provinz wurde nahezu jeder Bandido verhaftet, und in Ontario ging der Polizei auch der nationale Präsident Alain Brunette ins Netz. Die „Operation Amigo“ führte zu mehr als 60 verhafteten Bandidos. Und wenn die Behörden bis dahin befürchtet hatten, dass der Club das Machtvakuum füllen würde, das durch vergleichbare Aktionen gegen die Hells Angels entstanden war, so zeigten sie sich nun zuversichtlich, den Bandidos die kriminelle Energie ausgetrieben zu haben. Dabei übersahen sie jedoch, dass es unter der Führungsebene der Bandidos eine zweite Ebene gab, deren Struktur intakt geblieben war.

Im Zuge der „Operation Amigo“ wurden nur zirka acht Kilo Kokain und gut 200 Kilo Haschisch konfisziert – ein Bruchteil der Mengen, die den Behörden bei der „Operation Springtime“ gegen die Hells Angels in die Hände gefallen waren. Daher glaubten die Bandidos, sich als Opfer von Polizeiwillkür aufspielen zu können. Doch wie man sich leicht vorstellen kann, war dieser Versuch zum Scheitern verurteilt.

Jegliche Schuld konnte der Club abstreiten, nicht abzustreiten aber war, dass er durch die Aktion vor allem in Quebec schwer getroffen worden war. Eingebrockt hatte ihm das ein gewisser Eric „Ratkiller“ Nadeau, ein Bandido, der es bis zum El Secretario gebracht hatte – nicht aufgrund seiner Verwegenheit oder anderer eines Bikers würdigen Meriten, sondern wegen seines Geschäftssinns und seiner Computerkenntnisse. Die Karriere als Biker hatte Nadeau als Mitglied der Scorpions begonnen, eines Clubs aus Montreal. Später hatte er sich den Rockers angeschlossen, einem Puppet Club der Hells Angels, ehe er Ende 2001 bei deren Erzrivalen anklopfte. Die Bandidos hätten also gewarnt sein können und Gründe genug gehabt, ihm die Mitgliedschaft zu verweigern. Doch Habgier, gepaart mit dem Wunsch nach Modernisierung, siegten über gesundes Misstrauen: Wie in der normalen Wirtschaft waren Computerfreaks auch im kriminellen Milieu gefragt, selbst wenn sie lausige Biker waren. Die Bandidos haben für ihren Fehler teuer bezahlt, denn es war Nadeau, der die Polizei von Montreal mit Informationen fütterte.

Jene Bandidos, die im Zuge der „Operation Amigo“ hinter Gitter landeten, sahen sich einem zusätzlichen Problem gegenüber: Die Hells

Angels beherrschten alle Gefängnisse von Quebec, und schon mehrmals hatten sie ihre Macht unter Beweis gestellt. In einem Fall brachen sie eine Gefängnismeuterei vom Zaun, weil es zum Mittagessen Paté Chinois gab, eine Quebecer Spezialität, die Mom Boucher nicht mochte. Während der Untersuchungshaft wurden Gefangene nach ihrer jeweiligen Clubzugehörigkeit getrennt untergebracht. Nach der Verurteilung aber war eine solche Trennung nicht immer möglich, und für die Bandidos bedeutete das größte Gefahr. Doch berechnend, wie sie waren, machten die Hells Angels allen neuen Sträflingen ein Angebot, das sie nicht ablehnen konnten. Wer den Bandidos abschwor und den Club für alle Zeiten verließ, dem sicherten die Angels ihren Schutz zu, und zwar sowohl in der Haft als auch später auf freiem Fuß.

Da sie schon zahlreiche Mitglieder eingebüßt hatten und heillos in der Unterzahl waren, blieb den Bandidos nichts anderes übrig, als dem Angebot zuzustimmen. Die Angels gingen davon aus, dass damit in Quebec das Ende der Bandidos besiegelt war und in Ontario nicht mehr lange auf sich warten lassen würde.

Durch die vielen Festnahmen wurde der letzte nationale Offizier der Bandidos, der noch auf freiem Fuß war, quasi automatisch zum neuen Präsidenten: John „Boxer“ Muscedere. Boxer war in den Vierzigern, ein knallharter Kerl und Biker von echtem Schrot und Korn. Wer ihn schief ansah, lief Gefahr, umgebracht zu werden. An diesem Vorbild sollte sich der Club ausrichten, um zu den eigenen Wurzeln zurückzukehren.

Doch Boxer und sein Stellvertreter Luis „Chopper“ Raposo hatten das Pech, dass die wirklichen Machthaber im Club nicht auf ihrer Seite waren. Wegers hatte stets die Biker aus Quebec bevorzugt, doch dass sie in Haft waren, hieß nicht, dass er nun sein Herz für die Bandidos aus Ontario entdeckte. Für ihn spielte auch keine Rolle, dass Raposo aus Quebec stammte und einer der wenigen Bandidos war, die die „Operation Amigo“ schadlos überstanden hatten. Er wurde zwar festgenommen, kam aber mangels Beweisen wieder frei, weil sich ein Informant der Polizei plötzlich besann und die Zusammenarbeit mit den

Behörden einstellte. Unmittelbar nach seiner Entlassung ging Raposo nach Ontario und schloss sich dem neuen Chapter Toronto an, das nach dem Ende des ursprünglich in Toronto angesiedelten Chapters aus dem Chapter Woodbridge hervorgegangen war. Das Chapter Kingston scheint durch die „Operation Amigo" und die Festnahme der gesamten Führung so sehr geschwächt gewesen zu sein, dass es in der Folge keine Rolle mehr spielte.

Nachdem sie den großangelegten Schlag der Polizei überstanden hatten, nannten sich Boxer und seine Leute No Surrender Crew und kreierten eigens ein Abzeichen. Doch die Bandidos aus den USA trauten ihnen nicht zu, in die Fußstapfen der Bandidos von Quebec zu treten, und ließen ihnen nicht annähernd den Respekt und die Unterstützung zukommen wie zuvor der Rock Machine. Trotzdem gelang es dem Chapter Toronto, in Ontario Flagge zu zeigen, und das unter den Augen der Hells Angels, die in der Provinz längst zum dominierenden Club geworden waren.

Zur Gruppe um Boxer gehörten mehrere ehemalige Mitglieder der Loners und Bandidos, die der „Operation Amigo" entkommen waren. Die Hells Angels machten ihnen das Angebot, sie als Vollmitglieder aufzunehmen – was die Bandidos strikt von sich wiesen. Dieser Weigerung zu kapitulieren verdanken sie den Ehrennamen No Surrender Crew.

Boxer und Raposo reisten zu Gesprächen in die USA, doch Wegers bekamen sie nicht einmal zu Gesicht. Sie mussten sich mit weit weniger wichtigen und einflussreichen Bandidos zufriedengeben. Altes Vertrauen war zerstört, und damit neues entstehen konnte, brauchte es Zeit. So brachten die beiden von ihrer Reise nur den Namen Glen Atkinson mit, ein Biker, dem man in den USA die Leitung der kanadischen Bandidos zutraute. Wenn es nach ihm gegangen wäre, hätte Boxer die leitenden Positionen mit Männern seines Vertrauens besetzt, Männer, auf die in allen Lebenslagen Verlass war, selbst wenn sie nicht wussten, was eine Festplatte ist. Atkinson hatte studiert und galt als Computerexperte. Er war das Letzte, was die kanadischen Bandidos brauchten. Ihnen fehlte es nicht an Hirn, sondern an schierer Muskelkraft. Das Glück war Boxer hold, indem es dafür sorgte, dass Atkinson nie für das Amt des Präsidenten nominiert wurde.

2003 stellte sich die Situation so dar, dass die Bandidos in Quebec bedeutungslos geworden und in Ontario auf sich gestellt waren, zudem standen sie dort massiv unter Druck. Doch dann ergab sich überraschend die Gelegenheit, sich in dem für sie bis dahin so wenig gastfreundlichen Land einen Platz zu erobern. Und dieser Platz war die ölreiche Provinz Alberta im Westen Kanadas.

Auch dort hatte ein schier endloser Bikerkrieg auf beiden Seiten viele Opfer gefordert. Die King's Crew aus Calgary und die Grim Reapers aus Red Deer hatten viele Jahre lang mit allen erdenklichen Mitteln um die Vorherrschaft im Drogenhandel und im Geschäft mit der Prostitution gekämpft. Als der Krieg 1996 mit dem Sieg der Reapers endete, gingen sie davon aus, sich zurücklehnen, in Ruhe die Wunden lecken und die Früchte ihres Erfolges genießen zu können.

Doch schon sehr bald stand ungebetener Besuch vor der Tür: die Hells Angels aus British Columbia. Erschöpft und geschwächt, wie die Reapers waren, konnten sie sich ihres Rivalen nicht erwehren. Zum Abschluss einer zweitägigen Party stapelten sie ihre Abzeichen zu einem Freudenfeuer und zündeten es an. Fortan bildeten sie das Charter Red Deer der Hells Angels. Die Mitglieder der King's Crew durften zumindest vorerst ihrer eigenen Wege gehen.

Die vielen kleinen und unabhängigen Clubs von Alberta, die gar nicht erst um ihre Meinung gefragt worden waren, mussten sich gefallen lassen, dass sich die Hells Angels ihr Territorium unter den Nagel rissen. Das rief Joey „Crazy Horse“ Campbell auf den Plan, ehedem Mitglied der Indian Posse. Im Mai 2003 machten sich Crazy Horse und einige andere Biker aus Alberta auf den weiten Weg nach Osten, um sich mit den Bandidos von Toronto zu treffen. Den Auftakt ihres Aufenthaltes bildete eine Party in einer Strip-Bar, zu deren Eigentümern auch der Bandido Frank „Cisco“ Lenti gehörte. Ein weiterer Höhepunkt war, dass Crazy Horse zum vorläufigen Mitglied des Chapters

Toronto ernannt wurde und mit dem Auftrag nach Edmonton zurückgeschickt wurde: „Seid fruchtbar und mehret euch." Unter den frustrierten Bikern Albertas Interessenten zu finden fiel ihm nicht allzu schwer, und bald hatte er genügend Männer zusammen, um in Alberta ein Bandidos-Chapter auf Probe mit mehr als 30 Mitgliedern bilden zu können.

Dummerweise ahnten die meisten von ihnen jedoch nicht einmal, auf was sie sich eingelassen hatten. Denn kaum hatte die Führung der Hells Angels von der Gründung erfahren, leitete sie schnelle und tödliche Gegenmaßnahmen ein. Ende Januar 2004 wurden Crazy Horse und ein Biker namens Robert Simpson vor dem St. Pete's Club, einem Striptease-Club in Edmonton, erschossen, kurz bevor sie das Auto von Crazy Horse erreichten.

Mehrere Mitglieder des Chapters Toronto durchquerten halb Kanada, um an der Beerdigung teilzunehmen und den Bandidos von Alberta moralische Unterstützung zukommen zu lassen. Unterwegs gaben sie sich keinerlei Mühe, ihre Identität oder das Ziel der Reise geheim zu halten. Nur der Polizei, die sie kontrollierte, erzählten sie, dass sie die Rodeo-Show anlässlich der Calgary Stampede besuchen wollten. Vier Bandidos fuhren auf Motorrädern voran, selbstverständlich in vollem Ornat, die Übrigen folgten in einem Kleinbus. Wo immer der Konvoi hinkam, waren die Behörden alarmiert – und sicher auch die ortsansässigen Hells Angels. Eines Tages entdeckte die Polizei ein ganzes Auto voller Angels, die die durchreisenden Bandidos auskundschafteten. Im Anschluss an die Bestattung wurden sechs Mitglieder des Clubs Death's Hand aus Calgary zu Mitgliedern der Bandidos ernannt. Die Delegation aus dem Osten blieb zwei Tage lang in Edmonton, und in dieser Zeit ließen sich die Bandidos von Alberta zum ersten Mal mit ihren frisch erworbenen Aufnähern in der Öffentlichkeit sehen. Doch auch das sollte ihnen nichts mehr nutzen.

Nun, da die führenden Mitglieder tot waren, wurden die übrigen Bandidos von einer Art Lähmung ergriffen. Um sich dem Club bedingungslos verbunden zu fühlen, waren sie noch nicht lange genug dabei.

Und kaum war der Besuch aus dem Osten wieder abgereist, fiel das Chapter Alberta auseinander. Binnen eines Jahres hatten sich alle den Angels angeschlossen. Es heißt, dass die Angels vier altgediente Mitglieder bestrafte, weil sie es zugelassen hatten, dass der rivalisierende Club überhaupt in Alberta Fuß fassen konnte. Zu ihren Bemühungen, die Provinz wieder vollständig unter Kontrolle zu bringen, gehörte die Gründung des Puppet Clubs Red Demons in Grand Prairie. Und obwohl es weiterhin einzelne Bandidos in Alberta gab, war die Provinz insgesamt verloren.

Der gescheiterte Versuch, sich in Kanada auszubreiten, war nicht dazu angetan, die Spannungen zwischen den Bandidos in Toronto und denen in den USA zu mindern. Zum einen kam das Scheitern einer blamablen Niederlage gleich, und zum anderen hätte der Machtkampf mit den Hells Angels in Kanada extrem unangenehme Folgen für die Bandidos im Staat Washington haben können, die mit viel Mühe ein halbwegs funktionierendes Arrangement mit den Hells Angels südlich und nördlich von ihnen gefunden hatten. Und ein neuer Krieg wäre nicht gut fürs Geschäft gewesen.

Der E-Mail-Verkehr zwischen Toronto und den USA belegt, dass die Beziehung von Missverständnissen, Enttäuschungen und mangelndem Vertrauen geprägt war. Das Chapter Toronto gehörte offiziell zu den Bandidos, was die Vermutung nahelegt, dass es sich der Unterstützung aus den USA sicher sein konnte. In einer E-Mail vom November 2004, verfasst vom US-amerikanischen nationalen Secretary der Bandidos, Bill Sartelle, ist die Rede von „60 zusätzlichen Aufnähern“, die aus den USA nach Kanada geschickt worden waren. Es folgt die Frage, was daraus geworden sei. Empfänger der E-Mail war Chopper, bei dem sich Sartelle auch nach dem Verbleib der Beiträge des Chapters Alberta und weiterer „Geldzuwendungen“ erkundigt.

Nur einen Monat später schreibt Sartelle in einer weiteren E-Mail, dass die Amerikaner vergeblich darauf warteten, dass „wer immer dort oben das Sagen hat“ seinen Antrittsbesuch macht, und beklagt mangelnde Rückmeldung aus Kanada. Tatsächlich belegen Aufzeichnungen der Polizei, dass Chopper die wenigsten Mails beantwortet hat. Und irgendwann teilt Sartelle den Beschluss der Amerikaner mit, das kanadische Chapter aus den genannten Gründen aufzugeben.

Die Kanadier reagierten darauf mit einer langen E-Mail, in der sie den Spieß umdrehen und sich über die mangelnde Unterstützung beklagen. Zum Beweis führen sie an, dass Boxer fünf Mal in den USA gewesen sei, ohne je bis zum Präsidium vorgelassen worden zu sein. Es ist nicht klar, wer der Verfasser dieser E-Mail ist; vieles spricht für Lenti unter Mithilfe von Leuten wie Boxer. Nach dessen erstem Besuch in den USA war der Grenzübertritt erschwert worden, sodass er fortan legal nicht einreisen konnte. Die E-Mail weist auch darauf hin, dass mehrere weitere kanadische Bandidos in die USA gereist waren, ohne dass es zu einem Treffen mit der Club-Führung gekommen wäre. Dann folgt die Klage darüber, dass bis dahin kein US-Bandido in Kanada war, um das dortige Chapter zu besuchen. Ob das stimmt, ist allerdings umstritten.

Boxer und George „Crash" Kriarakis hatten die Reise zur Beerdigung von Crazy Horse für einen Abstecher nach British Columbia genutzt, wo sie sich mit George Wegers trafen – sinnigerweise im Peace Arch Park in Surrey, der zu beiden Seiten der Grenze liegt. So konnten die Männer miteinander sprechen, ohne dass einer von ihnen die Grenze überqueren musste. Das Treffen dauerte zwei Stunden und wurde von der Polizei überwacht. Dummerweise konnten sie Wegers zwar zweifelsfrei identifizieren, doch um das Gespräch abzuhören, kamen sie nicht nah genug an die Gruppe heran.

Die Kanadier konnten den hohen Ansprüchen der US-amerikanischen Bandidos kaum genügen, und daher ist es wenig verwunderlich, dass Wegers und seine Leute irgendwann die Geduld verloren. Ein nicht zu leugnendes Problem war allerdings die Qualität potenzieller Mitglieder. Die besten Männer der früheren Rock Machine waren entweder tot oder im Gefängnis. Wer übrig geblieben war und etwas taugte, war von den Hells Angels rekrutiert worden. Die Älteren, die diesen Weg nicht gehen wollten, hatten sich zur Ruhe gesetzt. Das reduzierte die Auswahl drastisch, und um sich neu aufzustellen, mussten sich die Bandidos der Besten unter den Schlechten bedienen – kein erbauliches Unterfangen und im Kampf mit der gut geölten „Big Red Machine“ wenig erfolgversprechend.

Durch die „Operation Amigo“ waren die Bandidos so sehr geschwächt, dass es zu Unruhen und Turbulenzen kam – und zwar auf beiden Seiten der Grenze. Als Wegers 2006 verurteilt wurde, löste ihn sein alter Rivale und vormaliger Vizepräsident Jeff Pike als El Presidente ab und brach umgehend mit Wegers' Reformkurs. Doch auch wenn der im Gefängnis saß, gab es weiterhin viele, die loyal zu ihm hielten, und mit Mongos Hilfe, der das Amt als Sergeant at Arms behielt, konnte er weiterhin Einfluss ausüben. Zu den Folgen dieses internen Konfliktes gehörte, dass sich niemand so recht dafür interessierte, was nördlich der Grenze geschah.

Und so konnten die verschiedenen Gruppierungen innerhalb der kanadischen Bandidos ungestört um die Ausrichtung und Vorherrschaft kämpfen.

Mit Unterstützung der Los Montoneros, eines Puppet Clubs, hatte Michael „Taz“ Sandham das Chapter Winnipeg aufgebaut, mit dem er nun eigene Ziele verfolgte. Nur eine Woche nachdem Bill Sartelle mit dem Ausschluss der kanadischen Bandidos gedroht hatte, schrieb Taz eine E-Mail, in der er versuchte, das Chapter Toronto gegen sein eigenes auszuspielen, und lobte in den höchsten Tönen dessen Fortschritte der letzten anderthalb Jahre, die sich in dem Umstand zeigten, dass sich das Chapter und ein Puppet Club „mitten im Feindesland“ behaupten konnten. Dann bittet er darum, dass sich jemand aus den USA mit Wayne Kellestine in Verbindung setzen möge, der an einem Gespräch offensichtlich großes Interesse hatte. Kellestine lebte zwar auf dem Land weit westlich der Stadt, gehörte jedoch zu den Bandidos von Toronto und fungierte als nationaler Sergeant at Arms. Nun wollte er in London, Ontario, ein eigenes Chapter gründen und ein neues Machtzentrum aufbauen.

Doch noch stand nicht einmal fest, was von den kanadischen Bandidos übrig bleiben würde. Die Drohung Sartelles, sich ihrer zu entledigen, stand weiterhin im Raum, und die Betreffenden waren bereit, sich dem Beschluss zu fügen, sofern auch die europäischen und die australischen Bandidos für den Ausschluss votierten. Dazu ist es jedoch offenbar nie gekommen, denn die kanadischen Bandidos durften im Club bleiben, wenn auch nur durch gnädige Unterlassung denn durch aktiven Beschluss.

Auch wenn die Behörden lange nicht wussten, wie es zur Gründung des Chapters Winnipeg gekommen war, steht für sie inzwischen fest, dass es einer Initiative der No Surrender Crew aus Toronto zu verdanken war. In einer E-Mail an Jason Addington, den Präsidenten der australischen Bandidos, gab Sandham einen Überblick über die Geschichte der Bandidos in Winnipeg. Unbestritten ist auch, dass gegen Ende des Jahres 2005 Taz und seine Leute, auch dank der Unterstützung der Los Montoneros, eine nicht zu unterschätzende Macht waren, obwohl sie formal noch immer dem nationalen Präsidium in Toronto unterstanden. Im Januar 2006 schickte Taz eine E-Mail in die USA, in der er sich selbst als „Probationary" – Mitglied auf Probe – bezeichnet. Dass ihm und seinen Leuten die Vollmitgliedschaft verwahrt blieb, schien sie jedoch nicht sonderlich zu stören oder gar davon abzuhalten, das Leben eines Bikers zu führen. 2005 wurde Ron „Sawed-Off" Burling von den Winnipeg Bandidos wegen Entführung und Misshandlung eines rivalisierenden Drogendealers verhaftet. Er landete für acht Jahre hinter Gittern. Jahre zuvor hatte er eine gewisse Bekanntheit erlangt, weil er sich bei einem Einbruch selbst in den Fuß schoss.

Es kursiert das Gerücht, dass sich Sandham und einige seiner Leute 2005 mit Ernie Dew getroffen haben, dem Präsidenten der Hells Angels von Manitoba. Die Polizei geht davon aus, dass die Bandidos bei der Gelegenheit aufgefordert wurden, alle Bemühungen, ein Chapter in Winnipeg zu gründen, einzustellen. In der Folge kam es im Simon's, einer Bar in Winnipeg, zu einer Auseinandersetzung zwischen drei Bandidos und zwei Hells Angels. Einer der Angels war zusammengeschlagen worden, geflohen und dann mit einer Schrotflinte zurückgekommen, die er zwar auf mehrere Menschen richtete, jedoch ohne abzudrücken. Kurz darauf soll es ein zweites Treffen gegeben haben, bei dem der Vorfall besprochen wurde. Danach kam es zu keinen weiteren Zwischenfällen. Offenbar waren die Hells Angels von Manitoba von ihren Brüdern aus Britisch Columbia instruiert worden, nicht mit Gewalt gegen die Bandidos vorzugehen. Wie es aussieht, war ihnen die Lust an unnötigen Auseinandersetzungen vergangen – was für die Gegenseite nicht minder galt.

Dass Winnipeg von Toronto aus unterstützt wurde, hieß nicht, dass das Verhältnis frei von Spannungen und Konflikten war. Möglicherweise wegen der blamablen Niederlage in Alberta waren einige Männer aus Toronto strikt gegen alle Expansionsversuche. Vor allem Chopper hatte es auf die Leute in Winnipeg abgesehen. Seinen Zorn erregte genau das, was ihm selbst in den USA angekreidet wurde: ausbleibende Zahlungen. In Toronto saß das nationale Präsidium, an das Winnipeg regelmäßig Beiträge abzuführen hatte – und zwar an Chopper, der das Amt des nationalen Schatzmeisters bekleidete. Mehrfach reklamierte er ausgebliebene Zahlungen, und jedes Mal behauptete Sandham das Gegenteil. Die Konflikte zwischen den beiden Gruppen waren also vorgezeichnet, und man kann sich leicht vorstellen, dass die Männer aus Winnipeg versucht waren, den „Dienstweg“ zu umgehen und direkt mit den Bandidos in den USA Kontakt aufzunehmen. Neben Aufnähern und Geldern verschwanden nun also auch die Beiträge aus Winnipeg in einem schwarzen Loch. Das Chapter Toronto war offenbar nicht nur geografisch isoliert, es isolierte sich zunehmend auch innerhalb des Clubs.

In Anbetracht all dieser Schwierigkeiten schienen die Drogen, die ein unbedeutender Anwärter der Bandidos in jener Märznacht des Jahres 2006 fand, geradezu eine Bagatelle. Doch ein kühl berechnender und skrupelloser Mann aus Toronto witterte die lang ersehnte Chance, mithilfe dieses Fundes aus dem Teufelskreis von Straftat und Bestrafung auszubrechen.

Der willige Vollstrecker und der Mitläufer

Die Geschichte lehrt uns, dass die meisten Mörder, gleich ob sie einmal oder in Serie zuschlagen, verkrachte Existenzen sind, die ihre Bestimmung darin sehen, das Leben anderer zu zerstören. Heinrich Himmler, der die größte Katastrophe in der Geschichte der Menschheit zu verantworten hat, war ein frustrierter Hühnerzüchter. Adolf Eichmann wirkte 1961 während des Prozesses gegen ihn eher wie ein Bibliothekar denn wie ein führender Vertreter der „Herrenrasse". Der kanadische Serienmörder Robert Pickton ist wie viele seiner Kollegen ein eher unscheinbarer Mann. Bei Wayne Kellestine ist das nicht anders, er hat eine in vielerlei Hinsicht typische Karriere als Krimineller hingelegt. In Kanada gibt es ein Gesetz, dass es der Polizei erlaubt, Straftäter auch ohne erneute Verurteilung als „Bedrohung der öffentlichen Sicherheit" in Haft zu nehmen. Dieses Gesetz schien wie für Kellestine gemacht: Die Polizei brachte ihn hinter Gitter, und der Bewährungsausschuss ließ ihn wieder laufen.

Seine ersten Konflikte mit dem Gesetz lagen 40 Jahre zurück. Die erste Verurteilung stammte aus den späten 60er Jahren und erging wegen schwerer Körperverletzung in drei Fällen. Danach erweiterte er sein kriminelles Repertoire um Raub, Drogen- und Waffenhandel – Dinge also, die ein echter Biker vorweisen können sollte. Viele Jahre seines Lebens hat er im Gefängnis verbracht, obwohl nicht alle Prozesse mit einer Verurteilung endeten. In einem Fall wurde ihm versuchter Mord vorgeworfen, doch das Opfer widerrief eine frühere Aussage und gab eine eidesstattliche Versicherung ab, dass Kellestine nicht der Mann war, der auf ihn geschossen hatte. Die Polizei konnte nicht beweisen, dass der Zeuge unter Druck gesetzt worden war, und Kellestine kam auf freien Fuß. Im Gefängnis hat er mehrfach an Maßnahmen zur Resozialisierung teilgenommen. Der Erfolg war gleich null.

Jamie Flanz war das komplette Gegenteil von Kellestine. Flanz, der als junger Mann ein eher bürgerliches Leben führte, war erst mit Ende 30 zu den Bandidos gestoßen. Noch diente er als Anwärter, doch viele, die ihn kannten, berichten, dass er die Absicht hegte, den Club vor der Ernennung zum Vollmitglied wieder zu verlassen. Diese beiden so unterschiedlichen Männer wären sich besser nie begegnet, geschweige denn in einer für beide so lebenswichtigen Situation.

Viele, die Jamie Flanz von früher kannten, konnten nicht begreifen, was ihn zu dem berüchtigten Motorradclub zog. Jamie war der Sohn des bekannten Anwalts Leonard Flanz aus Montreal, der sowohl unter den Kollegen als auch in der jüdischen Gemeinde der Stadt hoch angesehen war. Selbst als Jamie schon bei den Bandidos war, telefonierte er täglich mit seiner Mutter.

Kellestine hingegen war schon seit Jahrzehnten Biker. Begonnen hatte er in den 70ern als Mitglied der Annihilators, eines kleinen, unabhängigen Clubs aus London, Ontario, dessen Präsident er bald wurde. Diese Position behielt er, als die Annihilators in den 90er Jahren ein Chapter der Loners wurden, die in ganz Ontario vertreten waren.

Zu der Zeit, als Kellestine in die Spitze der unabhängigen Bikerszene Kanadas vordrang, war Flanz noch ein Teenager, der in seiner Freizeit Eishockey und Baseball spielte. Wie alle, mit denen ich gesprochen habe, sprechen auch seine damaligen Trainer mit viel Respekt von ihm und loben zudem sein Talent, seine Disziplin und seinen Willen. Er war für sein Alter sehr groß und in der Lage, durch den Einsatz seines wuchtigen Körpers ein Spiel zu wenden. Er spielte bei den West Luc Saints Eishockey, und als er etwas älter war, betätigte er sich dort als Coach eines Eishockey- und eines Baseballteams, um, wie er stets betonte, der Gesellschaft etwas zurückzugeben. Die Kinder, die er trainierte, erinnern sich noch gut an den freundlichen und angenehmen jungen Mann, zu dem sie bewundernd aufsehen konnten.

Doch zur selben Zeit muss sich Flanz sehr verändert haben – zumindest bemühte er sich, so zu wirken, als sei er ein abgebrühter Gangster.

Das passte zwar rein gar nicht zu dem Bild, das seine Familie von ihm hatte, dafür aber zu Jamies Wunsch, seinem Leben etwas Würze zu verleihen. Er bekam später mehr als genug davon.

Der Blick auf das, was Kellestine zur selben Zeit erlebte, ist aufschlussreich: Zwischen 1982 und 1992 geriet er mehrfach mit dem Gesetz in Konflikt und saß wegen schwerer Körperverletzung länger im Gefängnis. Bei einer Durchsuchung seiner Farm fand die Polizei Drogen im Wert von über 300.000 Dollar und mehrere Waffen. Kellestine wurde verdächtigt, an der Ermordung eines Mannes beteiligt gewesen zu sein, den man in seinem Haus in Toronto gefunden hatte. Da es aber keine Beweise gegen ihn gab, kam es auch zu keiner Anklage. Jahre später war das anders, als Kellestine wegen des versuchten Mordes an Thomas Harmsworth vor Gericht kam. Fünf Schüsse waren auf Harmsworth abgefeuert worden, doch wie durch ein Wunder überlebte er. Im Prozess weigerte er sich, gegen Kellestine auszusagen, und die Anklage musste fallen gelassen werden. Was das angeht, war das Glück Kellestine in jenen Jahren durchaus gewogen, denn außer den genannten platzten weitere Prozesse gegen ihn, bei denen es zumeist um weniger gravierende Straftaten ging. Doch 1992 wurde er zu sechs Jahren Haft verurteilt. Grundlage war Belastungsmaterial, das im Zuge der gegen die Outlaws und die Loners im südlichen Ontario gerichteten „Operation Bandito“ zusammengetragen worden war.

Derweil besuchte Jamie Flanz das Dawson Collage in Montreal und arbeitete ehrenamtlich für einen Rettungsdienst in Côte St.-Luc. Das kam ihm später zugute, als es darum ging, einem Mann das Leben zu retten: Flanz – der große Junge war ein starker Mann geworden – arbeitete als Türsteher in einer Bar. Als dort ein Gast angeschossen wurde, leistete Flanz Erste Hilfe, bis der Notarzt kam. Ansonsten wäre der Mann verblutet.

Inzwischen hatte Flanz seine Leidenschaft für Motorräder entdeckt. Er kaufte eine Harley-Davidson und kleidete sich mit Lederjacke und Sonnenbrille. Es gibt jedoch keinerlei Hinweise, dass er sich einem lokalen Motorradclub anschloss. Als Türsteher und Rausschmeißer war er dafür bekannt, dass er einen Streit schlichten konnte, ohne körperliche Gewalt anwenden zu müssen. Mit Ausnahme eines Verstoßes gegen die Straßenverkehrsordnung war er für die Polizei von Quebec ein unbeschriebenes Blatt. Damals gab es in Montreal überdurchschnittlich viele Biker, und wenn Jamie die Absicht gehabt hätte, diesen Lebensstil zu übernehmen, dann hätte er dazu reichlich Gelegenheit gehabt. Ruft man sich in Erinnerung, wie präsent die Biker nach Abschluss ihres Krieges in der Öffentlichkeit waren und dass Jamie in einer einschlägigen Bar arbeitete, ist es schwer vorstellbar, dass er den Kontakt zu der Szene hätte vermeiden können. Dass er sich später doch noch für das Leben als Einprozenter interessierte, mag seinen Ursprung in jenen Tagen haben, doch noch sollten zehn Jahre vergehen, bis er den Kontakt zu den Bandidos suchte.

Durch Kellestines kriminelle Karriere verbreitete sich auch sein Ruf als notorischer Rechtsextremist, der sich für die Nazis und ihre Symbole begeisterte. Er besaß eine stattliche Sammlung von Erinnerungsstücken aus der Nazizeit, die er seinen Besuchern stolz präsentierte. Sehr gern ließ er sich auch mit den Erträgen seiner Sammelleidenschaft fotografieren. Den Rasen hinter seinem Haus mähte er so, dass ein Hakenkreuz entstand. Das hatte er sich bei Martin Weiche abgeschaut, einem bekannten Neonazi und Vater von David „Concrete Dave" Weiche, der wie Kellestine zu den Loners gehört hatte und gemeinsam mit ihm zu den Bandidos gewechselt war. Das Hakenkreuz auf Weiches Grundstück war jedoch so groß, dass man es nur vom Flugzeug aus erkennen konnte.

Zwischen der Bikerszene und der rechtsextremen Szene jener Jahre gab es viele Überschneidungen. Die meisten Einprozenter-Clubs haben Regeln, die es Angehörigen von Minderheiten nahezu unmöglich machen, Mitglied zu werden. Die rühmliche Ausnahme sind die Mongols, die seit jeher von Hispanics dominiert sind, und die Bandidos, die zumindest in ihren Anfängen viele spanischstämmige Mitglieder und mit „Spook" sogar über viele Jahre einen Schwarzen in ihren Reihen hatten. Selbstverständlich gibt es auch unter den Bandidos Rassisten, und wie gesagt, haben Biker und Rechtsextreme viel gemein. Beide stilisieren sich gern zu gesellschaftlichen Außenseitern und fühlen sich dem Rest der Welt überlegen, beide schrecken nicht davor zurück, zur Durchsetzung ihrer Ziele Gewalt anzuwenden, und beide vertrauen auf die Leichtgläubigkeit junger Männer, die sich allerhand gefallen lassen, um sich die Anerkennung einer Gruppe zu verdienen und ein Gefühl der Macht zu erleben, das ihnen anderswo versagt bleibt.

All das wirft natürlich die Frage auf, warum sich Jamie Flanz, Sohn einer wohlhabenden jüdischen Familie aus Montreal, mit den Bandidos einließ.

Kellestine lebte auf einer Farm nördlich von Iona Station, unweit von London, Ontario. Er und seine erste Frau Linda hatten die Farm in den 80er Jahren gekauft und angeblich bar bezahlt. Offiziell gehörte Linda das Haus, Kellestine das Land, und 2008 waren beide mit mehreren Tausend Dollar Steuerzahlungen im Rückstand. Zur Farm gehörten gut 20 Hektar Land und drei Gebäude: ein zweigeschossiges Wohnhaus, eine Scheune und eine Garage. Sie standen auf einem eingezäunten Gelände von etwa einem Hektar Größe, das durch zwei Tore von den beiden Verbindungsstraßen abgeschnitten war.

Die Inneneinrichtung, die Kellestine gewählt hatte, war, um es vorsichtig zu sagen, ungewöhnlich. Gleichzeitig verrät sie über den Mann so ziemlich alles, was man wissen muss. Sie bestand aus seiner Nazi-Sammlung und zahlreichen Utensilien aus dem Bikermilieu. Auf dem umzäunten Gelände standen mehrere Autos, von denen die wenigsten fahrbereit waren. Darunter befanden sich ein knallgelber Sportwagen, ein Cadillac und zwei Limousinen des Jahrgangs 1940. Auf einer Rasenfläche zwischen Wohnhaus und Scheune veranstaltete Kellestine regelmäßig Grillfeste, zu denen sich stets zahlreiche Biker und das übliche Gefolge aus Aufschneidern und Mitläufern einfanden. Wenn solche Feste stattfanden, war die Polizei stets in der Nähe, doch davon ließen sich die Gäste nicht abschrecken. Offenbar strahlte Kellestine trotz aller persönlichen Schwächen eine beträchtliche Anziehungskraft aus.

Noch war nicht absehbar, welches Ende Jamie Flanz nehmen würde. Mit Mitte 20 bekam er einen Job bei der US-amerikanischen IT-Firma Leveraged Technology Incorporated. Dann heiratete er, seine Frau Alison brachte zwei Kinder zur Welt, Hunter und Amanda. Schließlich gründete Flanz in Toronto die Firma IHS Helpdesk Service, eine kanadische Niederlassung von Leveraged Technologie (nach Ontario war Flanz 1997 gekommen). Doch die Firma entwickelt sich nicht wie erhofft, so dass Jamie zu Onico Solutions wechselte, einer Firma, die ziemlich genau dieselben Dienstleistungen anbot wie seine bisherigen Arbeitgeber. Einer beschuldigte ihn 1999, Betriebsgeheimnisse verraten zu haben, doch die Sache verlief im Sande.

Dafür lief es auf anderen Gebieten denkbar schlecht für Jamie. Seine Frau hatte ihn bereits vor einigen Jahren verlassen und war mit den Kindern in die USA zurückgegangen. Auch beruflich standen die Zeichen auf Sturm, denn nach allem, was man weiß, kündigte er bei Onico. Gründe für diesen Schritt sind nicht bekannt. Dafür weiß man, dass er sich kurz darauf des Nachts als Türsteher in einer Striptease-Bar in Bradford verdingte und tagsüber stundenweise einen Abschleppwagen fuhr. Freunde von ihm wollen jedoch wissen, dass er die Absicht hatte, sich in der Computerbranche selbstständig zu machen.

Sofern Kellestine nicht im Gefängnis war, lebte er das exzessive Leben eines Bikers, das sich durch einen Mix aus Verbrechen und Partys auszeichnet. Es gab sogar eine Phase relativer Stabilität, die jedoch endete, als die Annihilators zum Chapter der Loners wurden. Die Loners unterhielten intensive Kontakte zur Mafia und besaßen sogar in Italien ein Chapter. Sie waren der größere und bekanntere der beiden Clubs, so dass Kellestine und seine Leute von dem Zusammenschluss profitierten.

Als die Hells Angels Ende der 90er Jahre in Ontario Fuß fassen wollten, warben sie zunächst um die Loners. Den ersten Annäherungsversuch konnten die noch abwehren, doch als die Angels es 2000 erneut versuchten, gab es kein Halten mehr: Zahlreiche Loners liefen mit fliegenden Fahnen über. Kellestine, der die Hells Angels aufrichtig verachtete, gehörte zu jenen, die den Wechsel ablehnten. Verstärkung erhielt er durch Boxer und Frank Lenti, die den Schritt ebenfalls verweigerten. Und wer nicht zu den Hells Angels gehörte, war automatisch gegen sie. In einem Fall wurde einer der Überläufer von seinen früheren Kameraden überfallen und mit einem Pistolenknauf niedergeschlagen. Die Hells Angels reagierten und feuerten mit einer Schrotflinte auf ein Auto, in welchem sie irrtümlich Kellestine vermuteten.

Der war entschlossen, das Leben als Krimineller fortzusetzen. Seinem Glück und mehr noch seinem Geschick hatte er zu verdanken, dass er kaum eine Haftstrafe vollständig absitzen musste. In seinen Prozessunterlagen finden sich zahlreiche Passagen, in denen die Bewährungshelfer der Hoffnung Ausdruck verleihen, dass Kellestine sich geändert hätte und gewillt wäre, das Leben als Biker und Krimineller aufzugeben. Wieder und wieder kam er auf Bewährung frei, obwohl die Polizei Bedenken anmeldete. Und wieder und wieder gab Kellestine mit seinem Verhalten der Polizei Recht, indem er gegen die Bewährungsauflagen verstieß.

Unterm Strich jedoch war Kellestine nicht der große Gangster, für den er sich selbst hielt. Sein Spitzname in der Bikerszene lautete „Weiner", und bei der Polizei hieß er „Weenie". Hintergrund war, dass er einen Raub geplant hatte, bei dem er zur Flucht die öffentlichen Verkehrsmittel benutzen wollte. Deshalb lag das Zielobjekt nahe einer Bushaltestelle. Doch unmittelbar nach dem Überfall wurde er verhaftet. Bekannt war Kellestine auch für seine plötzlichen Stimmungswechsel, ein Phänomen, das bei Drogensüchtigen öfter auftaucht. Kellestines Kokainkonsum war exorbitant, und mehrmals wurde er mit erheblichen Mengen LSD und Marihuana erwischt. Zudem begann er Waffen anzuhäufen. Bei einer Razzia auf seiner Farm beschlagnahmte die Polizei 22 Schusswaffen. Zuvor hatten die Behörden ihn aufgefordert, seine Waffen unbrauchbar zu machen. Doch wer Kellestine auch nur ein bisschen kannte, konnte mit so viel Vernunft bei ihm nicht rechnen.

Das Jahr 2005 verbrachte er überwiegend nicht im Gefängnis, sondern auf seiner Farm, wo er mit seiner neuen Lebensgefährtin Tina und deren kleiner Tochter lebte. Seine Frau Linda hatte ihn vor mehr als einem Jahrzehnt verlassen und war mit der Tochter in den Westen gegangen. Eine Jahr darauf hatte er in einem Strip-Club Tina kennengelernt und mit auf die Farm genommen. Dort ist sie geblieben. Es heißt, Kellestine sei sehr kinderlieb gewesen, zudem habe er seine Mutter Edna regelrecht vergöttert. Die war im hohen Alter zur gläubigen Christin geworden und gestorben, während ihr Sohn im Gefängnis saß. Manch einer hat ihn als freundlichen und mitfühlenden Zeitgenossen in Erinnerung, doch alle Zeichen deuten darauf hin, dass solche Phasen eher die Ausnahme als die Regel waren.

Zwar verging das Jahr 2005 ohne Konflikte mit der Polizei, doch Kellestine nutzte die Zeit, um die Gründung eines Chapters der Bandidos in London zu betreiben. In den letzten fünf Jahren war es den Hells Angels gelungen, sich in Ontario festzusetzen und zu einer wirklichen Macht zu werden. Obwohl viele der einst nahezu wahllos aufgenommenen Mitglieder inzwischen wieder rausgeflogen waren, waren die Angels überall in der Provinz präsent und hatten nicht die Absicht, sich zurückzuziehen oder die Macht auch nur zu teilen. Kellestine hasste die Angels und fühlte sich schon deshalb jenem einzigen Club verbunden, der es halbwegs mit ihnen aufnehmen konnte. Unabhängig zu bleiben wäre sowohl schwierig als auch gefährlich geworden, wie nicht erst der Blick in die Vergangenheit bewies.

Zu dieser Zeit hatte Kellestine bereits Verbindung zu den Männern in Winnipeg aufgenommen. Im Juni 2005 entdeckte die Polizei Taz und Jamie „JC“ Korne, ebenfalls aus Winnipeg, auf Kellestines Farm. Beide gaben sich auf ihren Kutten als Mitglieder auf Probe zu erkennen. Kellestine, der parallel offenbar auch mit den US-amerikanischen Bandidos verhandelte, unterschrieb diverse Dokumente mit den Worten „Bandido Wayne K. 1%er SS“. Die beiden letzten Buchstaben waren als blitzähnliche Runen gestaltet, wie die Nazis sie verwendet hatten. In der Welt der Einprozenter bedeutet dieses Kürzel, dass sein Träger jemanden umgebracht hat.

Derweil arbeitete Jamie Flanz immer noch als Türsteher und Fahrer eines Abschleppwagens. In seiner Freizeit trieb er sich im Internet herum und suchte unter dem Fantasienamen Big Daddy Rouge nach Bekanntschaften. Gelegentlich wurde er zwar schon in der Nähe der Bandidos gesehen, doch wer ihn damals erlebte und nicht zur Bikerszene gehörte, berichtet in nahezu den gleichen Worten über ihn, die ich auch in Côte St.-Luc zu hören bekommen habe. Und selbst der Chef des Clubs, für den er arbeitete, beschreibt ihn als ausgesprochen umgänglichen jungen Mann, der mit niemandem Konflikte hatte, schon gar nicht mit der Polizei.

Unklar bleibt, was Jamie in die Welt der Biker zog. Dass er die körperlichen Voraussetzungen und die Begeisterung für Motorräder mitbrachte, ist unbestritten, doch vom Wesen her war er alles andere als ein echter Biker. Er wusste nicht einmal, was genau das Wort bedeutete. Trotzdem war er plötzlich Anwärter der Bandidos, und das passiert niemandem aus Versehen. Als Shawn Douse in Jamies Haus erschlagen wurde, beteiligte sich Jamie nicht. Ein echter Biker hätte sich handfest eingemischt und nicht rausgehalten. Jamie war einer der letzten von zahlreichen Anwärtern und Mitgliedern, die unter der irrigen Annahme in den Club gekommen waren, dass dort Computerfachleute und Männer mit Geschäftssinn benötigt wurden. Doch was in den Clubs wirklich gebraucht wurde, lernte man nicht in Kursen oder Seminaren, sondern auf der Straße.

Doch noch schien Jamie zuversichtlich, die richtige Entscheidung getroffen zu haben. In seinem Profil bei einer Partnervermittlung im Internet beschreibt er sich als „starker Typ, der mit sich und dem, was er macht, rundum zufrieden ist". Doch seinen Freunden und Familienangehörigen zufolge erwog er gleichzeitig ernsthaft, seinen Lebensstil radikal zu ändern. Viele seiner bürgerlichen Freunde ermutigten ihn, aus der Bikerszene auszusteigen. Mehr als einer hat mir versichert, dass Jamie weder ein richtiger Biker war noch in einen Motorradclub gehörte.

An den Entscheidungen und Beschlüssen der kanadischen Bandidos bezüglich der angespannten Lage in der Provinz und im ganzen Land war Jamie allenfalls am Rand beteiligt. Als Anwärter musste er bei vielen Zusammenkünften draußen bleiben. Daher konnte er auch nicht wissen, wie hoch die Emotionen kochten und dass die Spannungen zwischen Toronto und Winnipeg den Club zu zerreißen drohten. Winnipeg wollte endlich die vollen Rechte als Bandidos bekommen, und es machte zunehmend den Eindruck, dass die Männer aus Toronto genau das verhindern wollten.

Allein im Sommer 2005 reisten Bandidos aus Winnipeg drei Mal nach Toronto, um ihr Anliegen vorzubringen. Ihr entschiedenster Unterstützer in dieser Sache war Wayne Kellestine. Sein Plan sah vor, dass er zunächst ein eigenes Chapter in London gründen würde – natürlich mit ihm als Präsident –, das sich dann der Bandidos in Winnipeg annehmen und ihre endgültige Aufnahme begleiten würde. Zur Vorbereitung des Ganzen war „Concrete Dave“ Weiche sogar schon in Winnipeg gewesen – wie es heißt, im Auftrag von Kellestine.

An dieser Regelung hatten die Männer aus Toronto kein Interesse – sie blockierten die Gespräche. Irgendwann reichte es Taz. Als er erfuhr, dass den Bandidos von Toronto der Ausschluss drohte, setzte er sich über alle Regeln hinweg und nahm direkt mit US-amerikanischen Bandidos Kontakt auf. Winnipeg ist das Tor ins westliche Kanada und liegt in unmittelbarer Nähe zum Einflussgebiet der Bandidos aus den USA. Aufgrund dieser strategisch wichtigen Lage und vielleicht auch, weil das Ansehen der Bandidos von Toronto so gering war, stieß Sandhams Vorstoß auf offene Ohren.

Taz hatte eine für ein Mitglied eines Motorradclubs ungewöhnliche Vorgeschichte, denn ehe er Biker wurde, war er Polizist. Er arbeitete in East St. Paul nördlich von Winnipeg. Die Polizei äußerte sich bestürzt darüber, dass sich einer der Ihren einer kriminellen Bande anschloss, die sie Tag und Nacht bekämpften. Erschwerend kam hinzu, dass Taz in fast alle Pläne zur Bekämpfung der Bandenkriminalität eingeweiht war.

2006, noch während seiner Dienstzeit, schoss die Polizei ein Foto, das Taz bei einem Motorradtreffen in Ontario zeigt. Als seine Vorgesetzten das Bild sahen, suspendierten sie ihn vom Dienst und zerrten ihn vor einen Disziplinarausschuss. Daraufhin quittierte Taz im Oktober 2006 den Dienst. Das hieß natürlich auch, dass die Anhörung vor dem Disziplinarausschuss ausfiel. Er fand eine Anstellung bei einer privaten Sicherheitsfirma, die im Auftrag der Behörden von Manitoba arbeitete. Zu verdanken hatte er das vor allem einem Empfehlungsschreiben von David Grant, einem ehemaligen Polizeichef von East St. Paul, der Taz gut kannte. Trotz seiner Kontakte in die Bikerszene (vielleicht ja auch wegen dieser Kontakte) kam es in all den Jahren als Polizist nie zu Problemen oder Beschwerden. Es gibt jedoch Berichte, die besagen, dass Taz auch nach seinem Ausscheiden Kontakt zu ehemaligen Kollegen hielt und Zugang zu vertraulichen Informationen hatte. Anfang 2006 behauptete Sandham, dass er seit sechs Jahren Mitglied in einem Club von Einprozentern sei. Falls dem so war, gehörte er dem Club fast genauso lange an wie der Polizei.

Die Männer aus Winnipeg gaben Taz und Wayne Kellestine Geld, damit sie nach British Columbia reisen konnten, um dort Mongo und einige andere US-amerikanische Bandidos zu treffen. Wayne war mitgereist, um das Anliegen der Bandidos aus Manitoba zu unterstützen. Das Treffen verlief erfolgreich, und das Chapter Winnipeg erhielt die Zusage, schon bald die vollen Rechte zu erhalten. Dem Chapter Toronto wurde für den Fall, dass sie gegen den Beschluss protestieren sollten, mit dem Ausschluss gedroht. Und für diesen Fall muss auch Kellestine irgendwelche Zusagen bekommen haben – vielleicht in Form eines Chapters London.

Doch das Chapter Toronto zu schließen wäre im Ernstfall leichter gesagt als getan. Sie erhielten Rückendeckung aus Deutschland, weil die dortigen Bandidos einst auch die Rock Machine unterstützt hatten. Und die deutschen Bandidos waren inzwischen sehr mächtig und eine nicht zu unterschätzende Größe im Club. Das Chapter Toronto aufzulösen hieße, die deutschen Bandidos zu übergehen. Und weil das niemand riskieren wollte, lagen die Dinge vorerst auf Eis. Zudem stand ein Ereignis bevor, dass die Aufmerksamkeit des ganzen Clubs erforderte: 1966 hatte Donald Chambers in Texas die Bandidos gegründet, und das war nun 40 Jahre her.

Aufgrund der unterschiedlichen Interessen mussten in die Entscheidung, wie es in Toronto weitergehen sollte, Vertreter aus aller Welt einbezogen werden. Daher wurde beschlossen, im Rahmen der Feiern zum 40-jährigen Bestehen einen Kirchgang mit hochrangigen Bandidos aus allen Himmelsrichtungen abzuhalten und die Frage zu diskutieren. Am Ende sollte per Abstimmung über das weitere Los der kanadischen Bandidos entschieden werden. Die, um die es ging, hätten dabei nichts zu sagen: Nichts deutet darauf hin, dass auch nur ein einziger kanadischer Bandido zu den Feierlichkeiten eingeladen war.

Genau genommen jährte sich die Gründung der Bandidos im März 2006, und es gibt keinen vernünftigen Zweifel daran, dass aus diesem Anlass in Texas ausgiebig gefeiert wurde. 5.000 Kilometer nördlich aber, in einer ansonsten ereignislosen Frühlingsnacht, saß Jamie Flanz, der mit einem Kollegen die Schicht getauscht hatte, in seinem Abschleppwagen und fuhr durch die Straßen von Rexdale, einem Vorort von Toronto, als ihm ein Oldsmobile auffiel, der auf der falschen Straßenseite abgestellt war. Bevor er den Wagen auf dem Hof der Firma ablieferte, unterbrach er die Fahrt, um ihn nach Wertgegenständen zu durchsuchen, und von dem Moment an, in dem er auf die Sporttasche stieß und sie öffnete, war nichts mehr wie zuvor – für Jamie nicht, nicht für die Bandidos von Toronto und von Winnipeg, und auch nicht für die allermeisten Bandidos und Hells Angels auf der ganzen Welt.

Die Angels haben ein bestimmtes System, nach dem sie Drogen und andere Schmuggelware transportieren, ein System, das in jener Nacht, in der Jamie außerplanmäßig Dienst schob, kollabierte. Ansonsten wäre der Wagen nicht dort abgestellt gewesen – gegen die Fahrtrichtung und mit dem Schlüssel im Zündschloss. Später kursierten Gerüchte, dass die Angels das Ganze inszeniert hatten, um den Bandidos eine Falle zu stellen. Als Verschwörungstheorie ist diese Version sicherlich ganz interessant, doch Beweise, die sie stützen würden, konnte ich nicht finden.

Fest steht hingegen, dass die Angels den Verlust der Drogen nicht auf sich beruhen ließen. Man darf davon ausgehen, dass sie Mittel und Wege hatten, um herauszufinden, in wessen Händen das Kokain gelandet war. Denn die Hells Angels sind nicht nur praktisch und strategisch denkende Leute, sie haben auch gewisse Grenzen. Es gibt eine unsichtbare Linie, die niemand überschreiten darf, ohne eine sofortige und tödliche Reaktion des Clubs heraufzubeschwören. Und Jamie Flanz hatte diese Linie nicht übertreten, nein, er hatte sie mit einem Abschleppwagen überfahren.

Der Drogentransport der Hells Angels ist organisiert wie ehedem der Pony Express. Von südlich der Grenze kommend, landet das Kokain zunächst in Montreal, von dort wird es mit dem Auto nach Toronto transportiert. Soll die Lieferung weiter Richtung Westen gehen, wird das Auto an einer bestimmten Stelle geparkt, wo ein anderer Fahrer es übernimmt. Das hat den Vorteil, dass sich die Fahrer nie begegnen und meistens nicht genau wissen, was sie da transportieren.

Der Oldsmobile war von einem Biker namens P'tit Rouge nach Toronto gebracht worden. Er gehörte den Death Riders an, einem Club, der den Hells Angels nahestand. P'tit Rouge parkte den Wagen und verließ den Schauplatz. ohne sich darum zu scheren, ob die Ablösung pünktlich kam.

Doch genau das war in dieser Nacht nicht der Fall und hatte zur Folge, dass das Auto sehr viel länger unbeaufsichtigt blieb als vorgesehen – und damit lange genug, dass ein müder, lustloser nebenberuflicher Fahrer eines Abschleppwagens darauf aufmerksam werden und es durchsuchen konnte. Als ihnen klar wurde, dass das Kokain den Besitzer gewechselt hatte, zogen die Hells Angels los und schlugen in Toronto zahlreiche Türen ein, um dahinter nach ihrem Eigentum zu suchen. Die intensive Befragung zahlreicher Süchtiger führte sie schnell auf die Fährte des Abschleppunternehmens aus Rexdale – und der Bandidos, die dort arbeiteten. Zudem erwies sich, dass Jamie nicht eben verschwiegen war und mehreren Freunden und Clubmitgliedern von seinem Fund erzählt hatte.

Sehr schnell kamen die Hells Angels zu der Überzeugung, dass die Bandidos sie bestohlen hatten. Das durfte nicht ungesühnt bleiben. Bislang hatte eine labile Waffenruhe, deren Hauptzweck es war, in Ruhe den Geschäften nachgehen zu können, die Clubs überall in der Welt davon abgehalten, sich gegenseitig an die Gurgel zu gehen. Und die Bandidos waren nicht daran interessiert, dass der kanadische Bikerkrieg wiederauflebte. Durch die vielen gegen sie gerichteten Aktionen der Polizei waren sie personell so geschwächt, dass sie in einer solchen Auseinandersetzung chancenlos gewesen wären. Guter Rat war daher teuer. Laut eines Polizei-Informanten aus New Mexico fanden in den USA Geheimgespräche zwischen hochrangigen Bandidos und Vertretern der Hells Angels statt. Die Angels zeigten sich fest entschlossen, auf den dreisten Diebstahl und den eklatanten Mangel an Respekt notfalls mit Krieg zu antworten.

Normalerweise hätten die Bandidos ihnen die kalte Schulter gezeigt und sich auf jede denkbare Aktion vorbereitet – auch auf einen Krieg. International gesehen, verfügten sie über genügend Leute, Geld und Willen, um es mit dem Erzrivalen aufzunehmen. Politisch aber konnte es dafür keinen schlechteren Zeitpunkt geben. Nach seiner Verurteilung hatte George Wegers vom Amt des Präsident aller Bandidos zurücktreten müssen. Seinen Versuchen, den Club zu reformieren und zu disziplinieren zum Trotz, hatte er selbst Dreck am Stecken. Bis zu Wegers' Entlassung amtierte Jeff Pike als Interimspräsident und tat alles Erdenkliche, um sich in dieser Zeit eine Machtbasis zu schaffen. So sah Wegers sich plötzlich genötigt, seine Position gegen Pike verteidigen zu müssen, ein Kampf, den er am Ende verlor. Doch ehe es so weit war, führte dieser Konflikt weltweit zu einer Spaltung, der den Club auseinanderzureißen drohte. Als sich Pike schließlich durchgesetzt hatte und auch formal El Presidente war, büßten die Bandidos von Toronto auch die letzte Unterstützung ein, die ihn das alte Präsidium gewährt

SUPPORT NO SURRENDER CREW
CANADA

Einige der wenigen Aufnahmen von Don Chambers, dem Gründer der Bandidos.

Ronnie Hodge war Präsident der Bandidos, als in den 1970er Jahren die Auseinandersetzungen mit den Pagans begannen. Bis heute ist das Verhältnis der beiden Clubs zueinander nicht befriedigend geklärt.

Der Aufnäher „MG“ steht für „motorcycle gang“, wie sich die Bandidos früher nannten. Heute heißt es beschönigend Club statt Gang.

Wegers' Rivale Jeff Pike (ganz rechts). Die frisch gegründeten kanadischen Bandidos wurden in den Machtkampf zwischen Wegers und den texanischen Bandidos hineingezogen und litten sehr darunter, dass Pike zum neuen Präsidenten wurde.

El Presidente George Wegers verlegte das Hauptquartier von Texas in den Bundesstaat Washington, wo er zu Hause war. Die Texaner waren damit gar nicht einverstanden und machten ihm den Führungsanspruch streitig.

Kein guter Tag für den Getränkeautomaten.
Die Bandidos aus Washington nehmen vor einem Zelt Aufstellung, in dem gerade die Entscheidung über den neuen Präsidenten getroffen wird. Pikes Unterstützer stehen auf der anderen Seite.
Das hätte auch ins Auge gehen können.

Der Friede trügt. Die australischen Bandidos und die Nomads reichen sich die Hand. Wie so oft in der Bikerszene ist aber auch dieser Pakt nicht für die Ewigkeit geschlossen. Wenn er bricht, wird Blut fließen.

Da sie nur Weiße als Mitglieder aufnehmen, sind die Hells Angels in Südostasien nicht vertreten. Die Bandidos sind an diesem Punkt toleranter: Willkommen in Thailand.

Die Scheune auf Wayne Kellestines Farm. Auf dem großen weißen Schild steht „Annihilators MC Ontario".

ANNIHILATOR'S
M.C.
ONTARIO

Wie sein Freund, der bekennende Rassist Martin Weiche, dessen Grundstück hier zu sehen ist, wählte auch Wayne Kellestine ein Hakenkreuz als Verzierung seines Rasens.

Die abgesägte Flinte sollte helfen, den Streit zwischen Chopper und Taz zu schlichten. Das hat zwar geklappt, aber anders als von Chopper geplant.

Carlton „Pervert“ Bare (Mitte), El Secretario der US-Bandidos, sprach sich strikt dagegen aus, das Toronto-Chapter der Bandidos zu neuem Leben zu erwecken. Da er widersprüchliche Informationen in die Welt setzte, gab es gleichwohl diesbezügliche Ambitionen. Doch die erstickte die Polizei im Keim.

John „Boxer“ Muscedere

Das erste Opfer des Massakers von Shedden: Luis „Chopper“ Raposo. Die anderen auf dieser Doppel-Seite abgebildeten Männer folgten ihm.

Paul „Big Paulie“ Sinopoli

Francesco „Bam Bam“ Salerno

George „Crash“ Kriarakis

George „Pony“ Jessome

Michael „Little Mikey“ Trotta

Jamie „Goldberg“ Flanz

Der Blick vom Scheuneneingang aus. Die Gefriertruhe steht rechter Hand.

Blick in Kellestines Scheune. Man beachte die Muster der Blutlachen auf dem Fußboden.

Der Anführer der Mörder: Wayne „Weiner" Kellestine. Die anderen auf dieser Seite abgebildeten Männer sind die übrigen Angeklagten.

Michael „Taz" Sandham

Marcelo Aravena

Frank Mather

Brett „Bull" Gardiner

Dwight Mushey

Jamie, wie er im Auto vorgefunden wurde.

Frank „Cisco“ Lenti (zweiter von links) war ein alter Freund von Kellestine, was erklären dürfte, warum er nicht in der Scheune war, als die blutige Abrechnung begann.

Choppers Familie bittet die Medien darum, in Ruhe gelassen zu werden.

Big Paulie am Fundort

Crazy Horse gründete die Bandidos in Alberta. Die Hells Angels zeigten sich wenig beeindruckt. Wenn die anderen Biker nur annähernd so toughe Kerls gewesen wären wie Crazy Horse, dann würde es den Club dort vielleicht heute noch geben.

Jan Wong will take questions on her 'Maid for a Month' series today at 12:30 p.m. EDT. globeandmail.com

TalkBACK

THE GLOBE AND MAIL

A bloody 'cleansing'

Uprising prompts France to dump jobs plan

Murder charges laid against five people in slaying of eight Bandidos bikers

Bandidos flaunt brutal pedigree

TORONTO SUN

NOW 50¢

Clueless

Who's to blame for Leafs disaster?

Friday's Jackpot!

$20,000,000

PAGES 2-3, 36-37 • EDITORIAL: PAGE 19

5 charged as cops call Bandidos massacre a bike gang ...

'INTERNAL CLEANSING'

The Bandido trial begins.

Anatomy of the Crown's case

The accused

Sandham

Aravena

Mushey

Kellestine

Mather

Gardiner

Wayne Kellestine's farmhouse

One of the bodies found stuffed in a vehicle, 14 kms from the farm.

The dead

Jessome

Kriarakis

Muscedere

Raposo

Salerno

Sinopoli

Flanz

Trotta

Winnipeg:

Home of a fledgling Bandidos chapter, under control of and in conflict with full-fledged Toronto chapter.

Members included Michael Sandham, 39, Marcelo Aravena, 32, and Dwight Mushey, 41.

Crown alleges three travelled to Ontario in spring of 2006 on orders of world Bandidos headquarters in Texas to pull patches of Toronto members.

Wayne Kellestine's farm, Iona Station

The six men accused of first-degree murder — Wayne Kellestine, 59, Frank Mather, 35, Brett Gardiner, 24, and Winnipeggers Sandham, Aravena, Mushey — gather at the farm, the Crown says.

The killings take place at the farm, Crown says.

Toronto

Home of Bandidos chapter, in conflict with world headquarters over money and communication.

George Jessome, 52, George Kriarakis, 28, John Muscedere, 48, Luis Manny Raposo, 41, Frank Salerno, 43, Paul Sinopoli, 30, Jamie Flanz, 37, and Michael Trotta, 31 — all connected to the club — travel to farm of Wayne Kellestine April 7, 2006.

Großes Thema: Titelseiten von der «Toronto Sun« und der «Globe and Mail» sowie ein Special der «London Free Press».

Die Struktur der Bandidos 2005/6

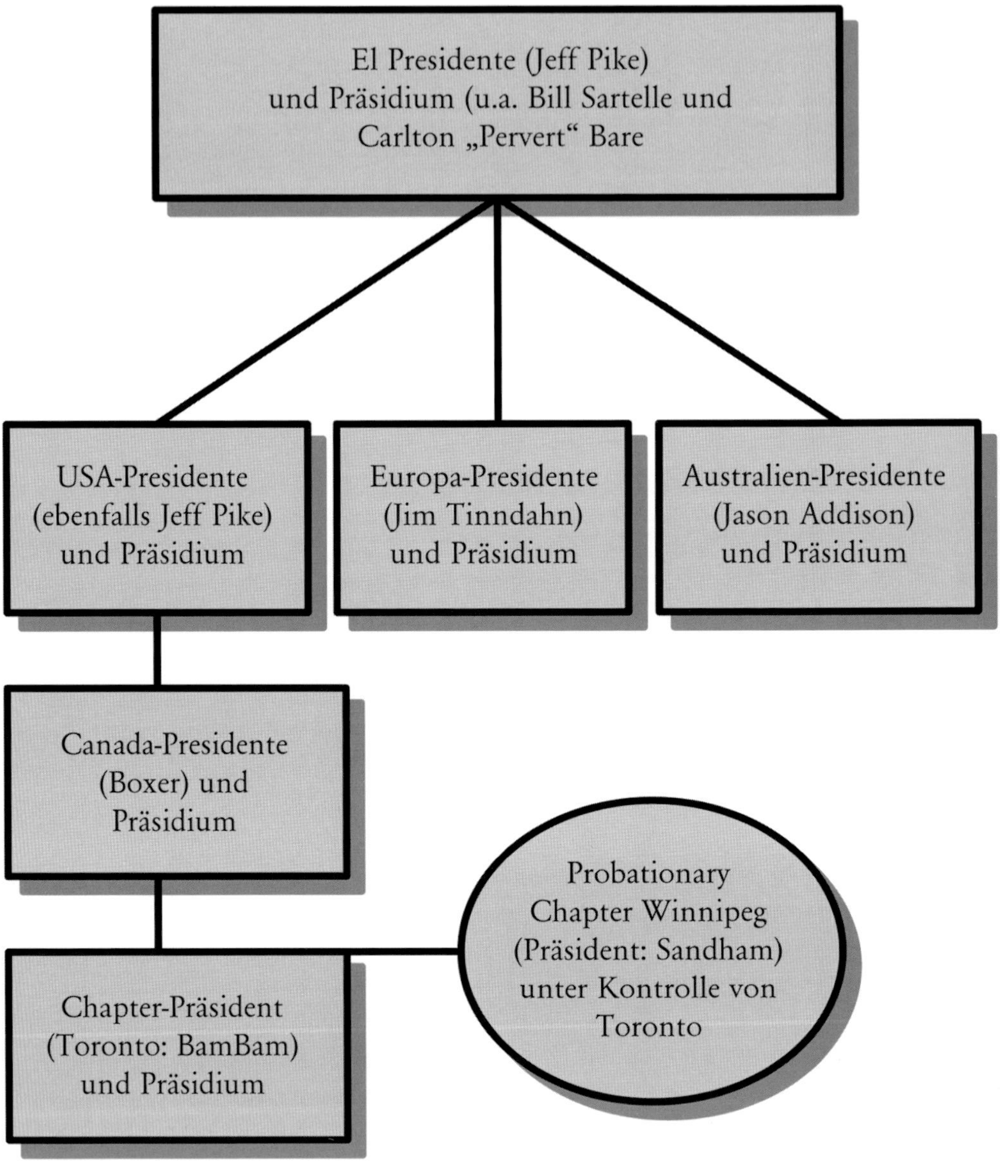

hatte. Nun kamen die Hells Angels und beklagten einen Diebstahl, für den sie ein ohnehin ungeliebtes Chapter aus einem Land verantwortlich machten, in dem die Bandidos schon viel Geld, Blut und Ansehen vergeudet hatten. Die Bereitschaft zu bedingungsloser Solidarität war ausgesprochen gering.

Die Führung der Bandidos, die inzwischen wieder in Texas beheimatet war, sagte den Angels zu, sich der Sache anzunehmen und eine interne Lösung zu finden. Die Angels waren unter der Bedingung einverstanden, dass die Strafe drastisch und als Fanal ausfiel. Und natürlich wollten sie die Drogen zurück haben. Die US-Bandidos rätselten noch, wie viele Männer in die Sache verstrickt waren, und einfach in Toronto nachzufragen war keine Lösung des Problems: Entweder würden sich die dortigen Bandidos in Schweigen hüllen, oder sie würden sich gegenseitig beschuldigen. Aber vielleicht kämen sie ja auch auf die Idee, einen Sündenbock zu präsentieren, zum Beispiel einen unbedeutenden Anwärter wie Jamie Flanz, mit dessen Bestrafung man die Hells Angels unmöglich zufriedenstellen konnte. Sie gingen davon aus, dass für den Weitertransport der Drogen ein Mann nicht reichte – und schon gar nicht ein Anwärter. Die Angels drängten auf eine drakonische Strafe, und wenn sie den Bandidos den Akt der Bestrafung großzügig überließen, dann mussten es, um die Rivalen zufriedenzustellen, schon die Köpfe der Schuldigen sein, präsentiert auf einem silbernen Tablett. Alles andere hätte Krieg bedeutet. Um den zu verhindern, war es kein zu hoher Preis, ein paar Mitglieder zu opfern. In einer offenen Auseinandersetzung mit den Hells Angels würde man Hunderte Männer verlieren, nicht nur eine Handvoll. Also musste Toronto für die Verfehlung bezahlen.

Über dem weiteren Geschehen liegt ein Nebel. Die Polizei von Winnipeg hatte im Chapter der Bandidos einen Informanten, der unter dem Kürzel „MH“ geführt wurde. Später wird von diesem Mann noch ausführlich zu berichten sein, doch einstweilen genügt es festzuhalten, dass seine Berichte und Aussagen im Shedden-Prozess oft widersprüchlich sind und viele Schutzbehauptungen enthalten. Wenn man

MH eine Frage stellt, weiß er, wie er zu antworten hat. Damit endet seine Cleverness aber auch schon.

Laut MH waren Taz und Kellestine nach British Columbia gereist, um sich mit US-amerikanischen Bandidos zu treffen. Er behauptet, dass Taz ihn vor dem Treffen davon unterrichtet habe. Das Treffen (von dem bereits kurz die Rede war) fand Anfang 2006 statt, aber es ist zu bezweifeln, dass MH tatsächlich in Details eingeweiht gewesen ist. Dennoch versichert er, dass Taz und Wayne bei einem gewissen Dave unweit der Grenze zwischen Kanada und den USA abgestiegen seien.

Bei einer Gelegenheit erklärte MH, dass es sich bei diesem Dave um den Bandido Concrete Dave handelt, ein anderes Mal nannte er jedoch den Namen Dave Black. Black, ein hartgesottener Biker und notorischer Sadist, war Gründer und Leiter des Clubs Satan's Slaves, der mittlerweile das Zeitliche gesegnet hat. Zur fraglichen Zeit gehörte er den Hells Angels an. Falls MHs Angaben stimmen, stellt sich die Frage: Was brachte die Bandidos dazu, bei einem Hells Angel abzusteigen?

Eine plausible Antwort wäre, dass bei der Gelegenheit verschiedene Maßnahmen diskutiert wurden, mit denen die Hells Angels besänftigt werden könnten. Doch leider wissen wir nicht, was besprochen wurde, und sind deshalb auf Spekulationen angewiesen. Bislang habe ich jedoch nur Antworten gefunden, die neue Fragen aufwerfen.

Fakt bliebt, dass von MHs Versionen nur eine stimmen kann. Die, in der die Hells Angels vorkommen, könnte eine Finte sein. Es gibt Stimmen, die behaupten, dass MH für die Hells Angels als Doppelagent (der Informationen über die Polizei lieferte) oder gar als Dreifach-Agent (und neben der Polizei auch die Bandidos ausspionierte) arbeitete. Diese Theorie hat den Vorteil, dass sie manche Ungereimtheit in seinem Verhalten und seinen Aussagen erklären würde; sie hat jedoch den Nachteil, dass sie ohne den geringsten Beweis auskommen muss. Und da MH nicht der Hellste war, ist kaum anzunehmen, dass er in der Lage war, sich als Informant der Polizei und Agent der Hells Angels bei den Bandidos einzuschleusen. Das wäre dann wohl doch zu kompliziert gewesen.

In den Wochen nach dem Treffen stellten die Bandidos in den USA ein Team zusammen, das nach Chicago geschickt wurde. Ein zweites Team wurde in Winnipeg gebildet, das auf Abruf bereitstand.

Die Sympathien der US-Bandidos galten unterdessen Taz und seinen Männern aus Winnipeg. Auch Wayne Kellestine unterstützte sie nach Kräften, und seine Bemühungen, mit Texas ins Gespräch zu kommen, wurden dort wohlwollend registriert – umso mehr, als Chopper die seltene Gabe besaß, Beiträge und sonstige Einnahmen spurlos verschwinden zu lassen. Doch all das änderte nichts daran, dass Kellestine zum Chapter Toronto gehörte, das seiner gerechten Bestrafung entgegensah. Und sofern er nicht schon auf Anweisung aus den USA handelte und die Übereinkunft mit Winnipeg nur vortäuschte, beteiligte er sich mit großer Selbstverständlichkeit daran, das Kokain der Hells Angels auf die Seite zu schaffen. Als die US-Amerikaner zu der Entscheidung kamen, das Chapter Toronto zu opfern, mussten sie sich daher fragen, weshalb sie – und mehr noch: die Hells Angels – einem einzelnen Mitglied des Chapters etwas durchgehen lassen sollten, wofür die übrigen Bandidos sterben mussten, und zwar ausgerechnet durch Kellestines Hand. War dieser Wendehals wirklich der Mann, dem sie die Führung der kanadischen Bandidos anvertrauen wollten? Und da abzusehen war, dass er als einziger nationaler Offizier die Bestrafung überleben würde, würde er sich mit weniger nicht zufriedengeben.

Einige Autoren halten es für ausgeschlossen, dass Bandidos nach Chicago geschickt wurden. Als Grund führen sie an, dass Chicago nicht zum Einflussgebiet der Bandidos gehört. Sie übersehen jedoch, dass Chicago die Heimat des Outlaw Motorcycle Club ist, der seit den späten 60er Jahren mit den Bandidos verbündet ist. Wären Wayne Kellestine und seine Leute eliminiert worden, nachdem sie die Mitglieder des Chapters Toronto ermordet hatten, dann wäre das Geschehen sicherlich als Folge eines internen Streits erklärt worden, der keine größeren Konsequenzen hatte.

Abgesehen natürlich von der Besänftigung der Hells Angels.

Der Tod macht Kaffeepause

Am Morgen des 5. März 2006 warteten fünf Männer aus Winnipeg im Haus von Dwight Mushey auf einen Anruf. Drei von ihnen waren Vollmitglieder der Bandidos: Mushey selbst, MH und schließlich Michael „Taz“ Sandham, der Präsident des Chapters. Gesellschaft leisteten ihnen an diesem Sonnabend Brett „Bull“ Gardiner und Marcello Aravena, die mit den Bandidos sympathisierten.

In letzter Zeit hatten sich die Telefonate zwischen den USA und Winnipeg gehäuft. Anders als in Polizeiberichten steht, ging es dabei nicht um so banale Dinge wie den Entzug der Mitgliedschaft. Solche Themen wurden benutzt, um die eigentlichen Gründe dafür zu verschleiern, warum die Biker aus Winnipeg gen Osten aufbrachen. Taz hatte den US-Bandidos versichert, dass sein Chapter darauf brannte, sich zu beweisen. Die Chance dazu sollten er und seine Männer sehr bald bekommen.

Taz und seine Leute warteten ungeduldig und schweigend darauf, dass das Telefon läutete. Weil sich nichts tat, rief Taz irgendwann Keinard „Hawaiian Ken“ Post in Washington an, um sich neue Instruktionen zu holen. Ken sagte, dass er noch auf Beschlüsse von Brian B. (Bentley) und Mongo warte, der zu jener Zeit nationaler Sergeant at Arms war. Mongo galt als George Wegers' Sprachrohr, der auf diese Weise den Club auch aus dem Gefängnis heraus lenken konnte, obwohl offiziell Jeff Pike als Präsident amtierte.

Also warteten die Männer in Winnipeg weiter. Biker sind nicht für ihre Geduld bekannt, und da es um einiges ging, wurde ihnen die Zeit schnell lang. Taz griff zum Hörer und rief erneut Hawaiian Ken an. Wieder wurde er vertröstet. Wenn es etwas Neues gäbe, würde er es schon erfahren.

Als der Anruf endlich eintraf, verlief das Gespräch kurz und einseitig: Die Bandidos aus Winnipeg erhielten den Befehl, zu Wayne Kellestines Farm im Südwesten von Ontario zu fahren. Unterwegs sollte Taz weitere Anweisungen erhalten. Und niemand sollte Kellestine über ihr Kommen unterrichten.

So jedenfalls klingt es in der Beschreibung von MH. Taz erzählt das Ganze etwas anderes: Der Mordauftrag sei ihm und Kellestine bei dem Treffen in British Columbia erteilt worden, und zu Kellestines Farm sei er gereist, um die Morde zu verhindern, nicht, um sie zu verüben. Es kann sein, dass bis zur Abreise aus Winnipeg und selbst danach nicht alle Informationen bei MH angekommen sind. Es kann aber auch sein, dass Taz versucht hat, seine Verantwortung für den Massenmord nachträglich herunterzuspielen.

So oder so blieb immer noch zu entscheiden, was mit Wayne Kellestine geschehen sollte. Möglicherweise wussten die US-Bandidos um die engen Verbindungen zwischen Kellestine und Boxer und waren versucht, ihm daraus einen Strick zu drehen. Beide waren bei den Loners gewesen, und trotz gelegentlicher Meinungsverschiedenheiten waren sie seit vielen Jahren eng verbunden. Dass Wayne keine Skrupel hatte, Leute umzubringen, die er so gut kannte und mit denen er so lange zusammengearbeitet hatte, mag daran liegen, dass er keine Lust hatte, selbst zum Opfer zu werden. Boxer war nationaler Präsident. Wenn ihn das nicht davor schützte, im Auftrag des Clubs ermordet zu werden, dann konnte sich niemand seines Lebens sicher sein, auch Kellestine nicht. Umso mehr Grund hatten die US-Bandidos, möglichst wenige Männer in die wahren Gründe für das Treffen auf Waynes Farm einzuweihen.

Die Reise nach Ontario war für Taz von entscheidender Bedeutung. Er hatte eine Zeit lang mit Boxer und Kellestine zusammengearbeitet, mit Drogen gehandelt, Zigaretten und andere Dinge zwischen Toronto und Winnipeg verschoben. So gesehen, war der geplante Kokain-Deal nichts allzu Besonderes. Die drei waren ein schlagkräftiges Team, und egal, mit welchen Motiven Taz die Fahrt nach Ontario vorbereitete, winkte als Ertrag eine lukrative Vereinbarung. Er wollte und brauchte jede nur erdenkliche Unterstützung aus den USA.

Taz war das einzige Mitglied in Winnipeg, der alle Details des Falles kannte und sie zu einem schlüssigen Bild zusammensetzen konnte – das gestohlene Kokain, das Chapter Toronto, das beim Präsidium in Texas in Ungnade geraten war, die Forderung der Hells Angels nach Wiedergutmachung. Alles, was ich über Mushey weiß, legt den Schluss nahe, dass er Taz' rechte Hand war, so dass anzunehmen ist, dass er nahezu ebenso viel wusste wie sein Präsident – und mehr als die anderen Bandidos von Winnipeg. Bedenkt man zudem noch die anhaltenden Spannungen zwischen Winnipeg und Toronto, dann konnte es Taz' Leute nicht verwundern, dass ihr Anführer sie als Begleitschutz anforderte, zumal das Gerücht im Umlauf war, dass das Chapter Toronto ausgeschlossen werden sollte.

Auch das Kokain mag Taz' Interesse erregt haben. Gemäß den Clubregeln musste jedes Geschäft in der Größenordnung von Jamie Flanz' Kokainfund bei der Führung der Bandidos angemeldet werden. Und in den USA erwartete man, dass ein gewisser Teil des Erlöses bei ihnen landete. Taz hatte mit seinen Kontaktmännern im Nordwesten der USA über den geplanten Deal gesprochen und zur Antwort bekommen, er solle die Sache so lange hinauszögern, wie die Gespräche mit den Hells Angels liefen. Die Zeit des Zögerns war nun vorbei.

Alle waren nach Hause gegangen, um zu packen. MH hatte einen zusätzlichen Grund, warum er allein sein wollte. Er musste seinen Kontaktmann anrufen und ihn auf den neuesten Stand bringen. Nach dem Anruf wartete er darauf, dass Taz ihn abholte. Als Taz ankam, saßen Dwight Mushey und Brett Gardiner schon in dem SUV der Marke GMC, mit dem sie nach Ontario fahren wollten. Marcello Aravena würde auf eigene Faust anreisen. Aravena war Boxer und musste in dieser Nacht noch in den Ring. Der Termin für den Kampf war vor langer Zeit verabredet worden, und Aravena hatte Verträge unterschrieben, die er einhalten musste. Taz erlaubte es ihm, bestand aber darauf, dass er im Anschluss an den Kampf nach London fliegen sollte.

Am späten Nachmittag des 25. März verließ der SUV Winnipeg Richtung Osten. Es sollte eine lange, öde Fahrt nach Toronto werden.

In dieser Region herrscht im März meist ein deprimierendes Wetter, und die vier Männer stellten sich auf eine kalte und regnerische Nacht ein. Noch schlimmer würde es werden, wenn sie in Nipigon den Trans-Canada-Highway verlassen und auf den Highway 11 wechseln würden, eine der schlechtesten Abschnitte des kanadischen Schnellstraßennetzes überhaupt.

Doch so wenig Vorfreude auf die nördliche Route durch die Wildnis, dichten Nebel und mit wenigen, weit voneinander entfernten Rastplätzen aufkommen wollte, war sie wenigstens ungleich weniger befahren als die südlichere Alternative, und möglichst unbemerkt an ihr Ziel zu kommen stand für die Männer obenan. Das war nur einer der Punkte, in der sich diese Fahrt von der nach Edmonton zur Beerdigung von Crazy Horse unterschied. Damals hatte der Club nicht nur hingenommen, sondern bewusst darauf gesetzt, dass vier Bandidos in voller Montur auf ihren Motorrädern das halbe Land durchquerten, während ihnen die Polizei von vier Bundesstaaten auf den Fersen war. Taz' Versuch, die Grenze nach Ontario möglichst unbemerkt zu passieren, spricht dafür, dass er und vielleicht auch einige seiner Mitreisenden wussten, dass sie das, was sie vorhatten, nicht an die große Glocke hängen sollten. Ein paar in Ungnade geratenen Bandidos die Clubabzeichen abzunehmen, das hätte diese Vorsicht kaum gerechtfertigt.

Unterwegs erhielt Taz einen Anruf seiner Frau, die berichtete, dass Jamie Korne, ein Bandido aus Winnipeg, in Begleitung von zwei Bandidos aus Toronto, dem Vollmitglied Carlito und dem Anwärter Stone, auf der Suche nach Taz im Haus von dessen Schwiegereltern aufgekreuzt war. Was sie von ihm wollten, hatten sie nicht verraten. Die vier Männer im Auto diskutierten mehrere mögliche Erklärungen für den unangemeldeten Besuch und überlegten, was er für ihre Unternehmung bedeutete. Sie hielten es sogar für denkbar, dass Carlito nach Winnipeg gereist war, um Taz zu töten. Auseinandersetzungen mit dem Chapter Toronto hatte es im zurückliegenden Jahr jedenfalls genug gegeben.

Nicht wissen konnten die Männer aus Winnipeg hingegen, dass Boxer, seit Jahren ein routinierter Krimineller und Drogendealer, alles andere als dumm war. Er kannte Kellestine gut genug, um zu wissen, dass es nicht bloß falsch gewesen wäre, das Kokain mit auf die Farm zu nehmen, sondern regelrecht gefährlich. Für Drogen in solchen Mengen machen die Menschen die eigentümlichsten Dinge, erst recht dann, wenn sie im Besitz einer „Kostprobe" von zwei Kilogramm waren, über die sie frei verfügen konnten. Wayne hatte darauf bestanden, dass die Drogen nach Winnipeg gebracht werden, und Boxer hatte kurzerhand beschlossen, ihm die Arbeit abzunehmen und selbst für den Transport zu sorgen, um damit zugleich sicherzustellen, dass die Drogen nicht Kellestine in die Hände fielen. Hier kommen Carlito und Stone ins Spiel, und zwar als Boten: Sie konnten ja nicht ahnen, dass Boxer ihnen mit dem Auftrag, nach Winnipeg zu reisen, das Leben retten würde.

Um die Besucher aus Toronto über das Ziel und den Grund ihrer Reise im Unklaren zu lassen, rief Taz Korne an und behauptete, dass er und seine Begleiter einige Tage im Norden Manitobas zu tun hätten. Gleich nach ihrer Rückkehr würden sie sich mit Carlito und Stone treffen.

In den frühen Morgenstunden des Sonntags, mitten im Herzen des topfebenen, schachbrettartig in Äcker und Felder aufgeteilten südlichen Ontario, bog der SUV von der Aberdeen Line ab und erreichte über einen Privatweg Kellestines Farm. Vom Rande des Geländes aus versuchte Taz vergeblich, Kellestine telefonisch zu erreichen. Also blieben die Männer im Auto sitzen und dösten ein wenig, um so die Zeit totzuschlagen, bis Wayne aufwachte. Es kam öfter vor, dass hier Biker unangemeldet auftauchten, doch da die Männer von Kellestines Verfolgungswahn wussten, wollten sie ihn ungern überraschen. Irgendwann versuchte es Taz erneut. Dieses Mal ging Kellestine ans Telefon und sagte, sie sollten zum Haus kommen.

Dort angekommen, gingen die Männer hinein, nur Wayne und Taz gingen zu der Scheune. Sie unterhielten sich angeregt, doch als sie irgendwann ins Haus kamen, sprachen sie kein Wort, und keiner der anderen fragte. Es war das erste von vielen Zwiegesprächen, die Taz und Kellestine in den folgenden zwei Wochen führen sollten. Doch um was es dabei genau ging, behielten sie für sich.

Die vier Männer aus Winnipeg legten sich erst einmal schlafen. Am Nachmittag trafen Frank Mather und seine Freundin auf der Farm ein. Damals wohnte Mather bei Kellestine, doch manchmal übernachtete er auch bei seiner Freundin. Den Männern aus Winnipeg stellte Wayne ihn betont vage als einen Freund aus London vor. Er hatte Frank angerufen und gebeten, auf die Farm zu kommen und ihm Beistand zu leisten. Es hatte so viele Versuche gegeben, ihn aus dem Weg zu räumen, dass solche Vorsichtsmaßnahmen für ihn Routine waren.

Wie Bilder der Überwachungskameras belegen, landete Aravena am Dienstag, den 28. März, in London. Sandham, Mushey und MH holten ihn ab und fuhren mit ihm die wenigen Meilen zurück zu Kellestines Farm. Dort verbrachten die Männer die Zeit mit Reparaturen am SUV, sie gingen gemeinsam essen oder saßen mit Kellestine und Mather zusammen und unterhielten sich. Waynes Vorrat an Kaminholz ging zur Neige, also zogen sie los und klaubten auf dem riesigen Grundstück Brennholz zusammen. Ihre Anwesenheit blieb den Einheimischen selbstverständlich nicht verborgen. Mehrmals wurden sie im Restaurant Holland House in Iona Station gesehen, und Taz' roter SUV fiel in dem kleinen Nest ebenso auf wie die fremden Gesichter.

Während ihres zweiwöchigen Aufenthaltes unterlief den Männern aus Winnipeg ein schwerer Patzer. Irgendjemand hatte eine Videokamera dabei und begann eines Abends alle Anwesenden zu filmen. Keiner sträubte sich dagegen, und die meisten schnitten Grimassen oder machten anderen Quatsch – wie es eben so ist, wenn man gefilmt wird. Komischerweise hat aber offenbar niemand bedacht, dass sich anhand der Aufnahmen mühelos beweisen ließe, wer sich auf der Farm aufgehalten hat. Der plötzliche Leichtsinn verträgt sich nur schwer mit der Vorsicht, die sie bis dahin hatten walten lassen. Vielleicht hatte der Kameramann mit dem Filmmaterial ja auch nur sicherstellen wollen, dass er im Falle einer Verhaftung nicht allein dran wäre. Und sehr gut vorstellbar ist, dass die Männer in jener Nacht schlicht zu betrunken waren, um die Folgen ihres Tuns zu bedenken.

Sie unternahmen auch Ausflüge in die Reservate der Oneida und der Chippewa. In Letzterem trafen sie einen Indianer namens Cliff, dem ein Restaurant und eine Tankstelle gehörten. Einen bestimmten Anlass für den Besuch scheint es nicht gegeben zu haben. Vielleicht suchten die Biker nur nach einem geeigneten Ort, wo sie später die Leichen loswerden konnten. MH hat davon gesprochen, dass sie dort jemanden getroffen hätten, der gemeinsam mit Wayne im Handel von geschmuggelten Zigaretten aktiv war. Das mag erklären, was als Nächstes geschah.

Laut Aussagen von MH fanden die Biker an einer Zufahrt zum Chippewa-Reservat einen Anhänger, den sie kurzerhand mitgehen ließen. Nicht vorgesehen war, dass dabei Taz' SUV beschädigt wurde und der Anhänger statt Zigaretten Tiefkühlpizzas geladen hatte. Die landeten schließlich in einer Tiefkühltruhe in Waynes Keller.

Die übrige Zeit verbrachten die Männer damit, tags zu schlafen und nachts zu feiern. Außer Kellestine und Sandham schien niemand recht zu wissen, worauf sie eigentlich warteten. Doch je mehr Zeit verging, desto deutlicher zeichnete sich ab, was kommen sollte.

Am Donnerstag, den 6. April, telefonierte Wayne mit „Big Paulie" Sinopoli in Toronto. Boxer und Flanz wollten ohnehin auf die Farm kommen, und deshalb schlug Wayne vor, dass auch die übrigen Bandidos sich auf den Weg machen sollten. Dann könnte man erst einen Kirchgang abhalten und anschließend ausgiebig feiern. Kirchgang hatte auch vorher schon auf der Farm stattgefunden, so dass Paulie keinen Grund hatte, Verdacht zu schöpfen. Als er zurückrief, sagte er Wayne, dass das komplette Chapter am Freitagabend auf der Farm eintreffen würde. Das Puzzle nahm langsam Gestalt an.

Am späten Nachmittag des 7. April begann Wayne damit, Waffen und andere Ausrüstungsgegenstände aus ihrem Versteck zu holen, um, wie er sagte, auf alle Eventualitäten vorbereitet zu sein. Und dass Probleme nicht auszuschließen waren, hatte er schon tags zuvor deutlich gemacht. Wenn es dumm kommen würde und sie einen Bandido aus Toronto töten müssten, dann hieße das, dass sie alle töten müssten. In den Gesprächen zwischen Wayne und Taz war das Wort „Drecksarbeit" gefallen, und zwar im Zusammenhang mit dem Plan, Boxer zu erschießen, wenn er zum Rauchen die Veranda des Hauses seiner Freundin betrat. Gegenüber lag ein Park, in dem sich Wayne mit einem Gewehr verstecken wollte. Er behauptete, ein solcher Schuss sei für ihn eine leichte Übung, da er in seiner Militärzeit als Scharfschütze ausgebildet worden war. Der Plan wurde nicht in die Tat umgesetzt, aber an ihren Mordabsichten kann kein Zweifel bestehen.

Wayne und Taz setzten sich an den Küchentisch und bauten die Waffen zusammen. Wayne hatte sie in Einzelteilen aufbewahrt und einige in einem Geheimfach unter der Mikrowelle versteckt, andere im Obergeschoss. Einige Gewehre waren so frisiert, dass sie mehr Munition aufnehmen konnten. Die Patronen jedoch war zum Teil so verrostet, dass sie mit Hilfe von Drahtbürsten gereinigt werden mussten. Während diese Arbeiten liefen, ging Dwight Mushey mit einer Schrotflinte in die Garage und sägte den Lauf ab.

Seine Freundin und ihre Tochter hatte Kellestine zu Bekannten geschickt, Stephanie, die Freundin von Mather, hatte die Farm am Vormittag verlassen. Als der Abend anbrach, hielten sich dort nur noch Männer auf, von denen man erwarten durfte, dass sie bereit waren, sich die Hände schmutzig zu machen.

Als alle Waffen vorbereitet waren, zog Taz erst Gummihandschuhe und darüber ein Paar Winterhandschuhe an. Die übrigen Männer folgten seinem Beispiel. Mushey umwickelte die Handschuhe sogar mit Klebeband, damit sie nicht verrutschten. Und während sie auf die Mitglieder des Chapters Toronto warteten, berieten sie, wer welche Position einnehmen sollte.

Wayne wollte, dass MH, Taz und Mushey in die Scheune gingen, er selbst wollte gemeinsam mit Bull, Mather und Aravena im Haus Aufstellung nehmen. Dort sollte Bull den Polizeifunk abhören. Offenbar kannten weder er noch Aravena einen der Bandidos aus Toronto persönlich, so dass keiner von ihnen Verdacht schöpfen würde. Falls einer der Besucher fragen würde, wer sie waren, sollten sie antworten, dass sie im Reservat lebten (obwohl sie nicht im Entferntesten wie Indianer aussahen). Taz hatte sein Auto wie üblich direkt vor dem Haus geparkt, doch wie immer, wenn er von einem Ausflug zurückkehrte, hatte er das Nummernschild aus Manitoba durch eines aus Ontario ersetzt. Nirgends auf der Farm fand sich also ein Hinweis darauf, dass sich dort jemand aus Manitoba aufhielt.

Wayne brachte ein Handfunkgerät, von dessen Funktionstüchtigkeit er sich im Laufe des Tages überzeugt hatte, in die Scheune und trug den anderen auf, es eingeschaltet zu lassen. Er besaß auch ein leistungsstarkes Funkgerät, dass er stets bei sich trug, um den Polizeifunk abzuhören. Bis zu dieser Minute war dort nichts Ungewöhnliches zu hören gewesen.

Kellestine wollte unangenehme Überraschungen unbedingt vermeiden. Er brachte das Funkgerät in die Küche und wies Bull in die Bedienung sowie in die geheimen Codes ein, die die Polizei benutzte. Dann kehrte er in die Scheune zurück und überprüfte den Empfang der Handfunkgeräte. Um sicherzugehen, stellte er auf einer Kühltruhe, die mit einer orangefarbenen Plane abgedeckt war, eine Antenne auf. Trotz allem war der Empfang allenfalls mäßig. Bull war in der Scheune zwar zu hören, er selbst vernahm aber nur Rauschen. Auch als sie die Antenne aufs Dach stellten, wurde es nicht besser.

Die Scheune hatte zwei Etagen und stand am Rande des Geländes nahe dem Weg, der zur Aberdeen Line führte. Vor der Scheune befand sich eine große Freifläche mit einer Feuerstelle. Wenn man mit dem Rücken zu der Scheune stand, lag das Haus rechter Hand einige Schritte entfernt. Etwas näher lag zur Linken die Garage.

Die Scheune war dunkel, fast schwarz. Auf dem Giebel, der zur Straße zeigte, fiel ein metallenes Rechteck auf, das auf den ersten Blick wie verrostetes Blech aussah. Es zeigte auf blauem Grund einen weißen Kreis. In dessen Zentrum befand sich die wenig kunstvolle

Darstellung einer erhobenen Hand, die einen Blitz umklammert. Drumherum stand in ziemlich krakeliger Schrift: „Annihilators MC Ontario".

Die Vorbereitungen liefen auf Hochtouren. Taz holte eine kugelsichere Weste aus seinem Gepäck und legte sie an. Mushey beklagte sich: Hätte Taz gesagt, dass er seine Weste einpackt, hätte er, seine ebenfalls mitgenommen.

Überall auf der Farm herrschte emsiges Treiben. Die Bandidos aus Toronto konnten jeden Moment eintreffen, und vorher musste alles fertig sein. Die Männer reinigten die Waffen, zogen Handschuhe an, kontrollierten das Funkgerät und gingen noch einmal den Plan und die Aufgaben durch, die jeder von ihnen auszufüllen hatte. Dann gingen Taz, MH und Mushey in die Scheune, wo sie die Ankunft der Besucher erwarten wollten. MH und Mushey suchten nach einem geeigneten Versteck, doch weil sie in der Scheune nichts fanden, gingen sie wieder raus und versteckten sich dahinter. Taz schnappte sich eine Schrotflinte und ein Gewehr und kletterte über eine Leiter auf den Heuboden. Er lag an der Ostseite der Scheune und war mit einer kleinen Brüstung versehen. Von dort aus war der Hauptraum der Scheune, in dem sich das spätere Geschehen abspielen sollte, vollständig einsehbar: Jede Menge Unrat befand sich darin, die Tiefkühltruhe stand ziemlich in der Mitte des Raumes, an der östlichen Wand befand sich eine Couch, ein weiterer Sessel stand in der nordwestlichen Ecke.

Am frühen Freitagabend verließ Jamie sein Haus in Keswick und stieg in seinen SUV der Marke Infiniti. Er hatte noch dies und das zu erledigen, doch pünktlich um 19 Uhr stand er vor dem Haus von Paul Sinopoli in Georgina, einem kleinen Vorort von Toronto. „Big Paulie" war zwar Schatzmeister des Chapters Toronto, trotzdem wollte er das Treffen eigentlich schwänzen. Es ging ihm gesundheitlich nicht gut, und Jamie gegenüber hatte er beklagt, dass er Blut im Stuhl hatte. Paulie war dreißig Jahre alt und beruflich viel unterwegs. Mehrmals hatte es Ärger gegeben, weil er seine Beiträge nicht pünktlich bezahlt hatte. Aber das war das Problem des Clubs, nicht Jamies Problem.

Die beiden Männer fuhren los, doch ehe sie den Highway erreichten, legten sie noch eine Pause ein und lasen einen Freund von Paulie auf, der bis Woodstock mitfahren wollte. Auf dem Highway 401, der quer durch das südliche Ontario führt, ging es weiter Richtung Westen. Auf dem Stadtgebiet von Toronto ist der Highway 401 breiter als jede andere Schnellstraße der Welt. Die Bandidos aus Winnipeg hatten, um nicht gesehen zu werden, schlechte Straßen durch abgelegene Gegenden benutzen müssen. Die Männer aus Toronto hatten es insofern einfacher, als dass sie in einer Masse von Autos aufgingen, die es nahezu unmöglich machte, Jamies SUV zu verfolgen. Und genau das hatte die Polizei von Durham eigentlich vor.

Ihr Revier ist die Gegend östlich von Toronto, und die Beschattung von Jamie gehörte zu den Ermittlungen im Mordfall Shawn Douse. Die Polizei hatte auch Jamies Telefon abgehört und dadurch von seinem Kokainfund erfahren. Daher nahmen sie an, dass die Fahrt nach Westen dem Transport größerer Mengen Drogen diente.

Als Jamie und die anderen Woodstock erreichten, verließen sie den Highway an der Ausfahrt Sweaburg Road und ließen Paulies Freund an einer Tankstelle aussteigen. Anschließend ging die Fahrt ohne Pause weiter. Die Polizei jedoch hatte schon dreißig Minuten zuvor den Anschluss verloren.

Doch weil die beiden noch nicht sonderlich weit gekommen waren, gelang es der Polizei, die Fährte wieder aufzunehmen. Jamie hatte auf einem Rastplatz unweit von Woodstock gehalten, wo sie mit Chopper und Boxer verabredet waren. Minuten zuvor hatte er noch mit Boxer telefoniert, und auch dieses Gespräch war abgehört worden. Vielleicht war das der Grund dafür, dass die Polizei sie wiederfand. Nach einer kurzen Unterhaltung stiegen die vier Biker in ihre beiden Autos und fuhren weiter Richtung Westen. Jamies Infiniti überholte Choppers Volkswagen und war bald außer Sichtweite.

Die Polizeiprotokolle deuten darauf hin, dass die Beamten an Jamie Flanz dranblieben, bis sie Kellestines Farm erreichten. Damit ihnen möglichst wenig entging, bezogen sie außerhalb des Geländes an zwei Stellen der Aberdeen Line Posten – einer war etwa zwei Kilometer von der Farm entfernt, der andere noch ein wenig mehr. Auch an der Abfahrt Currie Road, an der man den Highway verlassen musste, um zur Aberdeen Line zu kommen, wurde ein Beamter postiert. Die Gegend rund um Kellestines Farm ist landwirtschaftlich genutzt und flach wie ein Brett, daher bietet sie keine Möglichkeit, sich zu verstecken. Um nicht aufzufallen, mussten die Polizisten also Abstand halten. So konnten sie zwar alle Autos sehen, die sich der Farm näherten, aber was sich auf dem Grundstück abspielte, blieb ihnen verborgen.

Sehr bald wurde klar, dass es noch ein weiteres Problem gab: Kellestines Farm ist nur eine von mehreren, die über dieses Teilstück der Aberdeen Line erreichbar sind. Der Polizei fiel auf, dass mehrere Autos auf die Straße einbogen, aber nie an dem Polizeiwagen am anderen Ende der Straße ankamen. Und wo sie abgebogen waren, wussten sie nicht zu sagen. Offenbar war es ihnen auch nicht gelungen, die Nummernschilder der fraglichen Fahrzeuge zu notieren. Allerdings findet sich in den Unterlagen der Hinweis auf einen Abschleppwagen, bei dem es sich um den von George „Pony" Jessome handeln könnte.

Gegen 20.30 Uhr hörten die Biker auf der Farm das Geräusch eines Automotors, dann blitzten Scheinwerfer auf und näherten sich der Farm. Schließlich bog ein Auto auf das Grundstück und hielt vor der Garage. Wayne kam aus dem Haus, er lächelte und schien bester Stimmung. Boxer und Chopper stiegen aus ihrem Volkswagen, und die lautstarke Begrüßung war auf dem ganzen Hof zu hören. Wayne ging mit ihnen ins Haus, doch nur wenige Minuten später kamen alle drei wieder heraus und gingen zur Scheune.

MH und Mushey standen nach wie vor in ihrem Versteck, nun mit ihren Gewehren im Anschlag. In der Rückwand hatten sie ein Loch entdeckt, das ihnen die Möglichkeit verschaffte, Gespräche, die in der Scheune geführt wurden, mitzuhören. Als der Volkswagen sich genähert hatte, waren sie zur nordöstlichen Ecke gegangen, wo sie selbst nicht zu sehen waren, die Ankömmlinge aber gut beobachten konnten.

Boxer und Chopper unterhielten sich mit Wayne über das Wetter – es war vergleichsweise kalt für die Jahreszeit – und andere Belanglosigkeiten, ehe Wayne ihnen mitteilte, dass Taz, der als Kontaktmann für den Drogendeal fungieren würde, in einem nahegelegenen Motel wartete. Er würde ihn anrufen und auffordern, umgehend auf die Farm zu kommen. Chopper höhnte, dass er eine Überraschung für Taz mitgebracht habe: „Ich werde ihn durchsieben, sobald er hier auftaucht." Offenbar hatte sich seine Verbitterung, die aus dem Streit um die verschwundenen Mitgliedsbeiträge herrührte, noch nicht gelegt. Nicht wissen konnte er, dass Taz wenige Meter entfernt über ihren Köpfen schwebte und jedes Wort mithörte.

Wayne bemühte sich, ein perfekter Gastgeber zu sein, und fragte die Männer, ob sie etwas trinken wollten. Dabei versuchte er herauszufinden, ob Chopper bewaffnet war, wovon er fest ausging. Wayne bemühte sich sehr, die Stimmung hoch und die Männer bei guter Laune zu halten. Dann tauchten erneut Scheinwerfer auf. Wayne, Boxer und Chopper verließen die Scheune, um die Neuankömmlinge zu begrüßen. Ein Abschleppwagen kam auf die Farm zu und hielt hinter Choppers Volkswagen. Crash (George Kriarakis) und Pony stiegen aus.

Alle wussten, dass Wayne es vorzog, wichtige Dinge nicht im Haus zu besprechen. Daher folgten sie ihm willig zur Scheune. Bis alle drin waren, duckten sich Mushey und MH tief in den Schatten. Nach einer Weile schlichen sie erneut zur Vorderseite. Nun stand Pony dort und rauchte eine Zigarette. Er sah sie nicht, und sie zogen sich in ihr Versteck zurück.

Ein drittes Mal flammten Scheinwerfer auf. Das Auto hielt vor dem Wohnhaus, der Motor wurde abgestellt. Frank „Bam Bam" Salerno, der Präsident des Chapters Toronto, und Mikey Trotta stiegen aus und gingen direkt zur Scheune. Sie unterhielten sich zunächst mit Pony, und sie waren kaum zu Wayne, Chopper, Boxer und Crash hineingegangen, als das vierte Auto auf den Hof fuhr: Jamie und Big Paulie trafen ein. Es war kurz nach 22 Uhr.

In diesem Punkt widersprechen sich die Darstellung von MH und andere Aussagen. Die Polizei von Durham will gesehen haben, dass Jamies SUV den Volkswagen mit Boxer und Chopper überholt und abgehängt hat. Laut MH sind Jamie und Big Paulie aber als Letzte auf der Farm angekommen. Möglicherweise hat sich MH geirrt, aber vielleicht hat sich Flanz auch verfahren. Doch wie auch immer es sich genau verhalten hat – die meisten, die es wissen könnten, sind tot –, und was immer Jamie und Big Paulie in der fraglichen Zeit möglicherweise gemacht haben: Fest steht, dass an jenem Freitagabend um kurz nach 22 Uhr alle Männer eingetroffen waren.

Und da niemand mehr fehlte, konnte der Tanz beginnen.

Als es später auf der Farm mehrere Male laut knallte, werden die Nachbarn es für ein Feuerwerk gehalten haben.

Obwohl Kellestine und die acht Ankömmlinge als geschlossene Einheit auftreten wollten, hatte Chopper unmissverständlich klargestellt, dass Taz von ihm keinerlei Freundlichkeiten erwarten durfte. Als Wayne und die Männer aus Toronto nun die Scheune betraten, blickte Chopper auf – und sah, dass sein ärgster Feind auf ihn anlegte. Umgekehrt konnte Taz Chopper nur schlecht sehen, weil Bam Bam ihm die Sicht versperrte. So entging ihm, dass Chopper eine abgesägte Schrotflinte hob und auf ihn feuerte. Taz konnte von Glück sagen, dass er die schusssichere Weste trug. Die fing nun die Kugeln ab, die sonst wohl in seiner Brust gelandet wären.

Dann erwiderte Taz das Feuer. Er traf Choppers Oberkörper, aus mehreren Wunden am Hals und an der Brust floss Blut. Auch eine Gewehrkugel traf Chopper. Sie streifte einen Finger seiner rechten Hand und drang in seine Brust. Wayne benutzte ein Gewehr, und es kann als sicher gelten, dass die Schüsse von der Tür aus abgegeben wurden – Waynes Position.

Big Paulie versuchte unterdessen, mit heiler Haut aus der Scheune zu kommen. Ein Schuss in den Oberschenkel brachte ihn zu Fall. Er lag stöhnend auf dem Boden. Auch Crash erwischte es, er erhielt einen Bauchschuss. In beiden Fällen stammte die Kugel aus einer kleinkalibrigen Waffe, wie Wayne und Taz sie benutzten. Doch dass Taz vom Heuboden aus die Treffer so hätte landen können, ist ausgesprochen unwahrscheinlich. Erneut fällt der Verdacht also auf Wayne, der sich später am Abend tatsächlich bei Paulie dafür entschuldigte, dass er ihn versehentlich getroffen hatte.

Wayne schrie, so laut er konnte, in seiner Stimme lag Panik: „Runter mit euch! Auf den Boden!“ Inzwischen waren MH und Mushey, beide mit einer Schrotflinte im Anschlag, in die Scheune gestürmt und hatten sich neben Wayne gestellt, um zu verhindern, dass jemand türmte. Doch Bam Bam mitgerechnet, waren vier der acht Ankömmlinge bereits von Kugeln getroffen worden.

Pony, Mikey, Paulie, Boxer und Jamie lagen auf dem Boden. Bam Bam saß auf einer Couch in einer Ecke des Raumes. Zu seinen Füßen lag Chopper, in seinem Blick ungläubiges Staunen. Aus Hals und Brust strömte das Blut, das unter ihm bereits eine Lache von beträchtlicher Größe bildete. Taz stand regungslos auf dem Heuboden, das Gewehr in der Hand, die Schrotflinte zu seinen Füßen.

Auch Crash lag auf dem Boden, aber anders als die anderen blieb er nicht stumm. Er hatte eine kleine, aber ausgesprochen schmerzhafte Schusswunde im Unterleib und verlangte lautstark, man solle ihn in ein Krankenhaus bringen. Bam Bam hatte eine Schrotladung in den Unterschenkel seines rechten Beines abbekommen. Er zog das Hosenbein hoch, um die Wunde zu begutachten. Taz war stinksauer auf ihn und rief herunter: „Das ist der Lohn dafür, dass du Arschloch mir im Weg gestanden hast.“ Gemeint war der Moment, in dem Chopper auf Taz geschossen hatte.

Paulies verletzter Oberschenkel blutete stark. Er zog die Jogginghose runter und begutachtete die Wunde. Eines von Mikeys Augen war zugeschwollen und verfärbte sich bereits. Er hatte versucht wegzulaufen, war aber an der Tür jäh aufgehalten worden, weil Wayne ihn mit dem Schaft seines Gewehres im Gesicht erwischt hatte. MH behauptet, dass Wayne und Taz den anderen gerade erst beigebracht hatten, wie man diese Technik effektiv einsetzt. Nun hielten Taz, Mushey, MH und Kellestine die Männer aus Toronto in Schach.

Die Szenerie bekam jedoch etwas Absurdes, als die Verwundeten begannen, sich zu unterhalten und die Schwere ihrer Verletzungen zu vergleichen – wie eine Fußballmannschaft nach dem Spiel in der Kabine. Es war, als habe der Tod seine Arbeit angefangen und dann eine Kaffeepause eingelegt.

Um 23.30 Uhr bekamen die Beamten, die die Aberdeen Line überwachten, Besuch von einem Kollegen der Polizei von Ontario. Er gibt an, sich mit ihnen etwa eine Viertelstunde lang unterhalten zu haben, ehe er sich mit der Bitte verabschiedete, dass die Kollegen aus Durham ihn informierten, wenn sie die Gegend wieder verließen. Schon zehn Minuten später teilten sie ihm per Handy mit, dass sie abrückten. Man erinnere sich: Die Überwachung galt einem Treffen der Bandidos, bei dem die Polizei eine große Menge Drogen beschlagnahmen zu können hoffte. Nun aber war weit und breit kein Beamter mehr in der Nähe, obwohl seit der Ankunft von Flanz und Sinopoli erst anderthalb Stunden vergangen waren – wenn man der Version von MH glauben schenkt.

Kellestine war wütend darüber, dass die Aktion außer Kontrolle geraten war, und wollte unbedingt wissen, wer den ersten Schuss abgegeben hatte. Interessant ist das vor allem deshalb, weil MH vor dem Schusswechsel zwischen Chopper und Taz drei leisere Explosionen gehört haben will, die er als Schüsse aus Kleinkaliberwaffen beschreibt. Das wiederum würde bedeuten, dass Wayne als Erster geschossen hat. Und vielleicht wollte er durch sein aggressives Auftreten von diesem Umstand nur ablenken.

Er war sicher, dass die Männer aus Toronto noch mehr Waffen bei sich hatten, und fragte sie danach aus. Doch keiner gab ihm eine Antwort, und vor Wut lief Wayne weiter wie ein Irrwisch durch die Scheune und brüllte lauthals herum. Vielleicht merkten es die anderen nicht, aber ihm ging es weniger um die Waffen als vielmehr um das Kokain.

Er begann, die Leute zu durchsuchen. Taz war unterdessen vom Heuboden heruntergekommen und legte die Waffen auf einem Tisch ab. Wayne trug ihn und den anderen auf, sich an der Durchsuchung der Gefangenen zu beteiligen. Sie sollten sämtliche Taschen ausleeren und alles, was sie fanden, auf die Tiefkühltruhe legen: Schlüssel, Handys, Kleingeld. Einfach alles.

Wayne sorgte dafür, dass Bam Bam sich von der Couch erhob und auf den Boden legte. Kurz darauf stand Pony auf, weil er, wie er sagte, fror. Wayne war einverstanden, dass sich der 52-Jährige auf einen Stuhl setzte, und legte ihm sogar eine Decke über die Schultern. Dann musste er wieder aufstehen, damit MH und Mushey ihn durchsuchen konnten. Als sie fertig waren, hielt Wayne es für besser, dass Bam Bam sich auf die Couch legte. Boxer schien der Einzige zu sein, vor dem Kellestine Angst hatte. Er trug Mushey auf, ihn im Auge zu behalten, und fügte hinzu: „Wenn er sich rührt, leg ihn um."

Unvermittelt begann eines der Handys zu klingeln, die bei der Durchsuchung gefunden worden waren und nun auf der Gefriertruhe lagen. Doch nach kurzer Zeit hörte es wieder auf.

Wayne schickte Mather und Aravena nach draußen, wo sie die Autos durchsuchen sollten. Als sie ein paar Minuten später zurückkamen, brachten sie Fahrzeugpapiere, Straßenkarten und sogar etwas Kleingeld mit.

Dann machte Wayne etwas ausgesprochen Befremdliches. Ganz offensichtlich hatte er sich an den zwei Kilo Kokain, die ihm vor Wochen als „Probe" übergeben worden waren, schadlos gehalten, denn ohne jede Vorwarnung begann er plötzlich zu tanzen und das Lied „Wenn alle untreu werden" zu singen, das während der Nazizeit von der SS als Hymne benutzt worden war. Im Laufe der Nacht schwankte seine Stimmung mehrfach radikal zwischen Euphorie und blanker Wut.

Irgendwann hatte Boxer die Nase voll. „Wenn du mich umlegen willst, dann leg mich um. Aber bitte erspare mir dieses Theater." Wayne schrie, dass er seine verdammte Schnauze halten solle. Offensichtlich aber war, dass Mushey, der auf Boxer aufpassen sollte, seiner Aufgabe nicht so nachgekommen war wie von Kellestine erwartet. Und auch die anderen schien die Nähe des Todes nicht unberührt zu lassen. Crash stöhnte noch immer vor Schmerzen, und irgendwann begann er, in seiner Muttersprache Griechisch zu beten. Bam Bam nahm sich das zum Vorbild und stimmte das Vaterunser an, und zum allgemeinen Befremden kniete sich Wayne mitten in der Scheue hin, senkte den Kopf und betete laut mir.

Ehe das Ganze vollends zur Farce werden konnte, fand Mather in einer Ecke der Scheune unter einem Haufen Müll eine blaue Reisetasche, die der glich, in der Flanz das Kokain gefunden hatte. Ehe er dazu kam, sie auch nur zu öffnen, riss Wayne sie ihm aus der Hand und begann sie zu durchsuchen. Als Mather wissen wollte, was die Tasche enthielt, erhielt er zur Antwort: „Ein Gewehr und Munition."

Chopper lag derweil reglos am Boden, die Blutlache unter ihm wuchs unaufhörlich. Boxer griff nach seinem Arm, um den Puls zu fühlen.

"Spar dir die Mühe", sagte Wayne. „Der ist schon tot."

Er befahl Mikey und Jamie, den leblosen Körper in einen der Teppiche zu wickeln, die aufgerollt an einer Wand der Scheune standen. Wayne selbst ging zusammen mit Pony vor die Tür, um den Volkswagen zu holen. Der matschige Boden ließ es nicht zu, dass sie bis vor die Tür fuhren, so dass Mickey und Jamie das schwere Bündel mit Choppers Leichnam ziemlich weit tragen mussten. Anschließend wurden sie zurückgeschickt, um die Couch zu holen, an der Choppers Blut klebte. Sie landete auf der Feuerstelle, wo sie später verbrannt werden sollte. Dann gingen alle zurück in die Scheune.

Wayne lief aufgeregt herum, und als er an Bam Bam vorbeikam, trat er ihm ohne Vorwarnung gegen den Kopf. Dann bückte er sich und verpasste seinem Opfer noch einige Fausthiebe. Danach war Jamie dran, der einige harte Schläge auf den Hinterkopf erhielt. Dazu fluchte Wayne wie ein Rohrspatz, kündigte an, dass er sich Jamie bis zum Schluss aufheben würde, und beschuldigte ihn, ein Informant der Polizei zu sein.

"Du weißt, dass das nicht stimmt", wandte Boxer ein, der sich wieder berappelt hatte. „Kann ich mit dir mal was besprechen?" Kellestine wunderte sich zwar, war aber einverstanden, und die beiden zogen sich an den Eingang der Scheune zurück.

Dort erinnerte Boxer Wayne daran, dass Jamie dichtgehalten hatte, als Shawn Douse bei ihm zu Hause umgebracht worden war, und sogar bei dem Versuch geholfen hatte, das Verbrechen zu vertuschen. Statt zu antworten rief Wayne Taz und Mushey zu sich und forderte sie auf, ihm nach draußen zu folgen. In diesem Moment mögen die Bandidos aus Toronto gehofft haben, dass ihnen das Schlimmste erspart bleiben könnte.

Sie blieben etwa eine halbe Stunde draußen. Die anderen blieben derweil in der Scheune. Mather bewachte Boxer. Mushey hatte ihm die abgesägte Schrotflinte gegeben, und Wayne hatte die Anweisung wiederholt, gegebenenfalls zu schießen. Nach einer gefühlten Ewigkeit kamen Kellestine, Taz und Mushey zurück. Ob sie etwas beschlossen hatten, verrieten sie mit keiner Silbe und mit keinem Blick.

Obwohl Taz normalerweise deutlich besonnener war als Kellestine, zettelte er nun eine hitzige Diskussion mit den Bandidos aus Toronto an, in der es vor allem um die Punkte Geld und Respekt ging. Taz war wütend. Boxer versuchte, das Verhalten des Chapters zu rechtfertigen, und versicherte, dass niemandem die finanziellen Unregelmäßigkeiten aufgefallen wären, die Chopper angelastet wurden. Doch davon wollte Taz nichts wissen. Selbst wenn Chopper noch gelebt hätte, wäre es ihm kaum gelungen, Taz von seiner Überzeugung abzubringen.

Wieder klingelte das Handy auf der Gefriertruhe – wie zuvor schon regelmäßig alle paar Minuten. Wayne verlor die Geduld und fragte, wem es gehörte. Es war Boxers Handy. Wayne sagte, Boxer solle den Anruf entgegennehmen, aber bloß nichts Falsches sagen. Boxer nahm das Telefon und erklärte dem Anrufer, dass er in einer Besprechung sei und in ein paar Stunden wieder zu Hause wäre. Mit Sicherheit lässt es sich nicht sagen, aber wahrscheinlich hat er in diesem Moment mit seiner Frau Nina gesprochen.

"Ich liebe dich“, sagte er zum Abschied. Dann legte er das Telefon zurück an seinen Platz.

Wayne forderte Boxer auf, ihm nach draußen zu folgen. Mushey begleitete sie hinaus. MH, Mather und Taz blieben in der Scheune bei den Gefangenen. Zu ihnen stieß nun auch Bull Gardiner, der bislang in der Küche den Polizeifunk abgehört hatte.

Boxers vage Hoffnung, mit heiler Haut zu entkommen, löste sich in Wohlgefallen auf, als im Inneren der Scheune das Echo mehrerer Schüsse widerhallte. Der Tod hatte seine Arbeit wieder aufgenommen. Als wieder Stille eingekehrt war, gingen die Männer in die Scheune zurück. Crash stöhnte noch immer, und Wayne versicherte ihm, dass sich bald jemand seiner annehmen würde. „Pony bringt dich ins Krankenhaus."

Gefolgt von Taz und Mushey verließ Kellestine die Scheune wieder. Zehn Minuten später war er zurück und versprach Crash, dass es nicht mehr lange dauern würde.

Dann gab er Mike und Jamie die Anweisung, das Blut aufzuwischen, das überall auf dem Betonboden verteilt war. Er holte einen Eimer mit Wasser und ein chlorhaltiges Putzmittel. Jamie und Mikey machten sich an die Arbeit und bemühten sich, das Blut so gut es ging zu entfernen. Schließlich wurde ihnen noch eine Decke gereicht, mit der sie den Boden abwischen und das restliche Blut aufnehmen sollten.

Wayne sagte Crash, dass es nun losgehen würde, und bat Taz und Mushey, den verletzten Biker zum Auto zu tragen. Er selbst folgte wenige Schritte dahinter mit dem Gewehr in der Hand. Glaubte Crash wirklich, dass man ihn in ein Krankenhaus bringen würde? Ich nehme an, dass er sich an diese Hoffnung klammerte wie ein Ertrinkender an einen Strohhalm. Aber tief im Inneren wird auch er gewusst haben, dass sein letztes Stündchen geschlagen hatte. In der Scheune waren die Schüsse zu hören. Die Botschaft war klar: Crash benötigte kein Krankenhaus mehr, und ihnen würde es nicht anders ergehen. Resignation und Fatalismus machten sich unter denen breit, die noch lebten.

Das waren alles Männer, die sich auf die Fahnen geschrieben hatten, niemals zu kapitulieren und sich deshalb den Ehrentitel No Surrender Crew zugelegt hatten. Man sollte annehmen, dass sie sich mit

Klauen und Zähnen, Händen und Füßen gegen den Tod gestemmt hätten. Doch immer, wenn einer von ihnen vor die Tür gebracht und erschossen wurde, sank bei den Übrigen der Mut. Zwei der sieben Männer, die die anfängliche Schießerei überlebt hatten, waren mittlerweile tot, die Verbliebenen lagen auf dem kalten Betonboden, die meisten von ihnen verwundet, alle emotional und körperlich am Ende. Das Leben, das sie bis vor wenige Stunden gelebt und geliebt hatten, war nur noch eine ferne Erinnerung, und alles, was außerhalb der Scheune lag, versank in tiefster Dunkelheit.

Wayne, Taz und Mushey kamen zurück – ohne Crash. Wayne forderte Pony auf, ihn nach draußen zu begleiten. Der Tod hatte es offenbar eilig. Als Wayne einen Freiwilligen suchte, der hinter Pony gehen sollte, bot MH sich an. Sie brachten Pony zum Abschleppwagen, an dessen Haken inzwischen Choppers Volkswagen hing. Wayne sagte Pony, er solle sich auf die Rückbank setzen, und zwar hinter den Fahrersitz. Pony steig ein, doch noch ehe er richtig Platz genommen hatte, schob Wayne den Lauf seines Gewehres durch die offene Tür und schoss ihm in den Kopf. Es folgte eines der vielen unerklärlichen Dinge dieser Nacht: Wayne zog Ponys T-Shirt hoch und schoss ihm in die Brust. Ponys Körper sackte in sich zusammen, aus den Wunden spritzte das Blut.

Noch baumelten seine Füße in der Luft. Auf Befehl von Wayne stopfte MH sie ins Innere des Wagens und schloss die Tür. Dann setzte er sich ans Steuer und fuhr bis an den Zaun, der das Grundstück umgab. Dabei sah er in den Rückspiegel und erblickte neben Pony den Leichnam Choppers.

Kaum waren Wayne und MH wieder in der Scheune, zeigte Wayne auf Big Paulie.

"Komm mit", befahl er.

Ohne jedes Anzeichen von Widerstand erhob sich Paulie und folgte Wayne nach draußen. Wenige Minuten später knallten mehrere Schüsse.

Dann war Bam Bam an der Reihe. Auch er tat etwas gänzlich Unerwartetes. Er reichte seinen Mördern die Hand, und Wayne ergriff sie.

Dann bat Bam Bam Wayne, gelegentlich nach seinem Sohn zu sehen. Wayne erwidere bloß: „Lass uns gehen.“ Bam Bam folgte ihm nach draußen. Mario, sein achtjähriger Sohn, sollte seinen Vater nicht mehr wiedersehen.

Mike war der Nächste. Seit Kellestine den Befehl erteilt hatte, waren er und Jamie damit beschäftigt, den Fußboden zu reinigen. Inzwischen wischten sie wieder und wieder dieselbe Stelle. Als Mikey weg war, bat Jamie Taz um eine Zigarette. Taz gab ihm eine, und während er rauchte, erzählte Jamie von seiner Frau und seinem Kind. Dann kam Kellestine zurück.

Er hatte versprochen, sich Jamie bis zum Schluss aufzuheben, und sich daran gehalten. „Na los, Jude“, sagte er, und gemeinsam mit Taz führte er Jamie aus der Scheune. Draußen begrüßte sie das erste fahle Licht des neuen Tages, das im Osten am Horizont schimmerte. Möglicherweise empfand Jamie den Anblick als tröstlich, aber vielleicht bewirkte er auch das genaue Gegenteil. Denn ihm muss klar gewesen sein, dass er von einem Bandido zur Hinrichtung geführt wurde, einem Mitglied jenes Clubs, in den aufgenommen zu werden ihm einst der größte Wunsch gewesen war. Aber vielleicht wollte ihm immer noch nicht in den Sinn, dass sie ihn tatsächlich umbringen wollten. Um die Eskalation der Gewalt hatte er stets einen großen Bogen zu machen versucht, und etwas so Grausames und Endgültiges überstieg seine Vorstellungskraft. Durch sein Verhalten im Mordfall Douse hatte er bewiesen, dass er des Vertrauens der Bandidos würdig war. Andererseits hatte ihn das hasserfüllte Gerede aus Wayne Kellestines Mund in den zurückliegenden Stunden eines Besseren belehrt.

Kellestine war ein unverbesserlicher Neonazi und im Vergleich zu Jamie in mehrerlei Hinsicht klein und unbedeutend, doch nun führte er ihn mit vorgehaltener Waffe zu seiner Hinrichtung. Wie oft hatte Jamie den Satz von den Juden gehört, die sich wie Lämmer in die Gaskammern führen ließen. Verhielt er sich nun nicht auch wie ein Lamm? Was drohte ihm, wenn er sich wehrte? Sterben musste er ohnehin.

Schlimmer konnte es also auch dann nicht werden, wenn er Widerstand leistete.

Doch gleich ob es Angst, Unentschlossenheit, Müdigkeit oder Unsicherheit war: Jamies Kraft, sich zu wehren, war an jenem frühen Morgen des 8. April erloschen.

Um ihn herum wurden Vorbereitungen für den Abtransport der Leichen getroffen. Bull hatte den Kofferraum eines grauen Pontiac Grand Prix leer geräumt und den Inhalt auf die Rückbank gelegt. Taz zwang Jamie, dort Platz zu nehmen, so dass Jamie zwischen Bettwäsche und Kinderspielzeug saß. Die Seitenscheibe war geöffnet, und Taz streckte den Lauf seines Gewehres hindurch und drückte ab.

Jamie saß minutenlang benommen im Fond des Wagens. Aus der Wunde an seiner Wange tropfte Blut auf seine schwarze Nylonjacke. Aber er war nicht tot. Schon auf dem Weg nach draußen hatte Taz gemeint, dass es ihm widerstrebe, Jamie umzubringen. Auch Taz hatte ein Kind, und vielleicht war ihm ein Anflug von Mitleid gekommen. Jetzt versuchte er, das Begonnene zu Ende zu bringen, doch seine Waffe hatte Ladehemmung. Während Taz an der Waffe herumfummelte, schloss Mushey die Fenster des Pontiacs und setzte sich ans Steuer. Dann drehte er sich um und hielt einen Moment lang inne. Er hatte das Gefühl, dass Jamie etwas sagen wollte. Dann drückte Mushey ab und schoss Jamie ins Gesicht. Jetzt war er tot.

Rückkehr nach Winnipeg

Bull und Mather suchten in der Garage und der Scheune nach einem Kanister mit Benzin, doch der einzige Kanister, den sie fanden, enthielt Öl. Mather hatte die Sorge, dass ihnen mitten auf dem Highway der Sprit ausgehen könnte, und in Anbetracht der Tatsache, dass sie mehrere Leichen transportieren sollten, behagte ihm der Gedanke ganz und gar nicht. Sie mussten sich schließlich mit einem kleinen Vorrat begnügen, den Wayne nahe der Feuerstelle aufbewahrte. Es war nicht viel, aber das Wenige musste reichen.

Dann stellte sich heraus, dass sich die Heckklappe von Jamies SUV nicht schließen ließ. Big Paulies Beine waren einfach zu lang. Alle Versuche, ihn anders hinzulegen, scheiterten. Paulie war groß und schwer, und um ihn zu verstauen, hätten sie ihm die Beine abschneiden müssen. Wayne drängte unterdessen zur Eile. Also band Mather die Klappe kurzerhand mit einer Leine herunter und fand sich mit dem Provisorium ab.

Weil sich die Bandidos aus Winnipeg in der Gegend nicht auskannten, sollte Mather mit Jamies SUV vorausfahren. Die übrigen Männer verteilten sich auf die Autos und verließen das Farmgelände über die Aberdeen Line Richtung Highway. Bull fuhr bei Mather mit, MH steuerte Ponys Abschleppwagen mit Choppers Volkswagen am Haken. Mushey und Aravena nahmen in Mickeys Grand Prix Platz. Taz folgte in seinem GMC am Ende der makaberen Kolonne. Wayne blieb auf der Farm.

Nach wenigen Kilometern verließ Mather den Highway an der Ausfahrt Union Road. Wie an einer Schnur aufgereiht, folgten ihm die anderen. An einem Stoppschild bogen sie links in die Stafford Line ab, über die sie weiter Richtung Osten fuhren. Schließlich bog Mather auf ein abgeerntetes Feld ab, an dessen Rand mehrere Bäume standen. Als MH ihm mit dem Abschleppwagen folgen wollte, fuhr er sich in dem weichen Untergrund fest. Mushey steuerte den Grand Prix um den

Abschleppwagen herum bis zu einem seichten Graben. Dann fuhr er rückwärts so nahe an die Bäume, wie es ging. Die Männer befanden sich außerhalb von Shedden, einem winzigen Nest, von dem niemand, der nicht hier wohnte, je etwas gehört hatte. Doch schon in wenigen Stunden sollte der Name dieser Ortschaft in aller Munde sein.

Weil die Nacht dem Tag gewichen war, mussten die Männer fürchten, dass sie gesehen wurden. Daher stiegen alle aus, gingen zur Straße und stiegen zu Taz ins Auto, der in der Zwischenzeit gewendet hatte. Die übrigen Autos blieben samt ihrer Fracht auf dem Acker stehen.

Auf der Fahrt zurück zum Highway sprach niemand ein Wort. Alle waren wie benommen und hingen ihren Gedanken nach. Irgendwann warf Mushey die Schlüssel des Pontiacs aus dem Fenster. MH hatte die des Abschleppwagens und des Volkswagens einfach stecken lassen. Warum hätte er sie mitnehmen sollen? Auch die Schlüssel des Infiniti steckten noch im Zündschloss.

Bis zur Farm von Kellestine waren es 14 Kilometer, die sie schweigend zurücklegten. Nun waren zwar die Leichen entsorgt, dafür machte sich Angst vor der Verhaftung breit. Die innere Unruhe war einem Gefühl der Leere gewichen. Laut MH wollten alle nur nach Hause. Manch einer, darunter Aravena, war schlicht erleichtert, noch am Leben zu sein. Er war kein Vollmitglied der Bandidos, hatte also gute Gründe zu fürchten, dass man ihn als Risiko betrachtete und aus dem Weg räumen würde. Später sollte er erfahren, dass diese Sorge mehr als berechtigt gewesen war. Denn wenn der anbrechende Tag nicht zu größter Eile gezwungen hätte, wäre er kaum ungeschoren davongekommen.

Bekanntlich kann Nichtwissen auch ein Segen sein. Und ganz ungeschoren kam dank MH schließlich keiner der Männer davon.

Wayne erwartete sie vor der Tür und ordnete an, dass sich alle ausziehen sollten, ehe sie ins Haus gingen. Schließlich standen die Männer in Unterwäsche da, und während Wayne die schmutzige Kleidung samt der Schuhe zur Feuerstelle trug, zogen die anderen im Haus saubere Sachen an.

Als Wayne zurückkam, waren alle fertig. Taz und Aravena hatten allerdings versäumt, ein zweites Paar Schuhe einzupacken, und mussten sich von Wayne Hausschuhe leihen. Dann ging es ans Großreinemachen.

Zuerst kamen die Waffen dran, die auf dem Küchentisch in ihre Einzelteile zerlegt und gesäubert wurden. Während die anderen damit beschäftigt waren, widmete sich MH der Munition. Jede einzelne Patrone wischte er gründlich ab, ehe sie zurück an ihren Platz kam. Das war zwar eine mühselige und langweilige Arbeit, aber eine notwendige, denn wer das vergisst, liefert der Polizei die Fingerabdrücke quasi frei Haus. (Offenbar waren auch unsere Männer nicht gründlich genug und vergaßen, sich die Gewehrläufe genauer anzusehen. Eines der Opfer konnte die Polizei später identifizieren, weil sie im Laufe eines Gewehres, das bei Kellestine beschlagnahmt worden war, Blutspritzer fand.) Als die Waffen gereinigt und wieder zusammengebaut waren, verstaute Wayne sie in ihrem Versteck im Obergeschoss und unter der Mirkowelle.

Die persönliche Habe der Opfer, die zunächst auf der Gefriertruhe in der Scheune gelegen hatte, befand sich mittlerweile auf dem Tisch im Wohnzimmer. Kellestine hatte die Sachen herübergeholt, während die anderen mit den Leichen beschäftigt waren. Nun musterte er jedes Teil sehr genau, ehe er entschied, was damit geschehen sollte. Das Kleingeld steckte er in das Sparschwein seiner Tochter, das auf einem Regal zwischen einer Handgranate und einer Patronenhülse stand. Normalerweise mussten Erwachsene etwas einzahlen, wenn sie fluchten.

Unter den Sachen befand sich auch Papiergeld, doch die meisten Scheine waren voller Blut. Wayne fragte Taz, ob er das Geld für die Heimfahrt brauchen könne. Taz verneinte, und die Scheine landeten in einer Mülltüte, deren Inhalt für das Feuer bestimmt war. Wayne probierte auch einige der Kappen aus, die die Männer aus Toronto aufgehabt hatten. Auf einer war das Logo von Harley-Davidson. Crash hatte sie bei seiner Ankunft auf der Farm getragen. Wayne schien sie zu gefallen, denn als die Polizei später das Haus durchsuchte, fiel sie ihnen in die Hände.

Die restlichen Dinge und alles, was irgendwie als Beweismittel hätte dienen können, wurde in Müllsäcke gepackt und zur Feuerstelle gebracht, wo sie mitsamt der Kleidung verbrannt werden sollten. Auch die Couch, die Jamie und Mike in der Nacht vor die Tür geschleppt hatten, landete im Feuer. Während diese Beweismittel verbrannten, durchkämmten die Männer die Farm, um sich zu vergewissern, dass sie nichts übersehen hatten, was sie belasten konnte. Um das Ganze zu beschleunigen, zogen sie einzeln los, denn die Männer aus Toronto wollten die Gegend so schnell wie möglich wieder verlassen.

Nach ein paar Stunden, in denen das Feuer ständig neue Nahrung bekam, sagte Wayne, dass er den Rest mit Hilfe einiger Freunde erledigen würde, die er später anrufen wollte. „Ihr könnt jetzt abhauen.“ Die Männer aus Winnipeg trauten ihm offenbar zu, die restlichen Arbeiten gründlich zu erledigen und nur solche Freunde hinzuzuziehen, auf die Verlass war. Doch einer von ihnen war gar nicht so wild darauf, sich auf den Heimweg zu machen. Als sie in der Küche standen und sich verabschiedeten, erklärte Bull Gardiner unvermittelt, dass er bleiben wolle. Als Grund nannte er den Wunsch, Wayne als Anwärter zu dienen und gemeinsam mit ihm ein Chapter in London zu gründen. Wie Aravena war auch er kein Vollmitglied, und nun schien er zu fürchten, dass ihm das Wissen über die Geschehnisse der vergangenen Nacht auf die Füße fallen könnte und er Winnipeg nicht lebend erreichen würde. Und so fehlte er, als wenige Minuten später Taz, MH, Aravena und Mushey in Jimmys roten SUV stiegen und davonfuhren.

Gegen 15 Uhr an diesem Samstag trafen Eric Niessen und seine Freundin Kerry Morris ein. Niessen kannte Kellestine schon seit Jahren und war regelmäßig auf der Farm zu Gast. Er besuchte auch die Partys der Bandidos und war bei ihnen gut gelitten. Niessen nannte sich selbst oft einen Unterstützer der Bandidos. Früher hatte er den Outlaws nahegestanden.

Auf der Herfahrt waren Niessen und Morris mehrere Streifenwagen und Zivilfahrzeuge aufgefallen, aus denen heraus die Polizei Waynes Farm beobachtete – und das schon seit ein paar Stunden. Die Leichen waren längst gefunden worden, und die Nachricht hatte sich wie ein Lauffeuer verbreitet. Man kann also davon ausgehen, dass die beiden wussten, warum Kellestine ihre Hilfe brauchte. Und falls Wayne die Polizei nicht schon vorher bemerkt hatte, wusste er spätestens jetzt, dass sie beobachtet wurden. Und so war es nicht allein seinem Verfolgungswahn geschuldet, dass er sich mächtig ins Zeug legte, um auch das letzte Indiz zu vernichten, bevor die Polizei auf der Farm erschien.

Wayne hatte strikt darauf geachtet, dass alle seine Leute an den Morden beteiligt waren, und sei es auch nur als Handlanger. So konnte niemand die anderen in die Pfanne hauen, ohne sich selbst zu belasten. MH musste später zugeben, dass er eine Schrotflinte bei sich hatte, als er die Scheune betrat. Trotzdem behauptete er, bei den Morden selbst nur als Zuschauer anwesend gewesen zu sein. An der Entsorgung der Leichen und den Aufräumarbeiten hat er sich seinen Worten zufolge nur beteiligt, weil er nicht wusste, was er sonst machen sollte. Doch wie es aussieht, trifft nicht MH die geringste Schuld an den Morden, sondern Brett Gardiner. Schließlich hielt er sich die meiste Zeit in der Küche auf, wo er den Polizeifunk abhörte. Als die Schüsse in der Scheune fielen, kann er also gar nicht dabei gewesen sein. Durch seine Teilnahme an den Aufräumarbeiten wurde er natürlich zum Mitwisser, aber die Anklage gegen ihn (und gegen Aravena) stand auf tönernen Füßen. Es ist durchaus möglich, dass er trotz Kellestines Ankündigung ahnungslos und blauäugig in die Sache hineingestolpert ist. Bull, mit Anfang 20 noch ziemlich jung und unausgereift, war zwar als gewalttätig bekannt, doch das Morden gehörte nicht zu seinem Programm. Den Ruf als Raufbold hatte er sich in einer Zeit erworben, in der er darauf erpicht war, bei den Bandidos Eindruck zu schinden. Und ein nicht unwichtiger Grund dafür, dass er überall mitmischen wollte, war wohl Angst.

Das mag auch auf Frank Mather zutreffen, der wie Bull und Aravena auf niemanden geschossen hat. Er half dabei, die Gefangenen in der Scheune zu bewachen, und an der „Entsorgung“ der Leichen war er ebenso beteiligt wie an der Vernichtung von Beweismaterial. Aber hatte er eine andere Wahl? Er war zwar vorbestraft, aber bis zu dem Massaker auf Waynes Farm nicht wegen Gewaltverbrechen. Und der Selbsterhaltungstrieb ist ein Instinkt, der sich im Zweifel durchsetzt.

Die erste Rast auf ihrer Rückfahrt legten die Bandidos aus Winnipeg im Städtchen Barrie ein, zirka eine Stunde nördlich von Toronto, wo sie in einem Wal-Mart einkauften. Aravena und Mushey deckten sich mit Chips und Limo ein, Taz und Aravena kauften sich Schuhe, um endlich die Hausschuhe loszuwerden. Als sie wieder im Auto saßen, packte Mushey eine Flasche Haarshampoo aus und erklärte, dass es nichts Besseres gebe, um eventuelle Schmauchspuren zu entfernen. Sie hielten an einer Raststätte, wo man für vier Dollar pro Nase duschen konnte. Sie stellten sich unter die Brause und shamponierten sich von Kopf bis Fuß ein. Taz beschloss kurzerhand, sich den Vollbart abzunehmen, und Mushey rasierte den Kinnbart ab. Doch das waren übertriebene Vorsichtsmaßnahmen.

Während der Fahrt hörten die Männer im Radio mehrmals die Meldung vom Fund der Leichen. Als sie sich der Grenze zu Manitoba näherten, erinnerte Taz die anderen noch einmal eindringlich an die Geschichte, die sie sich zurechtgelegt hatten. Nach der hatten sie die Farm verlassen, bevor das Massaker begann. Da sie bei mehreren Gelegenheiten zusammen mit Wayne gesehen worden waren, konnten sie nicht bestreiten, auf der Farm gewesen zu sein. Doch mit der schlichten Vorverlegung ihrer Abreise sollte es ihnen gelingen, alle eventuellen Verdächtigungen von sich zu weisen.

Mushey blieb ein potenzielles Problem. Wegen eines früheren Vergehens war er nur auf Bewährung frei, und alle Reisen musste er sich vorab von der Polizei genehmigen lassen. Vor der Abfahrt hatte er das getan und wahrheitsgemäß angegeben, wohin er fahren wollte. Die Erlaubnis war mit der Auflage verbunden, sich regelmäßig telefonisch zu melden. Auch das hatte er getan, zuletzt am Freitag – zwar schon am frühen Nachmittag, aber dennoch in gefährlicher zeitlicher Nähe zu den Morden. Trotzdem beschlossen die vier Männer, bei der verabredeten Version zu bleiben. Mit Ausnahme von Tankstops und einer kurzen Schlafpause legten sie die verbleibende Strecke nach Winnipeg ohne Halt zurück.

An dieser Stelle ist es erforderlich, sich ein weiteres Mal MHs Bericht über den Tathergang zu widmen, der viele Fragen offen lässt, darunter die nicht ganz unwesentliche, warum sich das Morden so lange hingezogen hat. Selbst wenn man statt MHs Version die der Polizei von Durham zugrunde legt, sind die Biker aus Toronto an jenem Freitag weit vor Mitternacht auf Waynes Farm eingetroffen. Frei von Widersprüchen ist aber auch der Bericht der Beamten nicht. Sie behaupten, Flanz bis zur Farm gefolgt zu sein und dafür Chopper und Boxer überholt zu haben. Das heißt, dass sie vor Chopper die Farm erreicht haben müssen. Doch in der Aufzählung der Fahrzeuge, die dort an ihnen vorbeifuhren, kommt der Volkswagen nicht vor – was wiederum für MHs Version spricht, laut der der Golf vor dem Infiniti eingetroffen ist.

Dann ist da der Punkt, dass Jamies Auto nicht mehr genügend Benzin im Tank hatte, um die Leichen abzutransportieren. Vielleicht hat Jamie sich ja tatsächlich verfahren. Aber dann hätte er in Woodstock tanken können, wo er nachweislich an zwei Tankstellen gehalten hat. Wie auch immer: Zu wenig Sprit auf der einen Seite, der anbrechende Tag auf der anderen, das bedeutete, dass die Leichen schnell beseitigt werden mussten, um nicht Gefahr zu laufen, bei dem gruseligen Treiben beobachtet zu werden.

Fakt ist aber auch, dass sie beobachtet wurden, wenn auch nicht auf frischer Tat. Ein Farmer namens Forbes Oldham sah gegen sieben Uhr morgens mehrere Männer, die ihre Autos auf einem Feld abstellten und ohne sie wieder verschwanden.

Wenn die Zeitangabe stimmt, bleiben mindestens sechs Stunden, von denen wir nicht genau wissen, was in dieser Zeit geschah. Zwar gab es einige Gespräche zwischen Kellestine und Boxer, bevor die Exekutionen begannen, aber die Erschießungen selbst dürften kaum so lange gedauert haben. Die meisten Männer wurden in den Autos erschossen und mussten deshalb auch nicht mühsam verladen werden. Man konnte sie einfach vom Hof fahren und im Schutz der Dunkelheit irgendwo loswerden. Doch noch ist ein Detail unerwähnt geblieben, das in dieser Geschichte schon öfter als Erklärung diente: das Kokain der Hells Angels.

Je weniger miteinander geredet wurde, desto größer wurde die Gefahr, dass die kanadischen Bandidos sich mit den europäischen und australischen gegen die US-amerikanischen Bandidos verbündeten. Doch noch waren die für die Geschicke des Clubs weltweit verantwortlich, und es darf als sicher gelten, dass sie entschlossen waren, das Chapter Toronto aufzugeben. Ohnehin hatten die Kanadier bislang fast ausschließlich mit Bandidos aus dem Nordwesten der USA Kontakt, und als George Wegers nach seiner Verhaftung im Juni 2005 durch Jeff Pike abgelöst wurde, geriet ihnen der gute Draht zu dem ehemaligen Präsidenten sicherlich nicht zum Vorteil.

E-Mails, die Kellestine vor den Ereignissen auf seiner Farm in die USA schickte, lösten dort wegen des aggressiven Tons Befremden aus. An einer Stelle spricht er davon, dass er „so viele Männer retten will wie möglich". Damit liefert er eine mögliche Erklärung dafür, dass Frank Lenti in der fraglichen Nacht nicht auf der Farm war. Beide waren einst bei den Loners gewesen, und beide hatten allen Anwerbungsversuchen der Hells Angels eine Abfuhr erteilt. Taz hat später ausgesagt, dass er und Wayne den Auftrag hatten, die Bandidos aus Toronto umzubringen. Umso unerklärlicher ist es, dass sie die Männer nicht einfach ermordet haben, sobald sie angekommen waren.

Die einfachste Antwort könnte lauten, das Wayne zunächst das Kokain in seinen Besitz bringen wollte, und das wahrscheinlich auf Befehl aus den USA. Die Hells Angels hatten unmissverständlich klargestellt, dass sie es wiederhaben wollten, und die US-Bandidos hatten sich bereit erklärt, die Bedingungen der Hells Angels zu akzeptieren. Wenn Kellestine dem Schicksal der anderen Bandidos aus Toronto entgehen wollte, tat er gut daran, sich unersetzlich zu machen und das Kokain zu beschaffen. Dass die Männer, wie MH behauptet, einzeln aus der Scheune geführt wurden, könnte damit zu erklären sein, dass Wayne sie einzeln nach dem Verbleib der Drogen befragen wollte. Erst wenn die gewünschte Antwort ausblieb, wurden sie getötet.

Laut MH hat Wayne Boxer erzählt, dass er sich gegenüber den US-Bandidos strikt geweigert habe, Boxer „zu erledigen". Zudem hat er davon gesprochen, dass er „ein paar Typen erwarte", denen er dasselbe sagen würde. Es könnte also sein, dass sich außerhalb der Scheune weitere Männer aufhielten, die an den Morden beteiligt waren. Kommen hier die Bandidos aus Chicago ins Spiel? MH hat sich laut eigenen Aussagen fast ausschließlich hinter oder in der Scheune aufgehalten. Weder hier noch dort konnte er sehen, wer sich davor aufhält. Und selbst wenn er mehr Männer gesehen hätte, als in seinem Bericht vorkommen, könnte es gute Gründe dafür geben, sie nicht zu erwähnen. Bei seiner ersten Aussage vor der Polizei in Winnipeg hat er jedenfalls zweimal von zwei Amerikanern gesprochen, die in jener Nacht auf der Farm gewesen sein sollen. Ob es Bandidos waren, Hells Angels oder vielleicht überhaupt keine Biker, dazu hat er nichts gesagt. In späteren Aussagen hat er behauptet, immer nur von Männern gesprochen zu haben, die kommen sollten, nicht von Männern, die tatsächlich da gewesen waren.

Am Sonntag, den 9. April, gegen 17 Uhr, stürmte die OPP, die Polizei von Ontario, Kellestines Farm. Kellestine, Mather, Gardiner, Niessen und Morris wurden verhaftet und des heimtückischen Mordes in acht Fällen beschuldigt. Gegenüber der Öffentlichkeit hielt sich die Polizei bedeckt und wollte nicht einmal bestätigen, dass die Razzia im Zusammenhang mit den Leichenfunden stand. Vieles sprach jedoch dafür, denn sie sperrten nicht nur die Farm weiträumig ab, sondern auch den Luftraum darüber.

Die Polizei hatte Eric Niessen und Kerry Morris beobachtet, als sie zu Kellestines Farm fuhren. Die Entdeckung der Leichen lag zu diesem Zeitpunkt bereits sieben Stunden zurück. Nicht klar war den Beamten, ob die beiden schon am Freitagabend auf der Farm gewesen waren, und

Niessen tat sich keinen Gefallen, als er im Verhör behauptete, dass er und Morris am Freitag gegen 20 Uhr eingetroffen wären und mit den anderen gefeiert hätten. Die Farm verlassen habe er nur, um frisches Bier zu holen.

Niessen hatte eine recht schillernde Vergangenheit. Bis dahin war zwar nur eine Vorstrafe wegen Alkohol im Straßenverkehr vermerkt, trotzdem war er den Behörden gut bekannt, weil er sich in entsprechenden Kreisen herumtrieb. Er lebte viele Jahre in der Gegend um Perth, die in Ontario als das Zentrum der Metamphetamin-Produktion gilt. Es gibt keinerlei Belege dafür, dass er je mehr war als ein Sympathisant der Bandidos, doch bei einer Gelegenheit hat er gegenüber der Polizei behauptet, Mitglied des Clubs zu sein. Der Anlass war eine Kontrolle auf Kellestines Farm, wo Niessen am Zaun stand und versonnen auf das Spanferkel blickte, das sich über der Feuerstelle drehte.

Nach Abschluss der vorläufigen Beweisaufnahme ließ die Polizei die Mordvorwürfe gegen Niessen und Morris fallen und beschuldigte sie nurmehr der Beihilfe.

Auf der Pressekonferenz bezeichnete der Kriminalkommissar Ross Bingley, der die Ermittlungen leitete, das Massaker von Shedden, wie der Mord an den Bikern künftig genannt wurde, als „grausigsten Mordfall in der Geschichte Ontarios". Bedenkt man, wie viel Blut im zurückliegenden Jahrzehnt während des kanadischen Bikerkrieges geflossen war, ist es erstaunlich, dass die Polizei Kellestines Farm nicht bereits wenige Stunden nach dem Leichenfund stürmte, sondern mehr als einen Tag verstreichen ließ.

Durch simple Überprüfung der Autokennzeichen hätte die Polizei mühelos mehrere Opfer identifizieren können, deren Leichen nun in Toronto der Obduktion harrten, und über jeden der Männer hatte die Polizei eine umfangreiche Akte. Der Volkswagen war auf Choppers Namen zugelassen, den Infiniti hatte Flanz geleast, und der Pontiac war von Trottas Lebensgefährtin gemietet worden. Der Abschleppwagen war auf die Firma Superior Towing zugelassen, bei der Pony angestellt war. In allen Autos wurden Fahrzeugpapiere gefunden. Mikeys Brieftasche mitsamt Personalausweis steckte noch immer in seiner Hosentasche. Offenbar war die von Kellestine angeordnete Durchsuchung nicht sonderlich gründlich durchgeführt worden, denn außer den Papieren fand die Polizei in einem Auto auch eine Schusswaffe.

Dass sich auf Kellestines Farm regelmäßig Biker trafen und der Besitzer zu den Bandidos gehörte, war der Polizei natürlich bekannt. In der Nacht vor dem Masssaker hatte die Polizei von Durham einen Abschleppwagen beobachtet, der die Aberdeen Line Richtung Kellestines Farm fuhr. Und mehrere Biker mit den Erkennungszeichen der Bandidos waren in der Woche vor dem Massaker in der Gegend gesehen worden. Die OPP hätte nach wenigen Stunden wissen müssen, wer die Opfer waren und dass ein neuer Bikerkrieg drohte.

Daher lohnt es sich, den zeitlichen Ablauf der Ereignisse noch einmal genauer zu betrachten.

Die Leichen wurden am Samstagmorgen um kurz nach sieben Uhr gefunden. Forbes Oldham hatte Autos und mehrere Männer gesehen, die sich auf dem Land von Russ und Mary Steele aufhielten. Daraufhin hatte er bei einem Nachbarn gehalten, der wiederum die Steels angerufen hatte. Anschließend hatten sie sich an die fragliche Stelle begeben. Als sie begriffen, was sie vor sich hatten, riefen sie die Polizeidienststelle in St. Thomas an, der nächstgelegenen größeren Stadt. Nachdem die Beamten eingetroffen waren, sperrten sie den Tatort ab und informierten das Sonderdezernat für Biker-Kriminalität. Die Beamten aus St. Thomas hatten also gute Gründe, nichts anzurühren, doch allein der Blick auf die Leichen und die Autos hätte ihnen wertvolle Hinweise geben können. Am späten Samstagabend schließlich wurden die Autos mitsamt den Leichen zur weiteren Untersuchung zum Hauptquartier der OPP in Orillia gebracht.

Die Razzia auf Kellestines Farm begann, wie erwähnt, am Sonntag gegen 17 Uhr, mithin fast 36 Stunden nach dem Fund der Leichen. Wir wissen jedoch, dass die OPP Kellestines Farm bereits observierte, als Niessen und Morris am Samstagnachmittag ankamen. Ihre Posten bezogen hatten die Beamten bereits am frühen Nachmittag. Spätere

Aussagen belegen, dass sie Kellestine und seine Kumpane bei den Aufräumarbeiten beobachtet haben.

Im Klartext heißt das, dass die Arbeiten unter den Augen der Polizei stattfanden. Hätte sie die Farm eher gestürmt, wer weiß, was an Beweisen gefunden worden wäre? Und warum musste die Polizei bis zum Sonntagnachmittag auf die Haftbefehle warten? In Anbetracht der Schwere des Verbrechens ist nicht zu begreifen, warum es so lange dauerte. Für die Beamten vor Ort muss das eine extrem undankbare Situation gewesen sein. Als sie Niessen passieren ließen, leisteten sie Kellestine gewissermaßen Hilfestellung, weil sie davon ausgehen mussten, dass Niessen ihm berichten würde, dass die Farm überwacht wurde. Doch ohne Haftbefehle konnten sie nichts unternehmen. So war das Anwesen zwar umstellt, trotzdem blieb Wayne und seinen Leuten anderthalb Tage Zeit, um Spuren zu beseitigen, Beweise zu vernichten und sich ein Alibi zurechtzulegen.

Als die Farm schließlich gestürmt war, kündigte die Polizei an, das Gebiet mehrere Tage lang weiträumig abzusperren und von Spezialisten durchkämmen zu lassen, um, wie es Doug Graham von der OPP formulierte, „Kleidung, Papiere und oder sonst etwas zu finden, was Hinweise auf die Identität der Opfer geben könnte". Es fällt schwer zu glauben, dass die Polizei nicht längst wusste, wer die Opfer waren. Und wenn sie es wussten, stellt sich die Frage, warum sie es nicht sagten. Schließlich blieben sie 64 Tage auf Kellestines Farm, und vier Wochen, nachdem sie abgerückt waren, kamen sie wieder und begannen die Suche von vorn.

Und noch immer war kein Wort über die Drogen gefallen. Dabei blieb es komischerweise auch, bis schließlich ein Verteidiger der Angeklagten bei einer Anhörung durch den Haftrichter das Kokain erwähnte. Vielleicht hatte die Polizei die Hoffnung, es in ihren Besitz bringen zu können, und wollte nicht an die große Glocke hängen, dass sie danach suchte. Das Kokain – immerhin sechs Kilo, von denen jedes einzelne gut und gerne 50.000 Dollar wert war – schien sich in Luft aufgelöst zu haben. Wir wissen heute, dass Carlito und Stone es nach

Winnipeg mitgenommen haben. Dann verliert sich die Spur. Bekamen die Hells Angels es zurück? Dafür spricht nichts. Haben die Bandidos es behalten? Ein Informant hat mir berichtet, dass Carlito es wieder mit nach Toronto genommen und dort Lenti übergeben hat, der es in handelsüblichen Portionen auf den Markt gebracht und verkauft hat. Wenn das stimmt, dann hatten die Angels gute Gründe, Lenti nach dem Leben zu trachten – was sie später taten. Falls überhaupt jemand die Antwort auf diese Fragen kennt, dann hat er sie bislang für sich behalten.

Über Niessen und Morris gibt es nicht mehr viel zu sagen. Morris kam im Mai 2006 auf Bewährung frei, Niessen wurde dieses Privileg im selben Jahr versagt. 2007 beschloss der Richter Ross Webster, gegen beide Anklage wegen Behinderung der Justiz zu erheben.

Auch nach den Verhaftungen gelang es der Polizei nicht, sich ein genaues Bild vom Tathergang zu machen. Zeugen gab es keine, und alles, was sie hatten, waren nicht allzu überzeugende Indizien. Es fehlte der entscheidende Hinweis. Der sollte ihnen schließlich völlig unerwartet und aus fast 2.000 Kilometer Entfernung auf den Schreibtisch flattern.

Nach einer strapaziösen Fahrt fast ohne Schlaf erreichten Taz und seine Leute Winnipeg. Sie wollten nur noch nach Hause und ins Bett. Es war spät und zudem ein Sonntag, so dass MH den Anruf bei seinem Kontaktmann verschob. Am Montagmorgen, nach einer gehörigen Portion Schlaf, rief er Tim Diack von der Polizei in Winnipeg an und begann zu reden.

Im Auftrag der Höllenengel

MH war nicht nur Augenzeuge des Massakers von Shedden, er war auch bereit auszupacken. Zuletzt mit Tim Diack telefoniert hatte er aus einer Telefonzelle in Dutton, nur wenige Kilometer südwestlich von Waynes Farm, und zwar am Donnerstag, den 6. April – einen Tag bevor die späteren Opfer auf der Farm eintrafen. Um keine Spuren zu hinterlassen, verzichtete er wohlweislich darauf, sein Handy zu benutzen.

Auch wenn die Polizei die Geschehnisse auf Kellestines Farm leidlich rekonstruieren konnte, war es MH, der ihnen die fehlenden Puzzleteile lieferte, darunter auch die Spur nach Winnipeg. Der spätere Prozess gegen die acht Angeklagten fußte wesentlich auf Beweisen, die MH der Polizei geliefert hatte, und zwar sowohl unmittelbar nach den Morden als auch später, als er mit einem versteckten Aufnahmegerät in Winnipeg unterwegs war.

Die Gerichtsverhandlung wegen der Massaker von Shedden begann im Februar 2009 mit der Auswahl der Geschworenen, und als dieses Buch geschrieben wurde, war noch kein Urteil gesprochen. Inzwischen ist das Verfahren zwar abgeschlossen, aber darauf kommt es nicht an. Die Möglichkeiten des Gerichts, die ganze Wahrheit herauszufinden, waren so oder so von Beginn an nur gering. Die Aussagen der Angeklagten waren voller Widersprüche, und die Staatsanwaltschaft war darauf erpicht, die Vorwürfe im Sinne einer späteren Verurteilung möglichst präzise zu fassen. Und jede Andeutung, dass die sechs Angeklagten keinesfalls die Hauptschuldigen waren, hätte das Verfahren scheitern lassen. Die Faktenlage erlaubte einen geordneten Prozess mit kalkulierbarem Ausgang, und nichts anderes hatten die Behörden im Sinn. Wer oder was konnte dieses Ziel gefährden? Ein vorsätzlicher Massenmord, begangen von Verbrechern an Verbrechern, eine Tasche voller Kokain, das aus Freunden Feinde macht – Freunde, in deren Mitte sich ein Verräter befindet, der alles gesehen hat? Wohl kaum.

Dafür aber jeder, der zu sehr auf MHs Aussagen baut.

Wenn Biker, erst recht ihre Zusammenschlüsse zu Clubs, nicht so harte Nüsse wären, gäbe es sie nicht. Mit MH verfügen wir nun über einen Nussknacker, und alles, was in diesem Buch bislang geschrieben wurde, beruht auf seinen Aussagen über das Geschehen in der fraglichen Nacht. Aber was, wenn das frei erfunden war? Vom Wert seiner Aussagen gegenüber der Polizei und vor Gericht hängt sein Wert als Informant ab. Doch seine Unzuverlässigkeit, seine Vergesslichkeit und seine blühende Fantasie liefern den Hauptgrund dafür, dass die wahre Geschichte der Ereignisse von Shedden vielleicht niemals ans Tageslicht kommen wird.

Doch ehe ich dieses besonders blutige Kapitel in der Geschichte der Bandidos beschließe und mich wieder einer grundsätzlicheren Betrachtung des Clubs zuwende, sollen noch einige abschließende Worte zu MH folgen. Denn das Ende dieser Geschichte – eine Geschichte, die beinahe ein weltweites Blutbad zwischen den führenden Motorradclubs ausgelöst hätte – hängt entscheidend von MHs Fähigkeit ab, die Jury davon zu überzeugen, dass er gewitzter und vertrauenswürdiger ist, als alle, die ihn kennen, es ihm je zugetraut hätten. (Und das schließt Tim Diack, seinen Kontaktmann bei der Polizei, ein. Aber der ist ohnehin eine Geschichte für sich.)

MH spielte seit Kindertagen Fußball. Was immer ihn bedrückte, auf dem Fußballplatz war es vergessen. Wenn er sich über seinen geliebten Sport unterhalten konnte, blühte er förmlich auf. Sobald es um andere Themen ging, wirkte er überfordert und desinteressiert.

Eine Scharlacherkrankung zwang ihn zunächst, die Schule zu verlassen, und kostete ihn schließlich fast das Leben. Seine Lungen versagten, und eine ganze Woche lang musste er auf der Intensivstation eines Krankenhauses künstlich beatmet werden. Nach seiner Genesung ging er nicht wieder zur Schule, sondern hielt sich mit irgendwelchen Jobs über Wasser, an die er sich allerdings nicht mehr erinnern konnte, als er vor Gericht danach gefragt wurde.

Mitte der 90er Jahre vermittelte ihm sein Freund Bernie Dubois den Kontakt zu den Redliners, einem Motorradclub in Winnipeg, zu dessen Gründern Dubois gehörte. MH hatte ihn kennengelernt, als er Anfang der 90er Jahre als Türsteher im The Zoo arbeitete, einer Bar im Hotel Osborne Village Inn in Winnipeg. MHs erste Berührung mit der Bikerszene kam durch seinen Freund Ron Burling zustande, einem bekannten Biker, der zuletzt den Bandidos angehörte. Und obwohl er derzeit im Gefängnis sitzt, bringen ihn Gerüchte mit der kürzlich erfolgten Neugründung der Rock Machine in Verbindung.

Bernie Dubois war Mitglied der Hells Angels, er und seine Leute kontrollierten seinerzeit in Winnipeg den Straßenhandel mit Kokain. Schon bevor es die Redliners überhaupt gab, verkaufte MH in Bernies Auftrag im The Zoo Kokain, auch wenn er behauptet, dass nicht Bernie, sondern dessen Schwester Dawn die Geschäfte führte. Mitte der 90er Jahre war Bernie maßgeblich an der Gründung der Redliners als Puppet Club der Hells Angels beteiligt. Unterstützung erhielt er von Walter Stadnick aus Montreal, dem Anführer der Hells Angels, der bestrebt war, den Einfluss des Clubs überall in Kanada zu vergrößern.

Die Redliners hatten schnell den Spitznamen „Stadnicks Army" weg. Stadnick und Dubois versuchten, die Position der Angels in Manitoba zu festigen. MH brachte es bis zum Sergeant at Arms der Redliners – vor allem wohl deshalb, weil sein Vorgänger ins Gefängnis wanderte. In diesem Amt musste er engen Kontakt zu den Angels halten. Bei seinen Aussagen im Zusammenhang mit dem Massaker von Shedden gab er an, dass er anlässlich des Besuches von Mom Boucher in Winnipeg für dessen Sicherheit verantwortlich war. Offenbar fand Mom Gefallen an ihm, denn sie saßen die ganze Nacht zusammen.

Wie in Ontario gab es in den 90er Jahren auch in Manitoba zahlreiche kleine Motorradclubs, die relativ friedlich koexistierten. Die Redliners teilten sich ihr Revier mit zwei anderen Clubs, den Los Bravos und den Spartans, die beide schon existierten, als Stadnick und Dubois die Redliners als Puppet Club etablierten. Zu den Mitliedern dieser Clubs will MH ebenfalls engen Kontakt gepflegt haben. Zwar waren die Redliners als Baustein in der Strategie der Hells Angels gedacht, mit der sie ihre Position in Manitoba festigen wollten, aber offensichtlich fehlte es ihnen an der erforderlichen Skrupellosigkeit.

1998 ließen die Hells Angels die Redliners fallen und setzten fortan auf die Los Bravos, die sie übernahmen. Zusätzlich gründeten sie einen neuen Puppet Club, den sie ZigZag Crew nannten. Die Redliners fielen auseinander. Die Spartans überlebten nur wenig länger. Gegründet und geleitet hatte sie Darwin Sylvester, der sich im Juni 1998 mit einem Vertreter der Hells Angels traf. Seither wurde er nicht mehr gesehen – zumindest nicht lebend. Er und sein Fahrer wurden tot in einem Graben gefunden. Der Club überlebte diesen Schlag, doch dann machten sie einen Fehler, den die allermeisten Menschen, die sich in der Bikerszene nicht auskennen, nicht für derart gravierend halten würden: Sie vergaßen, die Markenrechte an ihrem Abzeichen zu verlängern. Als das der Polizei-Club Police Biker Unit mitbekam, schlugen sie zu und sicherten sich die Rechte. Die Spartans durften ihr Abzeichen künftig nicht mehr tragen, und ohne Abzeichen gab es auch keinen Club mehr. Die Mitglieder zerstreuten sich in alle Winde und schlossen sich anderen Clubs an.

MH verkaufte weiterhin Drogen im Auftrag seines Freundes Dubois, den er auch privat oft traf. Er behauptet aber, das Angebot, den Hells Angels beizutreten, abgelehnt zu haben. Stattdessen nahm er Kontakt zu dem provisorischen Bandidos-Chapter auf, das Taz gegründet hatte. Ron Burling war bereits bei den Bandidos und ermutigte MH zu dessen Schritt. Und vielleicht hat er gegenüber dem Club auch ein gutes Wort für den Mann eingelegt, der sich dahin eher für die Hells Angels interessiert hatte.

Im Dezember 1999 begegnete MH zum ersten Mal dem Polizisten Tim Diack. MH erzählt die Geschichte so, dass er eines Nachts im The Zoo gesessen habe – ohne Drogen, übrigens. Die Biker hatten rund um das The Zoo Kameras montiert, die im Falle einer Polizei-Razzia als Frühwarnsystem funktionierten. „Die Kameras waren an Monitore angeschlossen, die ständig überwacht wurden“, erzählte MH im Shedden-Prozess. „Wenn die Männer sahen, dass die Polizei anrückte, lösten sie Alarm aus, und die Dealer konnten die Bar verlassen." Ob am besagten Abend die Dealer oder nur die Drogen die Bar verlassen hatten, sei dahingestellt. Fakt ist, dass, als Diack hereinstürmte, in der ganzen Bar kein Gramm Kokain mehr war. Als Oberdealer, wie sich MH selbst nannte, trug er ohnehin keine Drogen bei sich – die Drecksarbeit überlassen Biker ihren Untergebenen. MH mag nicht der Hellste gewesen sein, aber so dumm, dass er sich auf frischer Tat ertappen ließ, war er auch wieder nicht.

Auch die kleinen Dealer hatten bestimmte Tricks, mit denen sie die Gefahr, verhaftet zu werden, minimierten. So wurde das Kokain in Portionen von höchstens einem halben Gramm aufgeteilt und in gefaltetem Papier versteckt, das seinerseits in einem kleinen Magneten landete, der an Metallplatten haftete, die eigens dafür unter den Tischen befestigt worden waren. Erst wenn das Kokain verkauft war und den Besitzer wechseln sollte, wurden die Magneten aus ihrem Versteck geholt. Der Vorteil war, dass die Dealer nur geringe Mengen und die auch nur kurze Zeit bei sich trugen.

Laut MH hat es sich so abgespielt, dass Diack direkt auf ihn zukam und zwei mit Kokain gefüllte Magneten aus MHs Jackentaschen zog. MH wurde auf der Stelle verhaftet.

Diack kontrollierte das The Zoo nahezu täglich, an manchen Tagen auch mehrmals. Er kam in wechselnden Fahrzeugen und zu verschiedenen Zeiten. Er hielt mit quietschenden Reifen vor der Tür, sprang aus dem Fahrzeug und stürmte ins Lokal. Manchmal trug er Uniform, manchmal kam er in Zivil. Manchmal stellte er einen Dealer auf frischer Tat, manchmal musste er, wenn man MH glauben darf, jemandem Drogen unterschieben, um zum Erfolg zu kommen. Und wenn Diack nicht gewesen wäre, dann wäre laut MH auch das aufwendige Frühwarnsystem nicht nötig gewesen.

Später, als die beiden sich gut kannten, soll Diack gegenüber MH zugegeben haben, dass er ihm bei der erwähnten Verhaftung die Drogen untergeschoben hatte, was er aber nur machte, wenn er sicher war, dass es sich um einen Dealer handelte. MH räumte auch ein, dass Tim, wie er ihn nannte, gelegentlich zu anderen Methoden griff als andere Polizisten.

Zwar hat MH unter Eid ausgesagt, dass Diack ihm die Drogen untergeschoben habe, doch seine Verhaftung scheint er ohne Protest hingenommen zu haben. Offenbar begleitete er den Polizisten widerstandslos auf die Wache. Dort stellte Diack ihn vor die Wahl, zu kooperieren oder für längere Zeit hinter Gittern zu verschwinden. Wenn er sich als Informant zur Verfügung stellen würde, dann, so versprach Diack, würde er die Drogensache auf sich beruhen lassen. Damals war MH noch nicht vorbestraft, es gab keinerlei konkrete Beweise gegen ihn, und dass Diacks Version für eine Verurteilung gereicht hätte, darf bezweifelt werden. Doch was tat MH? Er ging auf den Deal ein. Wie so viele Entscheidungen, die MH in seinem Leben getroffen hat, will auch diese keinen Sinn ergeben. Zumindest nicht auf den ersten Blick.

MH wurde unter der Bedingung auf freien Fuß gesetzt, sich später freiwillig einem Gerichtsverfahren zu stellen. (So die kanadische Rechtslage; im US-amerikanischen Rechtssystem entspricht das einem Schuldeingeständnis.) Als es schließlich zum Prozess kam, zog die Staatsanwaltschaft die Anklage wegen Mangels an Beweisen in allen Punkten zurück. Damit waren Diacks Zusagen erfüllt, und MH konnte ohne Angst vor weiteren Anzeigen in die Zukunft sehen. Trotzdem arbeitete er von diesem Tag an als Diacks Informant. Und da er ein freier Mann war, ging er direkt zum The Zoo und betätigte sich wieder als Drogenhändler.

Sieben Jahre lang bekam MH so gut wie keinen Lohn für seine Dienste. Nur ein einziges Mal hat er für eine Information Geld bekommen. Irgendwann, als die Zusammenarbeit schon eine Weile währte, steckte Diack ihm 1.000 Dollar zu, doch MH behauptet, sich nicht erinnern zu können, wann das war. Er behauptet auch, dass er um das Geld nicht gebeten und die Zahlung ihn sehr verwundert hat. Er will davon zwei Fahrräder und einen Bollerwagen für seine Kinder gekauft haben. Dass Geld floss, war aber die Ausnahme von der Regel. MHs

Lohn war, dass er unbehelligt mit Drogen handeln und so sein Geld verdienen durfte.

Die Abmachung war ganz in Diacks Sinne. Da MH kein Geld bekam, tauchte er auch in keinen Büchern auf. In gewisser Weise war MH also Diacks private Quelle. Da MH eine feste Partnerin und drei Kinder hatte, bezog er während dieser Jahre auch Unterstützung vom Staat. Und sieben Jahre lang beschaffte er Diack Informationen, ohne dafür eine Gegenleistung zu bekommen. Ich frage mich, was ihn dazu bewogen hat, und pflichte jenen bei, die meinen, dass er nicht gar so dumm gewesen sein kann, wie es scheint.

2002 wurde MH erneut wegen Drogenhandels verhaftet, nicht von Diack, sondern von anderen Polizisten. Diack hat offenbar versprochen, ihm zu helfen, später allerdings behauptet, sich in den Fall nicht eingemischt zu haben. Wie dem auch sei, plötzlich saß seine Quelle im Gefängnis. Auch wenn die Gründe im Dunkeln liegen, brachte dieser Vorfall MH zur Besinnung. Hatte ihm die erste und bis dahin einzige Verurteilung so zugesetzt? Das ist schwer vorstellbar, zumal die Strafe nicht schlimmer war als ein Klaps auf den Hintern: zwei Jahre bedingter Hausarrest.

Was genau sich zwischen dem Polizisten und seinem eigentümlichen Informanten zugetragen hat, liegt im Dunkeln, doch in den Unterlagen des Gerichts findet sich ein aufschlussreicher Abschnitt, der sich mit MHs Charakter befasst. Dort heißt es: „Wir haben uns zu vergegenwärtigen, dass die Fähigkeiten und Möglichkeiten des Angeklagten beschränkt sind. Das gilt insbesondere für seine intellektuellen Fähigkeiten, die die Vermittlung in ein festes Arbeitsverhältnis nahezu unmöglich machen." Offenbar war MH ein dankbares Ziel für Manipulationsversuche, sei es durch die Polizei, sei es durch die Biker. Doch wie den Akten ebenfalls zu entnehmen ist, war er nicht zu dumm, um an der richtigen Stelle zu einer Lüge zu greifen.

Durch die zweite Anklage und den verhängten Hausarrest war MH ein wenig ins Abseits geraten. Zwar hielt er bereits wenige Monate nach Ende des Prozesses schon wieder engen Kontakt zu Bikern, doch wie es scheint, hat er sich zumindest eine Zeit lang nichts zuschulden kommen lassen und wohl auch erwogen, der kriminellen Karriere endgültig abzuschwören. Er suchte und fand Arbeit, wurde aber laut eigenen Aussagen entlassen, als sein Chef von der Vorstrafe erfuhr. Danach hatte er mehrere Jobs, aber keinen auf Dauer. Als Diack mitbekam, dass sein Informant im Begriff war, ein neues Leben zu beginnen, war er dem Herzstillstand nahe. Nach der Verurteilung hatte er MH zunächst in Ruhe gelassen, aber nun machte er ihm unmissverständlich klar, dass er nach Ablauf der zwei Jahre wieder fest mit MH rechnete. Der ließ sich tatsächlich überzeugen, nicht zuletzt weil, wie er sagte, die Polizei an einer „ganz großen Sache" dran war und dafür dringend seine Informationen benötigte. Wie viel Wahrheit die Behauptung enthält, ist unklar, doch verbrieft ist, dass MH wieder als Informant arbeitete, als er 2004 ein Bandido wurde.

Bereits vor der Anwerbung von MH galt Diack als Sonderling, doch genau besehen macht es den Eindruck, dass ihn das Wort dickköpfig besser beschreibt. Eines Tages beantragte er Erziehungsurlaub. Laut Gesetz standen ihm drei Monate Elternzeit zu, aber in der Praxis machte niemand von diesem Recht Gebrauch. Diack versichert, dass er kämpfen musste, um sich durchzusetzen. Im Jahr 2003 nahm er erneut eine Auszeit, und als er sich dieses Mal zum Dienst zurückmeldete, wurde ihm ein Schreibtisch im Keller als neuer Arbeitsplatz zugewiesen. Diack kam nicht umhin, das als Strafversetzung zu begreifen.

Kurze Zeit später, im Mai 2004, ließ er sich als Kandidat für die Wahl des Bürgermeisters von Winnipeg registrieren, doch schon am 3. Juni, also nicht einmal einen Monat später, zog er sich ohne Angabe von Gründen wieder zurück und verlegte sich darauf, seine Versetzung in den Innendienst anzufechten. Er setzte sich durch und war bald darauf wieder auf den Straßen von Winnipeg unterwegs. Die Erfahrung scheint ihn aber desillusioniert und seine Loyalität arg in Mitleidenschaft gezogen zu haben. Und nachweislich hatte seine Bereitschaft gelitten, sich an die üblichen Regeln der polizeilichen Ermittlungen zu halten.

Laut MH und anderen, die regelmäßig im The Zoo oder in Old Joe's Pool Hall verkehrten, wohin sich der Dubois-Clan nach dem Rauswurf aus dem The Zoo zurückgezogen hatte, war Diack launisch und unberechenbar. Es kam vor, dass er Leute mit Drogen erwischte und laufen ließ, anderen schob er Drogen unter, um sie an Ort und Stelle festzunehmen. Das Beste für die Dealer war es, sich aus dem Staub zu machen, sobald Diack auf der Bildfläche erschien. Sie behaupteten auch, dass Diack log, wenn es ihm passte, und nicht davor zurückschreckte, Gewalt anzuwenden. Zu bedenken dabei ist aber, dass diese Vorwürfe von Straftätern erhoben werden, und bekanntlich sitzen in den Gefängnissen ja fast nur Unschuldige …

Diacks Wunsch, zu Hause bei seinen Kindern zu bleiben, legt den Schluss nahe, dass er ein hingebungsvoller Vater war, und seine Kandidatur für ein öffentliches Amt ließe sich als Hinweis auf sein gesellschaftliches Engagement verstehen. Dann aber gibt es Dinge, die diesem positiven Bild widersprechen. Da sind zum einen die vielen Razzien, die er im The Zoo durchführte – zu MHs Schutz, wie er gelegentlich behauptete. Mehrfach will er MH den Unterschied zwischen einem Informanten, als den er MH ansah, und einem Agenten erklärt haben: Letzterer werde von der Polizei geführt, Ersterer hingegen arbeite auf eigene Faust. Gleichwohl will er MH sehr genau gesagt haben, welche Informationen er benötigte, und MH habe sich daran gehalten. Man kann also davon ausgehen, dass MH sich selbst als Agent begriff, und die subtile Unterscheidung zwischen Informant, als den Diack ihn führte, und Agent, wie man MH richtigerweise nennen muss, sollte der Staatsanwaltschaft, die sich im Shedden-Prozess auf MHs Aussagen stützte, noch manche Schwierigkeit bereiten.

Bei seinen Gesprächen mit MH machte Diack nie Notizen. „Einmal hat er mir das damit erklärt", so erinnerte sich MH später, „dass er notfalls etwas anders sagen kann als das, was zwischen uns tatsächlich gesagt wurde. Deshalb hat er keine Notizen gemacht, und ich habe ihn in all der Zeit nie mit einem Block oder einem Notizbuch gesehen." Was andere machten, kümmerte Diack nicht sonderlich, so MH, und die Ein-Mann-Razzien im The Zoo scheinen das zu bestätigen. Diack hat mal gesagt, dass er nie Notizen gemacht hat, weil es die Aufmerksamkeit abgelenkt hätte. Außerdem habe er befürchtet, dass die Aufzeichnungen in falsche Hände geraten könnten und die Identität seines Informanten auffliegen könnte. Das hätte sich zwar leicht verhindern lassen, indem man der Quelle keinen Namen, sondern lediglich eine Nummer zuordnet, wahr bleibt aber, dass ein solcher Fund verraten hätte, dass es überhaupt einen Informanten gibt.

Vor Gericht danach befragt, hat Diack nicht bestritten, dass er gelegentlich zu Methoden gegriffen hat, die anderen, gelinde gesagt, ungewöhnlich erscheinen, aber er hat auch beteuert, nie jemandem Drogen untergeschoben oder anderweitig gegen Gesetze verstoßen zu haben.

Schätzungen der Polizei zufolge werden in Manitoba mit dem Drogenhandel jährlich 100 Millionen Dollar umgesetzt. Und von diesem Kuchen will jeder Motorradclub, der in der Provinz vertreten ist, ein Stückchen abhaben. Der Löwenanteil geht laut Polizei an die Hells Angels, doch auch für die Bandidos fiel seinerzeit noch reichlich ab. Den Rest teilten sich die übrigen Clubs, darunter lokale Größen wie die Manitoba Warriors und die Red Power, die zusammen etwa 2.000 Mitglieder haben. Einige dieser Clubs, zum Beispiel die ZigZag Crew, waren mit den Angels verbündet, andere, etwa die Los Montoneros, mit den Bandidos.

Wie Biker andernorts bereits mehrfach erlebt hatten, wird man nicht derart mächtig, ohne die Aufmerksamkeit der Öffentlichkeit zu erregen und bei der Politik den Reflex auszulösen, gegen die Bedrohung vorzugehen. Für Politiker jeder Couleur ist das eine dankbare Aufgabe: Niemand versagt jemandem bei der nächsten Wahl die Stimme, der Drogendealer und Mörder ins Gefängnis bringt. Wie anderenorts auch erhielt die Polizei von Manitoba zusätzliche Mittel und den Auftrag, die Straßen zu säubern.

Ende 2005 startete die Polizei von Winnipeg mit Unterstützung durch die Provinzregierung die „Operation Clean Sweep", die sich gegen die organisierte Bandenkriminalität richtete. Bereits zuvor war der Polizei ein schwerer Schlag gegen den Straßenhandel geglückt, als im Zuge einer verdeckten Ermittlung Kokain im Wert von einer halben Million Dollar sichergestellt werden konnte. Mehrere Personen wurden wegen Drogenhandels festgenommen, darunter mit Ernie Dew der Präsident des Hells Angels-Chapters Manitoba.

Diacks und MHs Zusammenarbeit aber scheint von den Vorgängen und Entwicklungen nicht berührt gewesen zu sein. Dabei war MH tief in den Drogenhandel von Winnipeg verstrickt, und seine intime Kenntnis der Szene hätte bei den Ermittlungen gegen die Biker, die den Straßenhandel kontrollierten, von unschätzbarem Wert sein können. Trotzdem behauptet Diack, dass MH zu keiner Zeit in die „Operation Clean Sweep“ verstrickt gewesen war, und das, obwohl er selbst sehr wohl daran teilgenommen hat. Als Grund gibt er an, dass MH mit den Straftaten, gegen die sich die Operation richtete, nichts zu schaffen hatte. Das scheint ziemlich weit hergeholt. Plausibler wäre hingegen die Frage, ob Diack MH schützen oder seine Quelle exklusiv für sich behalten wollte.

Als MH im Frühling 2006 erfuhr, dass einige Bandidos aus Winnipeg nach Ontario reisen würden, unterrichtete er umgehend seinen Kontaktmann bei der Polizei davon. Diack hat später ausgesagt, dass MH behauptete, Wayne Kellestine damals nur unter dem Kürzel „W“ gekannt zu haben. MHs Aussagen lassen hingegen darauf schließen, dass er Wayne im Jahr 2005 mehrfach persönlich getroffen hat. Bei einer Gelegenheit soll Wayne die Nacht sogar im Hotelzimmer der Bandidos aus Winnipeg verbracht haben.

Diack erkundigte sich, ob die Bandidos aus Winnipeg mit Ärger rechneten. Die Antwort lautete nein. Es gehe zwar um den Ausschluss aus dem Club, aber für den Fall, dass die Männer in Toronto uneinsichtig wären, würde ein Anruf in Texas sie zur Besinnung bringen. Schließlich stamme die Anordnung direkt vom Präsidenten aller Bandidos weltweit, Jeff Pike.

Trotz solcher Beteuerungen muss Diack klar gewesen sein, dass sich MH auf ein gewagtes Unternehmen einließ. Auch ohne viel Fantasie konnte er sich ausmalen, dass die Bandidos aus Toronto nicht begeistert wären, wenn ihnen die Aufforderung, den Club zu verlassen, von Männern überbracht würde, die in der Hackordnung eigentlich unter ihnen standen. Und natürlich wäre es Diacks Pflicht gewesen, die OPP über die bevorstehende Reise der Bandidos zu informieren. Das gebot allein schon die Kollegialität. Doch nichts deutet darauf hin, dass Diack dieser Pflicht nachgekommen ist. Stattdessen schnappte er sich seine Kinder und fuhr mit ihnen nach Vancouver Island. Als er vor Gericht danach gefragt wurde, konnte er sich nicht erinnern, ob sie dort eine oder zwei Wochen geblieben waren.

Alles, was wir über den Aufenthalt der Bandidos aus Winnipeg in Ontario und die Vorbereitungen auf Kellestines Farm wissen, spricht gegen MHs Aussage, dass im Vorfeld der Reise mit Ärger nicht zu rechnen war. Wäre es wirklich nur darum gegangen, den Bandidos von Toronto die Aufnäher abzunehmen, hätte Kellestine, Taz oder Boxer beim ersten Anzeichen von Widerstand zum Telefon gegriffen und in Texas angerufen. Niemand hätte Gewalt anwenden müssen – geschweige denn ein Massaker anrichten. Gegen den Willen des Präsidiums in Texas konnten die Männer aus Toronto unmöglich Bandidos bleiben, und den Beschluss zu ignorieren und sich weiterhin mit Insignien der Bandidos zu schmücken hätte geheißen, zur Zielscheibe blutiger Vergeltung zu werden. Und so spricht nicht nur alles gegen MHs Behauptung – er widerspricht sich auch selbst. Bei einer Vernehmung hat er ausgesagt, dass die Bandidos aus Winnipeg mit keiner Silbe über den Zweck ihrer Reise gesprochen hätten – geschweige denn über die Möglichkeit, dass sie auf Widerstand stoßen könnten.

Diese Aussage kommt mehr als überraschend. Schließlich wird es Gründe gehabt haben, dass Taz, Mushey und MH zwei Paar Handschuhe anzogen, davon eines aus Gummi. Ebenfalls kein Zufall wird es gewesen sein, dass sie Vorsorge trafen, dass niemand, der auf die Farm kam, erfuhr, wer sich dort aufhielt. Noch eine halbe Stunde vor der Ankunft der Männer aus Toronto hatte Wayne ihnen gezeigt, wie man einen Angreifer mit dem Schaft eines Gewehres unschädlich macht.

Danach hatten sie sich ihre Waffen geschnappt und ein Versteck gesucht. Das waren dieselben Männer, von denen MH behauptet, dass sie keinerlei Ärger erwarteten. Und wer es für möglich halten sollte, dass sich die akribischen Vorbereitungen einem spontanen Entschluss verdankten, sei daran erinnert, dass Diack und sein Informant noch am Tag vor der Bluttat miteinander telefoniert haben.

Die vielen Widersprüche haben zu wilden Spekulationen geführt, darunter die, dass Diacks Informant weitaus durchtriebener ist, als man bei Ansicht der Fakten zunächst glauben möchte. Wie erwähnt, nahmen einige sogar an, dass MH ein Doppelagent war, der sowohl für die Polizei als auch für die Hells Angels arbeitete. Nicht alles, um es vorsichtig zu sagen, spricht gegen diese Annahme. MH war an der Ermordung der Bandidos aus Toronto beteiligt, und dass der Club in London ansässig wurde, wusste er zu verhindern, indem er den Verdacht auf die entsprechenden Männer lenkte. Dann fuhr er zurück nach Winnipeg und beschaffte alle Beweise, die erforderlich waren, um gegen die dortigen Bandidos vorzugehen. Als Zugabe gewissermaßen sorgte er dafür, dass sein Kontaktmann bei der Polizei in Misskredit geriet, ein Mann, der den Hells Angels zwei Jahre lang mächtig zugesetzt hatte. Als das erledigt war, suchte er Zuflucht im Zeugenschutzprogramm und verschwand von der Bildfläche.

Niemand, der MH kennt oder seine Geschichte verfolgt hat, käme auf die Idee, dass er sich all das selbst ausgedacht haben könnte. Dafür ist er nicht clever genug. Es kann aber auch kein Zweifel daran bestehen, dass seine Arbeit als Informant enormen Schaden angerichtet hat. Ob das so geplant war – gleich ob von ihm oder von den Hells Angels – oder nur das Pech all jener war – egal ob Biker oder Bullen –, die sich auf einen Kleinkriminellen und Drogendealer verlassen hatten; unterm Strich bleibt zu bilanzieren, dass MH allen einen Strich durch die Rechnung gemacht hat, die glaubten, dass er nach ihrer Pfeife tanzte.

In die Reihe derer, die sich irgendwann in ihrem Urteil über MH getäuscht sahen, reihte sich Diack am Montag, den 10. April, ein. Am Morgen dieses Tages war MH zu ihm in den Wagen gestiegen, doch zum ersten Mal war Diack nicht allein, sondern in Begleitung seines Kollegen George Van Macklebergh. Der war zwar schon seit fast einem Jahr Diacks Partner, doch MH und er kannten sich noch nicht. Nun fuhren sie zu dritt durch die Stadt und unterhielten sich.

Als Erstes fragte Diack MH unverblümt, ob die Bandidos aus Winnipeg zur Tatzeit auf Kellestines Farm waren. Im Zuge der Vernehmungen gab MH das Gespräch wie folgt wieder:

"Hast du gehört, was da draußen passiert ist?" fragte Diack.

"Na klar."

"Wart ihr dabei?"

"Nein, wir sind am Freitag wieder gefahren. Ich habe keine Ahnung, wie es dazu gekommen ist."

An dieser Version hielt MH drei Tage lang fest, obwohl er freimütig einräumte, dass Bull Gardiner in Ontario geblieben war und von daher sehr wohl an der Tat beteiligt gewesen sein konnte. Am 14. April trafen sich Diack und Van Macklebergh mit einigen Kollegen von der OPP. Noch am selben Tag suchten sie MH auf und konfrontierten ihn damit, dass Taz' Auto zur Tatzeit auf der Farm gesehen worden war und die Beteiligung der Bandidos aus Winnipeg am Massaker von Shedden daher nicht so kategorisch auszuschließen war wie von MH behauptet. MH, der nicht dafür bekannt war, besonders standfest zu sein, sah seine Fälle schwimmen.

"Wir sitzen in einem Boot", sagte Macklebergh. „Entweder wir rudern in die gleiche Richtung, oder du fliegst über Bord."

Es folgte die entscheidende Frage: „Wer war alles dabei?"

"Wir, die, denen wir es besorgt haben (gemeint waren die Opfer), zwei Jungs aus den USA, W und Franco (gemeint sind Kellestine und Mather)."

Dass MH zwei US-Amerikaner erwähnte – später sprach er ausdrücklich von Nomads –, kommt zwar in dem Protokoll vor, das nach diesem Gespräch angefertigt wurde, wird aber nirgends sonst erwähnt. Es spricht aber auch nichts dafür, dass sich die beiden Beamten das ausgedacht haben. Waren also zwei Nomads an den Morden beteiligt? Diack und Van Macklebergh haben MH nicht danach gefragt, zumindest ist keine Antwort überliefert. Aber wäre es nicht denkbar, dass die Nomads Mitglieder der Hells Angels waren, die die Strafaktion gegen die Diebe ihres Kokains überwachen und vor der Hinrichtung in Erfahrung bringen wollten, wo sich die Drogen befanden? Auch danach wurde MH nicht gefragt, und auch von sich aus hat er dazu nichts gesagt.

Diack bot MH an, ihn aus der Schusslinie zu nehmen, sofern er der Polizei von Ontario alles sagte, was er wusste. Ferner stellte er ihm in Aussicht, künftig statt als Informant als Agent arbeiten zu können. MH hatte vom Leben als Kleinkrimineller die Schauze voll. Schon einmal hatte er versucht, die letztlich unverbindliche Beziehung zu seinem Kontaktmann zu beenden. Nun aber verfügte er über Informationen, an denen die Gegenseite brennend interessiert war. Diack zufolge nannte MH auch einen Preis, den er für diese Informationen haben wollte: 750.000 Dollar. Damit wollten er und seine Familie ein neues Leben anfangen. Dass jemand, der bis dahin in sieben Jahre gerade mal 1.000 Dollar bekommen hatte, eine solche Summe verlangt, ist eher unwahrscheinlich. Und tatsächlich behauptet MH, dass Diack diese Summe angeboten und ihm von anderen Informanten erzählt hat, die ähnlich viel Geld bekommen hätten.

Doch auch bei diesem Geschäft galt die alte Regel: Erst die Arbeit, dann das Geld.

Diack organisierte ein Treffen zwischen MH und zwei Beamten der OPP, Mark Loader und Jeff Gateman. Das Treffen fand am 16. April 2006 in dem Hotel statt, in dem die beiden abgestiegen waren. Im Vorfeld hatten sich die beiden Polizisten mit dem Charakter ihres Gesprächspartners befasst und sich eine Strategie zurechtgelegt. Sie waren zu dem Schluss gekommen, dass MH sowohl einen Hang zur Unterwürfigkeit hatte als auch gefallen wollte. Um die ohnehin vorhandene Kooperationsbereitschaft zu fördern, beschlossen die beiden, ihn nicht mit Samthandschuhen anzufassen.

Während der Fahrt zu dem Hotel sprach Diack wiederholt von den 750.000 Dollar, die als Belohnung winkten. Doch als MH nun den beiden Männern aus Ontario gegenüber saß, war von Geld keine Rede mehr. Dafür hieß es plötzlich, dass auch er sich auf der Anklagebank wiederfinden würde, wenn er nicht alles sagte, was er über die Ereignisse auf Kellestines Farm wusste. Würde er der Polizei dabei helfen, einige knifflige Details zu klären, dann würde die Polizei ihm dabei helfen, eine neues Leben anzufangen. Andernfalls würde er für den Rest seines Lebens hinter Gitter wandern. „Du wirst verhaftet und wegen mehrfachen heimtückischen Mordes angeklagt. Du wanderst ins Gefängnis, ohne Aussicht, vorzeitig entlassen zu werden. Deine Kinder? Siehst du vielleicht nie wieder. Deine Frau natürlich auch nicht." Man sollte vermuten, dass MH spätestens jetzt eine Stinkwut auf Diack bekam, doch wieder einmal sprach er allen Erwartungen und dem gesunden Menschenverstand Hohn. Später sagte er dazu nur, er sei „ein wenig enttäuscht" gewesen.

Die Strategie, die sich Loader und Gateman zurechtgelegt hatten, erwies sich als die richtige. Sie gingen nach dem altbekannten Muster vor: „Wir wissen zwar schon, was passiert ist, wollen es aber noch einmal von dir hören." Zu Recht nahmen sie an, dass MH nicht dazu imstande war, Informationen zurückzuhalten oder eine einmal begonnene Version der Ereignisse durchzuhalten. Zudem drohte die OPP recht unverhohlen damit, durchsickern zu lassen, dass er für die Polizei von Winnipeg als Informant arbeitete. Und das, das wusste MH nur zu genau, käme einem Todesurteil gleich.

Noch etwas machte ihm die OPP unmissverständlich klar. „Sollte sich herausstellen, dass du auf jemanden geschossen hast, dann sind alle Absprachen null und nichtig. Dann wanderst du mit den anderen hinter Gitter." So gesehen, ist es verständlich, dass MH in seiner Darstellung der Ereignisse auf Kellestines Farm immer nur als Beobachter, allenfalls als unfreiwilliger Helfer vorkommt, aber keinen einzigen Schuss abgegeben haben will.

MHs Befragung zog sich über mehrere Tage hin und endete mit der Anweisung, sich erst dann wieder mit der Polizei von Winnipeg in Verbindung zu setzen, wenn sämtliche Details seines Abkommens mit der

OPP geklärt wären. Von der „Kontaktsperre“ war auch Diack betroffen, was bei MH das Gefühl auslöste, dass er im Stich gelassen und getäuscht worden war. Um seinem Unmut Luft zu machen, rief er Diack an. Der hörte sehr genau zu, und als MH ausgeredet hatte, riet er ihm dringend, nicht wieder anzurufen.

Da MH bei dem Verhör extrem unter Druck stand, halte ich seine dort gemachten Aussagen für wenig glaubwürdig. Trotzdem konnte mit ihrer Hilfe die genaue Abfolge der Ereignisse rekonstruiert werden. Dafür hatte sich MH einem Lügendetektortest unterziehen müssen. Zuvor war ihm zugesagt worden, dass die Resultate nicht gegen ihn verwandt werden würden. Trotzdem: Dass er sich dem Test aus freien Stücken unterzog, legt den Schluss nahe, dass er die 750.000 Dollar in Gedanken bereits ausgegeben hatte, und zwar schon vor dem Treffen mit Loader und Gateman.

Darüber hinaus setzte MH das Geld kurz nach der Befragung noch für einen anderen Zweck ein: Er rief seine Frau an und erklärte ihr, dass aus Dank für seine Kooperationsbereitschaft die ganze Familie ins Zeugenschutzprogramm aufgenommen und jährlich 70.000 Dollar bekommen würde. Das war selbstverständlich gelogen. Zwar hatte das OPP angeboten, ihn und seine Familie ins Zeugenschutzprogramm aufzunehmen, aber sie konnten ihm kaum mehr Geld anbieten, als die Sozialhilfe zahlte – und selbst das nur für begrenzte Zeit. Nach einigen Monaten müsste sich MH entweder einen Job suchen oder eine Ausbildung anfangen, um sich und seine Familie über Wasser halten zu können. Wahr bleibt jedoch, dass er dank seiner Kooperationsbereitschaft einer Anklage wegen achtfachen Mordes entging.

Ende April musste MH wegen akuter Probleme mit der Gallenblase ins Krankenhaus. Aravena und Mushey begleiteten ihn in die Notaufnahme und leisteten ihm Gesellschaft.

Irgendwann kamen sie auf Shedden zu sprechen. Mushey erzählte MH von Aravenas Angst, ebenfalls erschossen zu werden. Während des Transports der Leichen hätte er förmlich darum gefleht, dass sie ihm nicht ins Gesicht schießen mögen. „Bitte nicht ins Gesicht. Mein schönes, schönes Gesicht", äffte er Aravena mit piepsiger Stimme nach. Tatsächlich ist es wohl so, dass Aravena nach dem Massaker zum Anwärter ernannt wurde. Bei einem Telefongespräch, das abgehört wurde, klagt Mushey darüber, dass sich Aravena „wie eine Prinzessin aufführt", weil ein Traum in Erfüllung gegangen war.

Wie mit Loader und Gateman verabredet, kontaktierte MH sie und berichtete von dem Gespräch im Krankenhaus. Die beiden waren in Winnipeg geblieben, um MH zu beaufsichtigen und mehr Beweise zusammenzutragen. Die Ermittlungen in Sachen Shedden liefen auf Hochtouren.

Auf Seiten der Biker wurden unter dessen Belohnungen verteilt. Kurz nach der Rückkehr aus Ontario wurden die Bandidos aus Winnipeg zu Vollmitgliedern ernannt und erhielten das Recht, auf dem unteren Aufnäher die Inschrift „Canada" zu tragen. Nachdem sie sich jahrelang von unfähigen Männern aus Toronto hatten gängeln lassen müssen, hatten es die Bandidos aus Winnipeg endlich geschafft.

In der Ernennung drückte sich nicht nur der Respekt der US-Bandidos vor dem letzten verbliebenen Chapter in Kanada aus, sondern möglicherweise auch der Umstand, dass Jeff Pike sehr genau wusste, wer die Bandidos aus Toronto umgebracht hatte – und sich zum Dank dafür nicht lumpen ließ. Schließlich konnte nur das Präsidium die Ernennung zu Vollmitgliedern durchführen. Etwa einen Monat später, Anfang Mai, reiste Taz nach Houston, um sich mit den US-Bandidos zu treffen. Pike hat später bestritten, dass das Treffen stattfand. Er will erfahren haben, dass Taz früher ein Polizist war, und sich daraufhin geweigert haben, den Mann zu empfangen. Taz blieb drei Tage in Texas und hat anschließend berichtet, dass man ihn vor einem Treffen in eine Scheune geführt und dort nach versteckten Aufnahmegeräten durchsucht hat. In einer E-Mail, die in Texas abgeschickt wurde, heißt es, dass nur wenige Stunden nach dem Ende des Treffens mit Pike die Polizei aufkreuzte und die einheimischen Bandidos vernahm. Dort wird auch behauptet, dass diese Polizisten den US-Bikern gesteckt haben, dass Taz früher bei der Polizei war. Wenn das stimmt, ist Pikes Behauptung falsch.

Unstrittig ist, dass Taz in Ungnade fiel. Das Chapter Winnipeg blieb davon jedoch nicht nur unberührt, es nahm sogar für sich in Anspruch, das nationale Chapter von ganz Kanada zu sein. Lange konnten sie dieses Gefühl allerdings nicht genießen: Sandham, Mushey und Aravena wurden im Juni festgenommen und des achtfachen Mordes beschuldigt.

Damit glaubte die OPP alle verhaftet zu haben, die mit dem Massaker von Shedden in Verbindung standen. Nichtsdestotrotz überstieg der Fall die Möglichkeiten der Ermittler bei Weitem. Allein das Treffen der kanadischen und der US-Bandidos in British Columbia liefert hinlänglich Material, um zu belegen, dass der Fall nationale und sogar internationale Dimensionen hatte. Und doch scheint die OPP geradezu krampfhaft bemüht gewesen zu sein, die Ermittlungen in ihrer Hand zu behalten. Das kann nicht sonderlich überraschen. Schon in den 1990er Jahren zu den Hochzeiten des Bikerkrieges hatte in Montreal die erste Sondereinheit der Polizei, „Wolverine" genannt, die Untersuchungen abgeben müssen. Grund waren Kompetenzstreitigkeiten mit anderen Dienststellen und deren Weigerung, irgendwelche Informationen weiterzugeben. Die OPP wollte verhindern, dass ihnen etwas Ähnliches passierte und der Fall an die kanadische Bundespolizei oder die US-Behörden ging. Dann wäre ihnen auf eigenem Territorium kaum mehr als eine Nebenrolle geblieben.

Vielleicht liegt hier auch die Erklärung für das offensichtliche Desinteresse der Polizei am Verbleib des Kokains. Sich darum auch noch zu kümmern hätte den Fall fraglos verkompliziert und mit großer Wahrscheinlichkeit andere Behörden auf den Plan gerufen.

Die Opfer des Massakers von Shedden waren durchweg Einprozenter, so dass sich das Mitleid der ermittelnden Beamten in Grenzen hielt. Was war schon dabei, wenn ein (oder wie in diesem Falle acht) mit Drogen und Frauen handelnder Killer von der Bildfläche verschwand? Ist das nicht eher ein Segen, auch wenn hier die Täter selbst zu Opfern wurden? Die Polizei stößt jedenfalls auf großes Verständnis, wenn sie ihre Energie in einem solchen Fall in eine andere Richtung lenkt. Dumm nur, dass auch Biker eine Familie besitzen, die Antworten auf ihre Fragen haben wollen. Acht Biker haben acht Familien und acht Freundeskreise, die alle darauf drängen, dass der Gerechtigkeit Genüge getan wird.

Schließlich konnte es nicht ausbleiben, dass sich die Medien auf den größten Massenmord in der Geschichte Ontarios stürzten wie die Fliegen auf das Aas. Dieses gewaltige Interesse – geschürt von Leuten, die ihr Geld damit verdienen, Fragen zu stellen und zu beantworten – ließ sich nicht ignorieren oder gar aus der Welt schaffen. Doch hatten die Behörden die Hoffnung, es kanalisieren zu können. Zum Beispiel: Warum dauerte es so lange, bis der Durchsuchungsbeschluss für Kellestines Farm vorlag? Oder: Welche Rolle spielt das Kokain, dessen Wert sich immerhin auf 400.000 Dollar belief? Fragen gibt es auch hinsichtlich der Polizei von Durham und ihrem Verhalten in jener Freitagnacht.

Laut eigener Aussagen waren sie am Tatort, zumindest in dessen unmittelbarer Nähe. Dort eingetroffen waren sie fast zeitgleich mit den späteren Opfern. Zwei von ihnen, nämlich Jamie Flanz und Paul Sinopoli, waren sie sogar von Toronto aus gefolgt. Kurz nach Mitternacht jedoch beschlossen sie, sich zurückzuziehen. Ihre Schicht war zu Ende, und vor ihnen lag noch eine dreistündige Rückfahrt.

Laut Gericht fielen die ersten Schüsse unmittelbar nach Ankunft der Männer aus Toronto. Wenn aber, und das sagen sie ja selbst, die Beamten Flanz verfolgten und dann das Objekt observierten, wären sie zu diesem Zeitpunkt auf ihrem Posten gewesen. Es fällt schwer zu glauben, dass sie die Schüsse überhört haben könnten. Sie waren nicht weit weg, und um sie herum war nichts, was den Schall hätte aufhalten können.

Unklarheit besteht auch hinsichtlich der Frage, wann genau sie abgerückt sind. Der Beamte von der OPP, der sich mit ihnen am fraglichen Abend unterhalten hat, gibt an, dass er um 23:30 eingetroffen und fünfzehn Minuten später weitergefahren ist. Noch einmal zehn Minuten später erreichte ihn der Anruf der Kollegen aus Durham mit der Mitteilung, dass sie sich auf den Heimweg begeben hatten. Laut dieser Rechnung haben sie ihren Posten also um fünf Minuten vor Mitternacht verlassen. Sie selbst geben jedoch 00:30 Uhr an.

Obwohl das Massaker viel Staub aufgewirbelt und rege Aktivität ausgelöst hatte, war ein Aspekt des Falles bis zum Herbst 2006 unerledigt geblieben. Sechs Monate waren vergangen, und wie von den Hells Angels verlangt, war zum Ausgleich für den Diebstahl des Kokains Blut geflossen. Doch hatten sie weder das Kokain wiederbekommen noch Schadensersatz erhalten. Und dabei wird es wohl auch bleiben. Den Hells Angels ging es jedoch nicht ums Geld – eine halbe Million Dollar ist für sie eine Summe, die sie leicht verschmerzen können –, sondern wie immer ums Prinzip. Daher war es an der Zeit, die Beleidigung ihres Ehrgefühls zu bestrafen. Der Diebstahl des Kokains hatte sich in Rexdale zugetragen, und so ging der Auftrag, die Strafaktion auszuführen, an das Hells Angels-Charter von Etobicoke, einer westlichen Vorstadt von Toronto, die an Rexdale grenzt.

Konkret sah das so aus, dass der als Waffenhändler bekannte David „White Dread“ Buchanan, seines Zeichens Sergeant at Arms, eingeschaltet wurde. Die Hells Angels hatten ihn bereits vor einigen Jahren angeworben. Buchanan war ein Mann von echtem Schrot und Korn, der vorher der Mount Olive Crew angehört hatte, einer Straßengang in Etobicoke. Er stammte aus Jamaika, war Vater von drei Jungen und der Polizei hinlänglich bekannt als Lieferant von Schusswaffen aller Art. Als Verstärkung zog er zwei Hells Angels aus West Toronto hinzu, Dana Carnegie und den Anwärter Carlos Virrilli.

Die Zielperson war Frank Lenti, seit den Ereignissen von Shedden so etwas wie der inoffizielle Anführer der verbliebenen Bandidos von Toronto. Lenti war Mitinhaber und Geschäftsführer eines Strip-Clubs in Toronto namens Club Pro. Das könnte auch erklären, warum er in jener fatalen Nacht nicht auf Kellestines Farm war: Gut möglich, dass er arbeiten musste.

Wenn überhaupt einer der Hells Angels den wahren Grund für die Strafaktion gegen Lenti kannte, dann war es Buchanan. Doch selbst das ist Spekulation. Lenti war den Hells Angels schon länger ein Dorn im Auge, weil er zu Beginn des Jahres 2006 das Angebot, dem Club beizutreten, brüsk abgelehnt hatte. Nun war er entschlossen, den Bandidos in Toronto neues Leben einzuhauchen.

Bei dem Treffen, auf dem der Anschlag auf Lenti geplant wurde, konnte die Polizei einen Informanten einschmuggeln. Daraufhin kontaktierten sie Lenti und teilten ihm mit, dass die Hells Angels ihn umbringen wollten. Doch durch das Massaker von Shedden war Lenti gewarnt genug und fest entschlossen, es einem potenziellen Angreifer so schwer wie möglich zu machen. Der Polizei sagte er, dass sich um ihn niemand Sorgen machen müsse, und verließ das Haus fortan nicht mehr ohne seine 9 mm-Pistole.

Wenn es eine Schwachstelle in seiner Verteidigung gab, dann war es der Club Pro. Die Gäste konnten unkontrolliert kommen und gehen, und als Manager hielt sich Lenti oft in der Nähe des Eingangs auf. Andererseits war er seit mehr als drei Jahrzehnten Biker und nicht zum ersten Mal in Lebensgefahr. Er hatte zu den Gründern der Loners in Woodbridge gehört und war lange deren Präsident. Als die Angels die Loners schlucken wollten, verweigerte Lenti diesen Schritt, was ihn mit Kellestine verband. Später versuchte er es mit der Gründung eines neuen Clubs, der sich Diabolos nannte und den Satan's Choice nahestand, die wiederum mit den Outlaws verbunden waren. Der Lohn für diese Mühen war ein Attentat. 1995 wurde er schwer verwundet, als unter seinem Auto eine Bombe explodierte. Sieben oder acht Jahre später wurde Lenti ein Bandido und schloss sich dem Chapter Toronto an. Zusammen mit Chopper hat er im Jahr 2004 die Website der kanadischen Bandidos erstellt und gestaltet.

Als Buchanan und sein Team am Strip-Club eintrafen, war Lenti gerade in seinem Büro im Obergeschoss. Die Angels betraten den Club, setzten sich an einen Tisch und warteten. Als Lenti die Treppe herunterkam, stellten sie sich ihm in den Weg. Ein Streit begann, der sehr schnell eskalierte. Lenti ging in den Eingangsbereich, der hell erleuchtet war und von Videokameras überwacht wurde. Die Angels folgten ihm, und Buchanan schlug Lenti ins Gesicht. Doch ehe er erneut ausholen konnte, zog Lenti seine Pistole und drückte ab. Buchanan fiel tot um. Carnegie wurde leicht verletzt, Virrilli landete mit schweren Verletzungen im Sunnybrook Hospital in Toronto. Beide überlebten. Auf den Videoaufzeichnungen ist zu sehen, dass Lenti in nur sechs Sekunden sieben Schüsse abgegeben hat.

Die Hells Angels behaupteten, dass Buchanan und seine Männer in dem Club gewesen waren, um Buchanans 33. Geburtstag zu feiern. Dass sie Lenti quasi in die Arme liefen, sei nicht Vorsatz, sondern reiner Zufall gewesen. Bei dem Streit mit Lenti sei es einzig und allein um seine Weigerung gegangen, den Hells Angels beizutreten. Wie unglaubwürdig diese Geschichte ist, belegt die schlichte Frage, was drei Hells Angels in einem Club verloren haben, der bekanntermaßen von einem Bandido und notorischem Verächter des rivalisierenden Clubs geführt wird. Zudem gab es in Toronto genügend Nachtbars, die von Hells Angels kontrolliert wurden. Dort hätte Buchanan seinen Geburtstag ausgelassen und ungestört feiern können.

Lenti wurde des Totschlags und einiger kleinerer Delikte beschuldigt und verhaftet. Nach viel juristischem Hin und Her unterschrieb er ein Schuldeingeständnis. Im Frühjahr 2008 wurde er zu zehn Jahren Gefängnis verurteilt.

Ob die wahre Geschichte der Drogen je ans Tageslicht kommt oder für immer im Dunkeln bleibt, ist die eine Sache. Eine andere – und ungleich wichtigere – ist die Frage, was in der Nacht des 7. April 2006 wirklich geschehen ist und was der Ausbruch der Gewalt über den wahren Charakter der Bandidos, der Hells Angels und jedes anderen Motorradclubs auf der Welt erzählt, der ihnen nacheifert. Wer sich dieser Frage stellt, erfährt viel über die Unfähigkeit der Gesellschaft, dem Treiben dieser Clubs Einhalt zu gebieten, und über deren wahnhaften Vorstellungen von Kameradschaft und Zusammenhalt, die Leute wie Jamie Flanz zunächst anlocken und sie schließlich das Leben kosten. Wie immer bei Bikern begegnen wir Widersprüchen, Lügen und Halbwahrheiten. Doch auch das Verhalten der Ermittlungsbehörden wirft Fragen auf, die einer Antwort harren. Die Wahrheit zu wissen kann das Geschehen nicht rückgängig oder Tote lebendig machen, aber dass sie sterben mussten, soll auch nicht bagatellisiert werden. In gewisser Hinsicht waren es Männer wie du und ich: Väter, Brüder, Söhne. Das zu vergessen hieße, sich schuldig zu machen. Die Wahrheit ist wichtig.

Um mich der Wahrheit wenigstens anzunähern, habe ich mich in Winnipeg umgehört und Biker genauso befragt wie Polizisten. Was ich dabei erfuhr, hat mich wahrlich überrascht. So ergaben meine Gespräche mit den Manitoba Warriors und der Indian Posse ein völlig anderes Bild der Ereignisse, die zum Massaker von Shedden führten. Ob etwas dran ist, vermag ich nicht zu sagen, aber das Gleiche gilt für die Version, die vor Gericht zur Sprache gekommen ist, das sich hauptsächlich auf MHs Angaben stützte. Allerdings enthält die inoffizielle Variante einige Punkte, die ich erwähnenswert finde.

Vor Gericht hat MH angegeben, dass die Bandidos aus Winnipeg nach Toronto gereist sind, um den Ausschluss der dortigen Bandidos zu vollziehen. Doch nach allem, was ich bei meinen Recherchen erfahren habe, war es genau anders herum, und das Chapter Winnipeg sollte alles, was sie als Bandidos kenntlich machte, ablegen und als Zeichen ihres Ausschlusses an die Bandidos aus Toronto ausliefern. Tatsächlich hat MH später ausgesagt, Diack davon in Kenntnis gesetzt zu haben, dass Carlito und Stone nach Winnipeg gekommen waren, um dort Aufnäher und andere Clubabzeichen einzusammeln. Meine Quellen in Winnipeg gehen hingegen davon aus, dass die Bandidos aus Toronto daraufhin in Ungnade fielen und die internationalen Bandidos ihre Sympathien für die Männer aus Winnipeg entdeckten. Ehe man sie ausschloss, wollten die Männer aus Toronto ihre Schäfchen ins Trockene bringen.

Unterdessen reisten Taz und seine Leute nach Ontario, um das Kokain zu holen. Meinen Quellen zufolge hatten sie vor der Abreise von Stammkunden Bestellungen entgegengenommen. Und da Bull als unzuverlässig galt, sah der Plan vor, dass er die Rückreise nicht antreten würde und für den Fall, dass etwas schiefging, geopfert werden sollte. Glaubwürdig wird diese Behauptung durch den Umstand, dass Bull ja tatsächlich bei Kellestine zurückgelassen wurde.

Doch als sei das Ganze nicht schon kompliziert genug, sorgt das, was mir aus der Bikerszene in Manitoba zugetragen wurde, für weitere Verwicklungen.

Dieser Quelle zufolge hatte Taz, ohne dass jemand in Winnipeg oder Toronto davon wusste, mit den Hells Angels verabredet, dass er den Club wechseln würde. Kellestine wurde vor die Wahl gestellt, es ihm gleichzutun oder sich zurückzuziehen. Wie er sich entschieden hat, ist mir nicht bekannt – wenn er sich denn entschieden hat. Einerseits ist sein Hass auf die Hells Angels legendär, andererseits legt seine führende Rolle bei dem Massaker den Schluss nahe, dass er und Taz im Vorfeld des 6. April an einem Strang zogen.

Laut der Verabredung mit den Hells Angels sollte Sandham die Drogen in seinen Besitz bringen, sie abliefern und die Täter bestrafen. Als die Bandidos dahinterkamen, beauftragten sie Raposo damit, Taz zu töten. Das würde Choppers Bemerkungen und den Umstand erklären, dass er eine abgesägte Schrotflinte bei sich hatte, als er auf Kellestines Farm ankam. Am Ende lief es anders als geplant, doch es ist kaum anzunehmen, dass die Führung der Bandidos dem Verlust von Chopper allzu sehr nachgetrauert hat. Ironischerweise entschied sich Jamie Flanz richtig, als er sich Boxer anvertraute. Dass er die Drogen nach Winnipeg geschickt hat, war ein Schachzug, den niemand vorhergesehen hatte. Am Ende hat Boxer sie alle überrascht. Das macht weder ihn noch Jamie wieder lebendig, soll aber nicht unerwähnt bleiben.

Sandham hat später einen Deal mit der Polizei abgeschlossen und seine Version der Ereignisse geschildert. Ob die obigen Angaben über die Vorgeschichte des Massakers dadurch bestätigt werden oder nicht, wird die geringste Sorge der Ermittler gewesen sein. Sie sahen sich unversehens mit dem Problem konfrontiert, dass Sandhams Aussagen möglicherweise genügend Material abwarf, um den US-Bandidos zur Last zu legen, das Massaker von Shedden angeordnet zu haben. Und das hätte bedeutet, dass sich andere Polizeidienststellen in die Ermittlungen eingeschaltet hätten und die OPP die längste Zeit Herr des Verfahrens gewesen wäre. Und das wollte dort natürlich niemand.

Interessant ist die Überlegung, was die Polizei Taz im Gegenzug für seine Aussage angeboten hat. Details der Absprachen sind selbstverständlich geheim, doch eine der Zusagen scheint das Angebot gewesen zu sein, die Strafe in Manitoba absitzen zu dürfen. Aber das könnte auch dem Umstand zu verdanken sein, dass Taz früher bei der Polizei war. Hätte man ihn in ein Hochsicherheitsgefängnis gesteckt, hätte das für ihn tödlich enden können. Vielleicht hat man ihm auch angeboten, die einzelnen Strafen für die verschiedenen Taten zu einer zusammenzulegen, was ihm die Möglichkeit eröffnet, irgendwann auf Bewährung frei zu kommen. Und zu guter Letzt mag für seine Entscheidung, mit der Polizei zusammenzuarbeiten, eine Rolle gespielt haben, dass ihm als früherem Polizisten Schuldgefühle nicht ganz fremd waren.

Was meine Quellen über MH zu sagen haben, beantwortet viele Fragen. Glaubt man ihnen, dann liegen alle, die MH unterstellen, zeitgleich für die Polizei und für die Hells Angels gearbeitet zu haben, richtig. Als sich die Hells Angels der Redliners entledigten, hatten sie MH verschont, duldeten ihn in ihrer unmittelbaren Nähe und schleusten ihn später in das frischgebackene Chapter der Bandidos ein, damit er die Entwicklung des Clubs in Manitoba im Auge behielt. Es steht außer Zweifel, dass die Hells Angels ganz und gar nicht glücklich darüber waren, dass ihr alter Rivale auf der Bildfläche erschien und ihnen Konkurrenz machte. Verwerfen hingen können wir jede Theorie, die darauf beruht, dass MH sich mit großem Geschick dumm stellte, in Wahrheit aber jedem in die Parade fuhr, der den Angels die Kontrolle über die Provinz streitig machte.

Wer all die widersprüchlichen und widerstreitenden Berichte über das Massaker von Shedden zur Kenntnis nimmt, kommt zu dem Schluss, dass es aufgrund der vielen Verwicklungen und Nebenschauplätze nahezu unmöglich ist, zu einem einstimmigen Bild zu kommen.

Gewisse Wahrheiten und die Möglichkeit, sich ihnen zu nähern, sind mit den acht Männern gestorben. Und damit mussten die Vertreter der Anklage umgehen, als sie den Prozess vorbereiteten. Das konnte nicht gelingen, ohne bestimmte Dinge auszublenden und andere besonders wichtig zu nehmen.

Nun obliegt es mir, die Aspekte, die meine Recherche zu Tage gefördert haben, zu bewerten und gegebenenfalls zu gewichten. Ist es wirklich wichtig zu wissen, wer wen reingelegt hat, wer sich schmieren ließ und wer an der Nase herumgeführt wurde? Was hat sich dadurch geändert, dass Kellestine und Mushey mittlerweile im Gefängnis sitzen? Im Gesamtzusammenhang betrachtet, sind sie nicht mehr als eine Randnotiz. Es stimmt, dass sich die Bandidos aus Kanada zurückziehen mussten, doch erstens waren sie dort ohnehin nie so stark vertreten wie die Hells Angels, und zweitens können sie jederzeit wiederkommen. Überdies war Pike seinerzeit ohnehin entschlossen, die Kanadier aus dem Club rauszuschmeißen.

Die Beamten der OPP, die in Sachen Shedden ermittelt haben, kümmern sich längst um andere Dinge und haben mit diesem Fall nichts mehr zu tun. Tim Diack ist auf unbestimmte Zeit vom Dienst freigestellt. Ob er seinen Dienst je wieder antritt, ist nicht bekannt.

Irgendwer hat Kellestines Farm angesteckt. Das Wohnhaus ist bis auf die Grundmauern niedergebrannt. Wer das Feuer gelegt hat, ist nicht bekannt. Doch was immer sich dort noch an Geheimnissen befunden haben mag, ist Opfer der Flammen geworden.

Was MH betrifft, muss man zu seiner Ehrenrettung wohl sagen, dass ihm nicht bewusst war, auf was er sich einließ. Die Ereignisse von Shedden liegen Jahre zurück, und die Täter sind hinter Schloss und Riegel. Doch auch MH ist eine Art Gefangener, ein Gefangener des Zeugenschutzprogramms. Seine Frau darf nicht mit ihrer Familie Kontakt aufnehmen, er selbst darf weder mit Freunden noch mit Verwandten sprechen, und die Kinder mussten sich von vielen Menschen verabschieden, die ihnen etwas bedeuteten. Je wichtiger MH als Zeuge wurde, desto düsterer wurden seine Zukunftsaussichten. Und wenn sich seine Frau unter dem enormen Druck entschließen sollte, sich von ihm zu trennen, dann ist er endgültig allein. Er hat nie einen Beruf erlernt, regelmäßig gearbeitet oder irgendwelche Erfahrungen, auf die er zurückgreifen könnte. Er hat massive gesundheitliche Probleme – sowohl physisch als auch psychisch. Es sieht so aus, als habe er keine Chance. Er hat eine Entscheidung getroffen, nun zahlt er die Zeche. Immerhin muss er sein Leben nicht hinter Gittern verbringen. Das wäre noch schlimmer.

Oder etwa nicht?

Die Welt, wie die Motorradclubs sie sich aufteilen

Jamie Flanz' Kokaindiebstahl hätte einen offenen Bikerkrieg auslösen können. Dazu ist es glücklicherweise nicht gekommen – zumindest bis zum heutigen Tage nicht. Dass die Hells Angels und die Bandidos jemals friedlich koexistieren werden, damit ist nicht zu rechnen. In Anbetracht der Konkurrenz durch andere Einprozenter-Clubs und des nie nachlassenden Drucks durch die Behörden ist es nur eine Frage der Zeit, wann ein lokaler Konflikt eskaliert und sich zu einem weltweiten Flächenbrand ausweitet. Außerhalb Nordamerikas gehen die großen Bikerclubs wie gewohnt ihren Geschäften nach. Dazu gehört, dass sich das Kräfteverhältnis permanent verschiebt und die Revierkämpfe andauern. Die Namen und Orte ändern sich, aber das Prinzip bliebt. Sieht man sich in der Welt um, bekommt man den Eindruck, dass die Konflikte eher zu- als abnehmen.

Europa

Trotz des Friedensschlusses zwischen Bandidos und Hells Angels, der den Bikerkrieg in Skandinavien beendete, gibt es nach wie vor Konflikte und Bestrebungen, den Machtbereich auszuweiten. In Deutschland, wo die Bandidos ihr erstes Chapter 1999 gründeten, wachsen beide Clubs unvermindert. Die Polizei schätzt, dass es im Jahr 2007 allein in Deutschland mehr als 300 Chapter von Motorradclubs mit über 3.400 Mitgliedern gab. 40 dieser Chapter wurden den Bandidos zugerechnet. Das wäre knapp die Hälfte der 96 Bandidos-Chapter, die es in ganz Europa gibt. Anders als in Amerika sind auch die Outlaws in Europa eine wirkliche Macht. Im Januar 2009 belief sich die Zahl ihrer Chapter auf mehr als 110. Wie die Bandidos gründeten sie ihr erstes europäisches Chapter in Frankreich, allerdings bereits 1993. Alle diese Clubs sind laut Polizei in kriminelle Aktivitäten verwickelt, bei denen es um viele Millionen geht.

Drogen spielen eine große Rolle. In Deutschland beherrschen die Clubs die Türsteherszene. Damit haben sie zugleich die Kontrolle über den Drogenhandel in den einschlägigen Bars und Clubs. Zu ihrem Repertoire zählen aber auch Waffenhandel, Prostitution, Schutzgelderpressung und anderes. Voraussetzung für all diese Verbrechen ist, dass man ein bestimmtes Gebiet kontrolliert. Die Folge sind permanente Spannungen zwischen den Clubs, die um die einträglichsten Plätze für ihre dunklen Geschäfte wetteifern.

Während des Bikerkrieges in Nordeuropa blieb es in Deutschland vergleichsweise ruhig, in erster Linie weil die Hells Angels nahezu konkurrenzlos waren. Das hat sich in den letzten zehn Jahren geändert, und mittlerweile sind alle großen Clubs vor Ort. Seitdem kommt es auch in Deutschland zu Morden, Bombenattentaten, Schlägereien und Straßenkämpfen. Als Beispiel sei ein Vorfall aus dem Jahr 2007 erwähnt. Zwei Bandidos mussten sich wegen des Mordes an dem Besitzer eines Motorradladens verantworten, der den Hells Angels nahestand. Zum Prozess, der mehrere Verhandlungstage umfasste, reisten jedes Mal gut 600 Biker aus beiden Clubs in die beschauliche, 1.200 Jahre alte Stadt Münster. Eines Abends begannen 40 von ihnen auf offener Straße eine Schlägerei. Auslöser war, dass ein Mitglied der Hells Angels mit seinem Auto auf den Wagen eines Bandidos aufgefahren war. Zum Glück konnte die Polizei den Konflikt zunächst eindämmen und schließlich beenden. Wer weiß, was passierte wäre, wenn 600 Biker aufeinander losgegangen wären? Die beiden angeklagten Bandidos wurden später schuldig gesprochen und zu lebenslanger Haft verurteilt.

2008 fand ein Prozess gegen 14 Hells Angels satt, die im März 2006 einen Anschlag auf das Clubhaus der Bandidos in Stuhr verübt haben sollen. Dabei ließen sie überraschende Milde walten und brachten keinen Bandido um, sondern beschränkten sich darauf, ihre Opfer zu fesseln und über Stunden zu misshandeln. Außerdem ließen sie Geld,

Computer und, als besondere Demütigung, zahlreiche Aufnäher mitgehen, die in einem Tresor aufbewahrt wurden. Doch die Angels hatten Glück: Der Kronzeuge der Anklage, ein Biker, der an dem Überfall beteiligt gewesen war, beschloss überraschend, nicht auszusagen. Die Angeklagten kamen mit entsprechend geringen Strafen davon, nur drei der 14 verhängten Haftstrafen wurden nicht zur Bewährung ausgesetzt. Die Behörden sehen den Überfall im Zusammenhang mit dem Bestreben der Hells Angels, die Kontrolle über Norddeutschland und die Transportwege der Drogen zu gewinnen.

Andernorts in Europa brach die Gewalt mindestens ebenso heftig aus wie in Deutschland. In Helsinki, der Hauptstadt von Finnland, wurden Anfang 2000 drei Bandidos in einem Fast-Food-Restaurant erschossen. Viele unschuldige Menschen wurden verletzt. Sie hatten sich an diesem Tag den falschen Ort für eine schnelle Mahlzeit gesucht. Berichten zufolge nutzten die Killer, bei denen es sich um Mitglieder eines Puppet Clubs der Hells Angels gehandelt haben soll, die Verhandlungspause des Gerichts, vor dem sie sich gerade verantworten mussten. Die Bandidos nahmen später Rache und verwundeten zwei Mitglieder des rivalisierenden Clubs bei einer Schießerei in Kallio, einem Stadtteil von Helsinki.

Alle drei Clubs, die Bandidos, die Hells Angels und die Outlaws, haben sich von Westeuropa aus ausgeweitet und Länder wie die Türkei und Weißrussland erreicht. Gerade die Staaten der früheren Sowjetunion sind ein fruchtbarer Boden für die Biker und ihre Lebensart und ermöglichen es ihnen, neue Vertriebswege für die Drogen aus asiatischen Anbaugebieten zu erschließen. Trotz Dutzender Festnahmen und Razzien durch die Behörden ist ein Ende des Wachstums der drei Clubs nicht in Sicht. Vielmehr kann die Polizei dankbar sein, dass sich das Bündnis zwischen Bandidos und Outlaws als stabil erweist und mit dem Expansionskurs Schritt hält. Wie in Nordamerika betrachten beide Clubs auch in Europa die Hells Angels als gemeinsamen Gegner. Ein Konflikt mit drei statt zwei Parteien würde desaströse Folgen haben und das Blutvergießen drastisch verschlimmern. Doch auch so geht die

Gewalt unvermindert weiter. Im Januar 2008 wurden drei Hells Angels, die aus Spanien zurückkamen, auf dem Flughafen von Birmingham von elf Mitgliedern der Rebels attackiert. Laut Zeugenaussagen benutzten die Angreifer Metallstangen, Ketten und Messer. Alle elf wurden festgenommen. Die drei Hells Angels überlebten den Angriff.

Australien und Asien

Seit einige abtrünnige Comancheros 1983 das erste Chapter gründeten, sind die Bandidos in Australien unaufhörlich gewachsen. Im Frühjahr 2009 zählten sie 35 Chapter. Unter der Führung ihres nationalen Präsidenten Jason Addington sind sie zu einer Macht geworden, die auf Clubebene auch international ein Wörtchen mitzureden hat. Abgesehen von ihrem Akzent, sind sie von den US-Bandidos kaum zu unterscheiden, was ihnen den Weg vom Rand des Geschehens in dessen Zentrum fraglos erleichtert hat.

Zu den Rivalen der Bandidos auf dem fünften Kontinent zählen außer den Hells Angels und den Rebels weiterhin die Comancheros sowie einige kleinere Clubs. Ein Bericht aus dem Jahr 2006, den die australische Regierung in Auftrag gegeben hat, listet 35 Motorradclubs mit insgesamt mehr als 3.500 Mitgliedern auf. Einem Kenner der Szene zufolge sind die australischen Bandidos geschäftsorientierter als die anderen Clubs deshalb in finanzieller Hinsicht erfolgreicher.

Die Rebels sind hinsichtlich ihres Bekanntheitsgrades den Bandidos ebenbürtig. Der Club besteht seit mehr als 40 Jahren und hat viele Mitglieder, die über ganz Australien verteilt leben. Ihr Anführer ist der frühere Boxer Alex Vella. Die Rivalität der beiden Clubs begann sozusagen am Tag der Ankunft der Bandidos in Australien. 1997 brachten zwei Männer aus dem Umfeld der Rebels drei Bandidos um und verletzten einen vierten schwer. Unter den Männern, die im Keller des Blackmarket Cafés in Sydney ihr Leben ließen, war mit Michael

„Chaos" Kulakowski auch der amtierende nationale Präsident der Bandidos.

Nach einem siebenjährigen Krieg hatten sich Bandidos und Rebels gerade mehr schlecht als recht vertragen, als im Frühjahr 2006 mehrere hochrangige Rebels zu den Bandidos überliefen. Das heizte die alte Feindschaft wieder an. 2007 zerstörten die Bandidos das Clubhaus der Rebels in Albion, einem Vorort von Brisbane. 2008 wurde Ross „Rosco" Brand, ein hochrangiges Mitglied der Bandidos, vor dem Clubhaus in Melbourne erschossen, zwei weitere Bandidos wurden bei dem Überfall verletzt. Die Rebels bestritten, etwas damit zu tun zu haben, doch zu diesem Zeitpunkt hatte die Polizei allein in und um Melbourne schon mehr als zwanzig bewaffnete Zwischenfälle gezählt, in die Bandidos und Rebels verwickelt waren.

Die Comancheros waren auch zwanzig Jahre nach den Vorfällen von Milperra am Leben und setzten den Bandidos zu, so gut es ging. Doch wie es scheint, üben die Bandidos auf die Bikies eine besondere Anziehungskraft aus. 2007 wechselten auf einen Schlag mehr als 60 Mitglieder der Nomads aus Parramatta zu den Bandidos – und das, owohl die Nomads als Verbündete der Comancheros galten. (Anders als überall sonst auf der Welt waren diese Nomads kein mobiles Chapter eines Clubs, sondern ein eigener Club, der zufällig denselben Namen trug.) Daraufhin kam es zu einer erneuten Welle der Gewalt zwischen Bandidos und Comancheros, die beide zu den üblichen Dingen wie Sprengstoffanschlägen und Schießereien greifen ließen.

2009 veranstalteten die Comancheros eine Auktion im Internet. Als Preis für den Meistbietenden lockte ein Tag mit den Comancheros, einschließlich einer Ausfahrt mit Halt am Schauplatz des Massakers von Milperra. Die Biker versprachen, die Hälfte der Erlöse aus der Auktion einem Kinderkrankenhaus zu spenden. Weitaus weniger amüsant ist, dass die Comancheros kurz darauf in einen Machtkampf mit den Hells Angels verwickelt wurden. Am 23. März 2009 wurde ein Mitglied der Hells Angels vor den Augen entsetzter Zuschauer auf dem Flughafen von Sydney erschlagen.

Auch in die schmutzigen und erbitterten Revierkämpfe, die in den letzten Jahren die Stadt Sydney und deren Umgebung erschüttert haben, sind die Bandidos verwickelt. Der massenhafte Übertritt von Nomads im Jahr 2007 hatte zwei Folgen. Die erste war, dass die Comancheros aggressiv neue Mitglieder warben und mit der bis dahin geübten Praxis brachen, ausschließlich Weiße aufzunehmen. Nun rekrutierten sie auch Männer, deren Wurzeln in Mittelasien oder auf den Pazifischen Inseln lagen. Die anderen Clubs folgten diesem Beispiel, und sehr bald standen diese Biker in dem Ruf, besonders grausam und skrupellos zu sein. Die zweite Folge war, dass ein neuer Club entstand, der sich Notorious nannte. Die Gründer waren ehemalige Mitglieder der Nomads, die sich nicht den Bandidos angeschlossen hatten. Gerüchte besagen, dass die Idee entstand, als die späteren Gründer im Gefängnis saßen. Angeblich gehörten auch einige frühere Bandidos zu dem Club, doch eine neuere Untersuchung kommt zu dem Schluss, dass die meisten von ihnen aufgrund von clubinternen Spannungen zu den Bandidos zurückkehrten. Der neue Club sann auf Rache und stürzte sich mit Feuereifer in die Schlacht. Derzeit gibt es in Sydney mindestens fünf Clubs, die um die Vorherrschaft im Drogenhandel kämpfen.

Die australischen Clubs stehen unter einem doppelten Druck: dem, den sie gegenseitig aufeinander ausüben, und dem, den die Polizei auf alle gleichzeitig ausübt. Das trifft vor allem auf den Bundesstaat South Australia mit der Hauptstadt Adelaide zu. 2008 erließ die Provinzregierung ein Gesetzespaket, dass einzig dafür gedacht war, den kriminellen Banden das Leben schwer zu machen. Es gibt der Staatsanwaltschaft das Recht, bestimmte Gruppierungen und deren Mitglieder zu belangen, indem er sie zu kriminellen Organisationen erklärt. Solche Gesetze sind wie maßgeschneidert dafür, gegen Motorradclubs vorzugehen, und genau dafür setzt die Polizei von South Australia sie ein.

Auch im nördlichen Nachbarkontinent, in Südostasien, sind die Bandidos präsent. Das Chapter Singapur, die sogenannte Sin City Gang, wird von zwei kleineren Clubs unterstützt, den Iron Chariot und den Ghostriders. In Kuala Lumpur, der Hauptstadt Malaysias, gibt es ebenfalls ein Bandidos-Chapter, in Malacca eines der Ghostriders. In Thailand gibt es derzeit sieben Chapter der Bandidos und zwei von befreundeten Clubs. Es scheint, dass europäische Bandidos zumindest in einigen dieser Chapter mitmischen. Bei einer Razzia gegen die thailändischen Bandidos gingen der Polizei zwei Briten ins Netz. Auch ein Däne stand auf der Fahndungsliste, doch der hatte sich bereits abgesetzt.

Die Hells Angels sind bis dato noch nicht in Südostasien angekommen, und da sie strikt darauf achten, nur Weiße aufzunehmen, ist mit einer Ausweitung dorthin vorerst auch nicht zu rechnen. Die Outlaws hingegen gründeten 2001 ein Chapter in Thailand, inzwischen gibt es bereits zwei. Auf den Philippinen sind sie seit 2007 vertreten, und offensichtlich sind sie der einzige US-Club, der in Japan ein Chapter unterhält. Es wurde 2006 gegründet.

Das soll nicht heißen, dass es vorher in Japan keine Biker gab. Im Gegenteil: Die Zahl wird auf zirka 1.000 geschätzt. In Japan heißen Motorradclubs „Bosozuko“ was übersetzt gewalttätige Horde bedeutet. Ursprünglich waren es Zusammenschlüsse von Teenagern, doch in den letzten Jahren rückten sie mehr und mehr in die Nähe des organisierten Verbrechens, der sogenannten „Yakuza“, mit der Folge, dass sich die Palette der Straftaten vergrößert und die Schwere der Verbrechen erhöht hat und die Behörden vor einem ernsthaften Probleme stehen.

Der Umstand, dass neben den Bandidos nur noch die mit ihnen verbündeten Outlaws in Südostasien vertreten sind, ist förmlich eine Einladung dazu, sich das riesige Territorium unter den Nagel zu reißen. Und es steht außer Frage, dass es in diesem Teil der Erde – man denke nur an das viele Heroin – reichlich zu holen gibt. Da die Hells Angels diese Region bis heute hartnäckig ignorieren, sollten die Bandidos hier auf relativ wenig Widerstand stoßen – zumindest bis zu jenem Tage, an dem das Unausweichliche passiert und die Gier der Hells Angels den ewigen Rivalen auf den Plan ruft.

Keiner der großen Clubs ist bislang in Indien angekommen. Das hat lokale Clubs aber nicht davon abgehalten, ihrerseits Unruhe zu stiften.

2008 ging die Polizei in Neu-Delhi gegen einen Club vor, der von Om „Bunty" Prakash geleitet wurde. Buntys Gang funktionierte offenbar strikt nach dem Vorbild westlicher Biker: Die Mitglieder waren in zahlreiche Morde, versuchte Morde und Raubüberfälle verwickelt. Einmal töteten sie einen Mann, nur um an sein Motorrad zu kommen. Sie hatten einen Doppelmord begangen und flohen gerade vom Tatort, als einem von ihnen das Benzin ausging. Schließlich konnte sich die Polizei im Kampf gegen Buntys Gang aber durchsetzten: Die meisten Mitglieder wurden verhaftet, die übrigen getötet.

Nordamerika

George Wegers, der nationale Präsident der Bandidos, gehörte zu jenen 26 Clubmitgliedern, die im Juni 2005 im Nordwesten der USA festgenommen wurden. Die Liste der Anklagepunkte war erheblich und enthielt unter anderem auch den Vorwurf der Einschüchterung eines Zeugen, der bei einem Prozess in South Dakota aussagen wollte. Schließlich bekannte sich Wegers der Mitgliedschaft in einer kriminellen Vereinigung schuldig, alle anderen Anklagepunkte wurden im Gegenzug fallen gelassen.

Der Sheriff von Whatcom County, dem Landkreis, in dem das Chapter Bellingham ansässig ist, sagte voraus, dass als Folge der Verhaftungen und Verurteilungen die Gewalt zunehmen würde. Die Staatsanwaltschaft hingegen war zuversichtlich, den Bandidos eine empfindliche Niederlage zugefügt zu haben. Die Wahrheit ist, dass die verhängten Strafen gegen die 26 Bandidos maximal fünf Jahre betrugen. Viele Angeklagte kamen auf Bewährung frei. Wegers wurde zu 20 Monaten Haft verurteilt, doch weil die Zeit, die er in Untersuchungshaft gesessen hatte, angerechnet wurde, war er knapp einen Monat nach der Verurteilung wieder auf freiem Fuß. Als er 1985 wegen Drogenhandels verurteilt wurde, kam er mit 18 Monaten davon. Die Beweise gegen ihn hatte ich seinerzeit beschafft, und wie Wegers sind auch viele andere Bandidos, die aufgrund meiner Ermittlungen angeklagt wurden, zu vergleichsweise geringen Strafen verurteilt worden. Trotz aller Anstrengungen der Polizei, ihnen das Handwerk zu legen, fiel es dem Club damals leicht, so weiterzumachen wie zuvor. Es gibt keinen Grund zu der Annahme, dass es 20 Jahre später anders aussah.

Nach Wegers' Verhaftung im Sommer 2005 übernahm Jeff Pike die Führung der Bandidos. Er verlegte das Hauptquartier in seine Heimat Texas, wo es nach Überzeugung vieler Bandidos auch hingehörte. Pike stand an der Spitze des Clubs, als sich das Massaker von Shedden ereignete, und auch im Jahr 2009, als diese Zeilen geschrieben wurden, war er noch im Amt.

Gerüchte besagen, dass die US-Bandidos ihre Vormachtstellung im Club weitgehend eingebüßt haben. Da die europäischen und australischen Bandidos hinsichtlich Mitgliederzahl, Schlagkraft und Selbstvertrauen stark zugelegt haben, sei es für die US-Bandidos schwerer geworden, ihren Willen rund um den Globus durchzusetzen. Die offizielle Website der Bandidos, auf der auch die US-Chapter aufgelistet sind, wird seit 2009 von Dänemark aus geführt. In den USA selbst scheint es keinen offiziellen Internetauftritt der Bandidos zu geben, sondern nur die privat betriebene Seite von Bandido Pervert, einem El Secretario des Clubs. Neben Fotos, die Pervert allein oder in Begleitung anderer Bandidos zeigen, findet sich dort auch ein Link zur Website des Mongols MC. Das spricht für Berichte, nach denen beide Clubs eine Allianz geschlossen haben. Zwar sind auf MySpace Dutzende Bandidos mit eigenen Profilen vertreten, doch darf es als Zeichen des sinkenden Einflusses der US-Bandidos gelten, dass die Gründung des Chapters in Thailand von Europa aus betrieben wurde.

Nach allem, was ich weiß, waren weder europäische noch australische Bandidos in die Vorfälle von Shedden verwickelt. Zwar gab es Kontakt zwischen Taz und Jason Addington, dem Präsidenten der australischen Bandidos, doch kam der erst nach den Morden zustande, und es ging auch nur um unverfängliche Informationen, die Addington über die Bandidos von Winnipeg haben wollte. Doch unmittelbar nach den Morden reisten europäische und australische Bandidos nach Kanada, um sich über Fakten und Hintergründe der Tat zu informieren. Es sieht nicht danach aus, als seien sie an den Entscheidungen der US-Bandidos über die Zukunft des Chapters Toronto beteiligt gewesen. Und dieser Umstand wird das Verhältnis kaum verbessert haben.

Das mag einer der Gründe sein, warum es den US-Bandidos so schwerfiel, sich von den Ereignissen auf Kellestines Farm und den Morden an acht Männern zu distanzieren, die sie als Brüder ansahen. Wenige Tage nach der Tat waren alle Nachrufe und Fotos der Opfer, die ins Internet gestellt worden waren, wieder verschwunden, und jede Erwähnung des Massakers wurde peinlichst vermieden. Pike und andere gaben mehrfach zu Protokoll, mit den Vorfällen nichts zu tun zu haben, und verneinten alle Fragen nach einer Mitverantwortung der US-Bandidos. Das ist keine Überraschung: Wer will schon mit einem Massenmord in Verbindung gebracht werden?

Durch das Massaker von Shedden und die nachfolgenden Verhaftungen waren die Bandidos in Kanada nahezu ausgelöscht. Einige Monate nach den Ereignissen wurden im Internet zwei Mitteilungen veröffentlicht, die das vorläufige Ende verkündeten. Die US-Website schrieb: „Am 2. Oktober 2007 hat sich der Bandidos MC 1% offiziell aus Kanada zurückgezogen. Mit sofortiger Wirkung erlischt die kanadische Mitgliedschaft im Bandidos MC." Kurz darauf übernahm Lenti die Meldung für die kanadische Website, allerdings um den ersten Satz gekürzt. Klar war die Botschaft aber auch so.

Ehe es so weit kam, hatten einige Mitglieder versucht, das Überleben der Bandidos in Kanada zu sichern. Pierre „Carlito" Aragon, der sich während des Massakers in Winnipeg aufgehalten hatte, suchte den Kontakt zum Hauptquartier in Texas. In mehreren E-Mails stellte El Secretario Carlton „Pervert" Bare klar, dass die Mitgliedschaft der kanadischen Bandidos vorerst ruhte und Carlito nicht befugt war, neue Mitglieder zu werben. Carlito ignorierte die Anordnung und versuchte, das Chapter Toronto wiederzubeleben, indem er einige Mitglieder der Loners abwarb, die zum Teil wesentlich mehr Erfahrung besaßen als er selbst.

Was wie ein eklatanter Regelverstoß aussah, hatte seinen Hintergrund in der widersprüchlichen Auskunft aus Texas, dass man die Beibehaltung eines kanadischen Chapters erwägen würde, sofern Carlito mit neuen Männer ein Neuanfang gelänge. Ob ihnen auch in Aussicht gestellt wurde, sich Bandidos nennen zu dürfen, gehört zu den Dingen, die im Dunkeln liegen.

Nach dem Massaker sahen sich Taz und seine Leute als rechtmäßige Nachfolger im Amt des nationalen Präsidiums. Auch Taz hatte mit Pervert Kontakt, und aus den E-Mails wird ersichtlich, dass Taz von Carlito und den versprengten Bandidos aus Toronto nichts hielt. Er beschuldigte sie, fortwährend gegen Clubregeln zu verstoßen und Männer für eine Mitgliedschaft vorzuschlagen, die es in seinen Augen nicht wert waren, Bandidos genannt zu werden. Schließlich behauptete er, dass Carlito nicht einmal ein Motorrad besaß.

Pervert schlug vor, dass Taz und Carlito nach Texas kommen sollten, um den Konflikt zu klären. Carlito bat er, ihm ein Foto zu schicken, das ihn mit seinem Motorrad zeigt. Vor Ort verlegten sich die Streithähne derweil darauf, sich gegenseitig Vorhaltungen zu machen. Carlito behauptete, dass die Bandidos von Toronto noch immer ranghöher waren als die aus Winnipeg. Zudem sei Winnipeg mit den Beitragszahlungen im Rückstand und ließe seit Wochen den Kontakt schleifen. Im Gegenzug ließ Taz Carlito und Pervert wissen, dass das Chapter Winnipeg einstimmig für Carlitos Ausschluss gestimmt habe. Und dass man den Kontakt zuletzt gemieden hatte, erklärte er mit der Sorge, dass Carlito ihnen nach dem Leben trachtete. Wie er annehmen konnte, dass das Chapter Winnipeg einen Bandido aus Toronto aus dem Club ausschließen könnte, bleibt jedoch unklar.

Kurz danach teilte Pervert Taz mit, dass Carlito Kontakt mit den australischen Bandidos aufgenommen und ihnen jede Menge Blödsinn über die Bandidos aus Toronto aufgetischt habe. Daraufhin kontaktierte Taz seinerseits Jason Addington und legte seine Sichtweise der Dinge dar. Er bezeichnete sich als Präsident eines Chapters mit 13 Mitgliedern, die sich auf einen kleineren Club mit insgesamt 35 Mitgliedern stützen könnten. Addington bat um weitere Informationen und Fotos. Zudem versicherte er, das Carlito sich nicht negativ über die Männer aus Winnipeg geäußert habe.

Während Taz und seine Leute sich verhielten, als sei ihre führende Position unstrittig, scheint Carlito unvermindert neue Mitglieder angeworben zu haben. Am 29. Mai 2006 hinterließ er im Gästebuch auf der Website der Bandidos eine Nachricht, in der er die neuen Mitglieder des Chapters Toronto begrüßte und sich bei einem Biker namens Bandido Gus für die Hilfe bei der Erstellung der Website bedankte.

Etwa eine Woche später meldete sich ein besorgter Lenti bei Taz und erklärte ihm, dass es einstweilen egal sei, wer den Club landesweit anführe. Vielmehr laute die Alternative, dass man sich entweder zusammenraufen müsse oder Gefahr liefe, aus dem Club ausgeschlossen zu werden. Dieses Mal schien Taz den Ernst der Lage begriffen zu haben. Offenbar vertraute er Lenti mehr als anderen, vielleicht weil Lenti, wie behauptet wird, ihm den Weg in den Club geebnet hatte. Jedenfalls setzte sich Taz mit Carlito in Verbindung und brachte zunächst seinen Unmut darüber zum Ausdruck, dass der so viele neue Mitglieder anwarb. Dann aber erklärte er, dass er einen Weg sehe, wie sich die Konflikte lösen ließen. Carlitos Nachfragen blockte er mit dem Hinweis ab, dass er sich zunächst mit den anderen Bandidos aus Winnipeg besprechen müsse. Carlito zeigte sich an einer Einigung grundsätzlich interessiert, doch wie es aussieht, ist der Weg dorthin nie benannt oder gar beschritten worden.

Am 5. Mai 2006 reiste Taz nach Houston, um sich mit Mitgliedern des nationalen Präsidiums zu treffen. Offenbar war vorgesehen, dass Carlito ihn begleitete, doch bei dem Versuch, in die USA einzureisen, wurde er zurückgewiesen. Das Treffen am 6. Mai fand daher ohne ihn statt. Was besprochen wurde, ist nicht überliefert, aber bekannt ist, dass Taz von der Polizei observiert wurde, weil MH ihn in Zusammenhang mit dem Massaker von Shedden gebracht hatte. Kaum war das Treffen beendet, erhielten die texanischen Bandidos Besuch von der OPP und US-Beamten.

Wie bereits erwähnt, war dieser Besuch wohl der Auslöser dafür, dass Taz fallen gelassen wurde. Jeff Pike stand auf dem Standpunkt, dass ehemalige Polizisten nichts bei den Bandidos verloren hatten. Dabei war Ray „Chopper“ Johnson, der Sergeant at Arms eines australischen Chapters, bewiesenermaßen früher Offizier der Polizei von New South Wales. Unbestätigten Berichten zufolge waren auch einige europäische Bandidos früher Polizisten. Vielleicht verdankte sich Pikes Reaktion ja auch einer Mischung aus Wut über den ungebetenen Besuch der Polizei und dem Bestreben, sich von dem Massaker zu distanzieren. Der innerkanadische Konflikt wurde weiter angefacht, als einer von Taz' Leuten den Spieß umzudrehen versuchte und unterstellte, dass die Polizei durch Carlitos Versuch, in die USA einzureisen, auf den Plan gerufen worden war. Doch Pervert verwies das ins Reich der Fabel und erklärte, dass die Beamten ausdrücklich nach Taz gefragt hätten.

Das bedeutete natürlich das Ende für Taz' Ambitionen, die kanadischen Biker anzuführen. Er blieb im Club, der aber von Dwight Mushey geleitet wurde. Mushey war jedoch nur ein besserer Strohmann, und im Hintergrund hielt Taz die Fäden in Händen. Die Männer aus Winnipeg logen den US-Bandidos etwas vor, als sie behaupteten, dass sie Taz aus dem Club entfernt hätten. Letztlich kam es darauf aber nicht mehr an. Denn schon bald darauf wurden Taz, Mushey und Marcello Aravena verhaftet und beschuldigt, die acht Bandidos aus Ontario ermordet zu haben.

Wie so viele Biker, die hoch hinauswollen, musste sich auch Carlito die Federn stutzen lassen. Er wurde im Sommer 2006 verhaftet und des Mordes an Shawn Douse beschuldigt. Lenti trat an seine Stelle – doch nur für drei Monate. Dann nahm er sich mit den Schüssen auf die drei Hells Angels im Club Pro selbst aus dem Spiel. Laut einem Bericht des «Toronto Star» blieb in ganz Toronto nur ein Bandido übrig: ein gewisser Jason Pellicore. Offenbar hatte er schon vor dem Massaker von Shedden zu den Bandidos gehört: Der Name Jay fällt in MHs Aussagen mehr als einmal. Pellicore wurde im August 2007 aus dem Hinterhalt erschossen.

Anfang 2009 war von den kanadischen Bandidos im Internet nichts mehr übrig als eine Seite mit Erinnerungen und Nachrufen, und auch die ging nach wenigen Monaten vom Netz. Sie enthielt insgesamt drei Rubriken: In der einen wurde der „in Shedden getöteten Brüder" gedacht, in der zweiten fanden sich Fotos der getöteten Bandidos, darunter auch die Opfer von Shedden, und in der dritten wurde mitgeteilt, dass sich die Bandidos aus Kanada vollständig zurückgezogen hätten. Es folgte die Auskunft: „Die verbleibenden früheren Bandidos haben sich vor Kurzem dem neugegründeten Rock Machine MC angeschlossen." Ein Link führte auf die Homepage der Rock Machine.

Da war sie also wieder, die Rock Machine – als wäre sie nie weg gewesen.

Diejenigen Bandidos, die auf Druck der Hells Angels ihrem Club im Gefängnis abgeschworen hatten, sahen sich nach ihrer Entlassung einer erneuerten und erstarkten Rock Machine gegenüber. Der Club, der den Hells Angels schon einmal das Leben schwer gemacht hat, rekrutiert eifrig neue Mitglieder. Nach all den Opfern, die der Bikerkrieg in Quebec gefordert hat, fragt man sich schon, wie die Männer gestrickt sein müssen, die sich einem solchen Club anschließen. Für einige Mitglieder der alten Rock Machine – die alte Garde, die zum Teil zehn, zwölf oder 15 Jahre im Gefängnis verbracht hat – war es wie eine Heimkehr. Diese Männer haben in und mit dem Club gelebt und nie etwas anderes gekannt. Ein sattes Drittel der Mitglieder der neuen Rock Machine setzt sich aus Männern zusammen, die auch der alten Rock Machine angehörten und erst vor Kurzem aus dem Gefängnis entlassen wurden. So ist erklärbar, dass der Club, als er 2008 quasi über Nacht entstand, sofort fast 100 Mitglieder auf die Beine brachte. Sicher ist, dass sie und die Hells Angels in diesem Leben keine Freunde mehr werden.

Die neue Rock Machine scheint über internationale Verbindungen zu verfügen. Auf der Website des Clubs wehen außer der kanadischen auch die US-amerikanische und die australische Flagge. Zwei Biker aus Sydney wurden im September 2008 bei dem Versuch, nach Kanada einzureisen, verhaftet und nach Australien zurückgeschickt. Bei ihrer Vernehmung erklärten sie, dass sie zum Fischen nach Manitoba wollten. Die Behörden gehen davon aus, dass sie zu einem Treffen mit kanadischen Bikern wollten, die in die Neugründung der Rock Machine involviert waren. Erst jüngst war auf der Homepage der Rock Machine ein Eintrag zu lesen, in dem sich jemand selbst als Mitglied der Rock Machine Nomads in den USA bezeichnete.

Ron Burling, der früher bei den Bandidos in Winnipeg war und zur Zeit im Gefängnis sitzt, ist kommissarischer Präsident des wiederbelebten Clubs.

"Ich kann mir nicht vorstellen, dass sich die Gewalt, die es in Quebec fraglos gegeben hat, je wiederholen könnte", erklärte ein hochrangiges Mitglied der Rock Machine in einem Interview mit dem «Toronto Star». Um die Hells Angels nicht zu provozieren, hatte die neue Rock Machine entschieden, sich nicht in Quebec niederzulassen. Gäbe es die Hells Angels nur dort, dann wäre ich geneigt anzunehmen, dass das „Angebot" der Rock Machine mehr war als nur der Griff nach Macht und Einfluss im Drogenhandel. Tatsächlich ist es jedoch so, dass die Angels längst in ganz Kanada präsent sind und die Äußerungen der Rivalen als Kampfansage begreifen müssen. Nicht anders verhält es sich im internationalen Maßstab: Da die Mongols mit den Bandidos zusammenarbeiten und die Black Pistons mit den Outlaws, ist es nur eine Frage der Zeit, bis sich der Platzhirsch seiner Rivalen wird erwehren müssen.

In Anbetracht der Schlagkraft, die sich gegen die Hells Angels formiert, stellt sich die Frage, wann sich die Hackordnung umdreht. Das wird wohl noch eine Weile dauern. Die Hells Angels verfügen über deutlich mehr Macht, Einfluss und Geld als alle anderen Clubs, die sie mit Verachtung und Herablassung strafen. Das wiederum ist zwar ein Motiv für den Zusammenschluss, aber noch lange keine Basis für Zusammenhalt. Und wenn die anderen Clubs die Hells Angels tatsächlich einmal ablösen sollten, dann wäre das in etwa so wie die Einnahme Roms durch die Barbaren: Dass sie das feindliche Imperium erobern können, ist keine Garantie dafür, dass sie es auch zusammenhalten können.

Das Wort Imperium ist in Verbindung mit den Hells Angels nicht zu hoch gegriffen. Kein anderer Club ist in der Bevölkerung so bekannt wie sie, und kein anderer Club hat sich so erfolgreich über die Welt verteilt. Schätzungen zufolge nehmen die Hells Angels jährlich mehrere Milliarden Dollar ein, obwohl sich die Polizei und mehrere rivalisierende Clubs rund um den Globus bemühen, es zu verhindern. Mittlerweile gehen sie längst auch legalen Geschäften nach. In den entsprechenden Firmennamen taucht oft die Zahl 81 auf: H ist der achte Buchstabe des Alphabets, A der erste. Nach dieser Logik bedeutet 81 also HA – Hells Angels.

Die Hells Angels sind selbstverständlich nicht gewillt, sich ihre Vormachtstellung oder das unrechtmäßig erworbene Vermögen von irgendjemandem streitig machen zu lassen. Doch viele der Clubmitglieder sind mittlerweile schon jenseits der 50, manche auch noch älter, und hätten es am liebsten, wenn man sie in Ruhe ließe und sie ungestört ihren Geschäften nachgehen könnten. Die Hells Angels in British Columbia etwa gelten als die wohlhabendsten Biker weltweit. Diesen Männern ist völlig klar, dass ein erneuter Krieg das Ende des Lebens bedeuten könnte, das sie sich aufgebaut haben. Die Zahl der potenziellen Gegner wächst mit dem Erfolg des Clubs. In British Columbia sind es zwar keine anderen Einprozenter, die die Angels herausfordern, doch den lukrativen Handel mit Marihuana machen ihnen neuerdings aufstrebende vietnamesische Banden streitig. Berichten zufolge weiten sich diese Gruppen derweil sogar schon Richtung Kalifornien aus – mitten ins Stammland der Hells Angels.

Der furchteinflößende Ruf der Angels und die Bekanntheit ihres Abzeichens schüchtert zwar die Bevölkerung ein, nicht jedoch einen Club wie die Bandidos. Leute wie Jamie Flanz stehen stellvertretend für eine fragwürdige Anwerbungspraxis, die in Kanada begonnen hat. Der Grund ist schlicht der, dass durch die „Operation Amigo“ und andere Polizeiaktionen die Zahl der geeigneten Kandidaten drastisch zurückgegangen war. Andernorts ist das anders. In Europa und Australien sind die Bandidos eine ernst zu nehmende Konkurrenz. Doch auch unter solchen Umständen werden die Hells Angels das Feld nicht freiwillig räumen. Es gibt vielmehr Anzeichen dafür, dass sie auf ihre altbewährten Methoden zurückgreifen.

Als einer für sie typische Machtdemonstration nahmen im Jahr 2008 an der Beerdigung eines Hells Angels 2.000 Biker teil. Und Gerüchte, die Hells Angels seien milde geworden, sind nichts weiter als das: Gerüchte. Bei Aktionen der kanadischen Polizei gegen den Club wurden noch vor Kurzem mehrere Waffenverstecke ausgehoben, darunter ein nachträglich eingebautes Geheimfach in einem SUV. Männer, die milde geworden sind, benötigen keine Maschinenpistolen.

Zudem ist damit zu rechnen, dass die Angels versuchen werden, die gegnerische Allianz dadurch zu schwächen, dass sie einige kleinere Clubs abwerben, indem sie ihnen einen Teil des lukrativen Drogenmarktes überlassen. Später, wenn die Allianz gesprengt ist, können sie ihn sich immer noch zurückholen. Und dass ein solches Bündnis scheitert, ist in Anbetracht des launischen Wesens der Biker jederzeit möglich.

Laut Aussage der Clubs ist es der Willkür der Polizei geschuldet, dass Einprozenter seit den 80er Jahren als Verbrecher und die Clubs als kriminelle Vereinigungen angesehen werden. Sie selbst beteuern, dass sie gesetzestreue Organisationen sind, deren Mitglieder die Leidenschaft für Motorräder teilen. Doch eine jährliche Ausfahrt als Benefizveranstaltung für Kinderheime wie der Toy-Run oder eine namhafte Spende reicht nicht aus, um als friedfertige Motorradfahrer durchzugehen. Laut kanadischen Behörden zählen die Hells Angels und die Bandidos zu den führenden Gruppierungen des organisierten Verbrechens in Nordamerika – noch vor der Mafia und anderen Banden mit ethnischem Hintergrund. Männer, die vor ihrem Kontakt zur Bikerszene keine Chance auf Erfolg im Leben hatten, sind heute mehrfache Millionäre. Wie will man einen jungen Mann mit geringer Schulbildung und langem Vorstrafenregister, der so viel Geld verdient, dazu bewegen, sein bisheriges Leben aufzugeben und sich einen Job zu suchen? Was könnte er überhaupt arbeiten? Hamburger braten? In einem Callcenter das Telefon bedienen? Wenig verlockend – jedenfalls solange er sich nicht einmal davor fürchten muss, von der Polizei geschnappt zu werden. In diesem Fall kann er nämlich damit rechnen, dass die Behörden ihm einen Kuhhandel vorschlagen und er für seine Aussage eine neue Identität und eine finanzielle Entschädigung erhält. Unter diesen Voraussetzungen können die Biker nur gewinnen. MH, der zugegeben hat, an der Ermordung von acht Männer beteiligt gewesen zu sein, hat eine neue Identität verpasst bekommen, erhält jeden Monat 1.300 Dollar, und der Staat zahlt für seine Rente ein.

Biker-Clubs lernen schnell. Jedes Mal, wenn die Polizei einen Schlag gegen sie gelandet hat, müssen sie ihre Methoden preisgeben und ihre Beweise auf den Tisch legen. Die Biker lernen daraus, welche Fehler sie gemacht haben, und stellen sich entsprechend um. Das schränkt die Möglichkeiten der Polizei auf die Dauer derart ein, dass die einzige Chance, noch etwas auszurichten, darin besteht, ein möglichst hochrangiges Mitglied zu verhaften und mit sanftem Druck dazu zu bringen, gegen die eigenen Leute auszusagen. Wenn er sich weigert, dann hilft meistens nur noch Geld. So wandern mehrere Hunderttausend Dollar an Typen, die mitunter schlimmer sind als die, die sie mit ihren Aussagen ans Messer liefern.

Um sich gegen Schnüffelei und Unterwanderung zu schützen, halten sich die großen Clubs seit jeher kleinere Clubs, die für sie die Drecksarbeit machen. In den USA hat sich derweil eingebürgert, dass Käufer von Drogen es immer nur mit ein und demselben Verkäufer zu tun haben, und zwar unabhängig davon, um welche oder wie viele Drogen es dabei geht. Wenn dieser Mann der Polizei ins Netz geht, dann kommt der Handel mit allen seinen bisherigen Kunden zum Erliegen. Falls sich diese Strategie durchsetzt, dann muss sich die Polizei darauf einstellen, dass sie trotz aller Anstrengungen und des großen finanziellen Aufwandes immer nur einzelne Kleindealer verhaften wird, ohne an die Hintermänner heranzukommen. Das ist nicht sonderlich effektiv, und jenen, die sich in die Clubs eingeschleust haben, macht es die Arbeit zusätzlich schwer.

In Quebec hat der Kampf zwischen der Rock Machine und den Hells Angels um Macht und Einfluss mehr als 150 Menschen das Leben gekostet. Tot und Gewalt brachte die Bevölkerung irgendwann so sehr auf, dass die Regierung das Gesetz C-95 erließ. Es richtet sich gegen Bandenkriminalität und das organisierte Verbrechen und sieht schon für die bloße Mitgliedschaft drakonische Strafen vor.

Gemäß eines amtlichen kanadischen Berichts aus dem Jahr 2004 gibt es neben positiven Wirkungen, die das Gesetz hatte, auch unerwünschte Nebenwirkungen. C-95 hat die Outlaws und die Bandidos dazu bewogen, in der Öffentlichkeit nur noch ohne Abzeichen aufzutreten, sie sind also gewissermaßen unsichtbar geworden. Vorbei die Zeiten, als man sie an ihrem Äußeren erkennen und verfolgen konnte. Auch neue Mitglieder lassen sich nicht mehr so leicht identifizieren wie zuvor. Es könnte also sein, dass sich die Mitgliederzahlen verdoppelt haben, ohne dass wir davon wissen.

Der Bericht besagt auch, dass von sieben Chaptern der Outlaws in Kanada nur drei auf halbwegs stabilen Beinen stehen. Selbst die Hells Angels wurden durch Maßnahmen der Polizei, interne Konflikte und die zunehmende Konkurrenz anderer krimineller Organisationen in mehreren Landesteilen arg geschwächt. Die Zahlen lassen sich jedoch auch so deuten, dass die Biker für Straftaten vermehrt kleinere Clubs und andere Helfer einsetzen. Und das wäre kein Zeichen von zunehmender Konkurrenz, sondern von Expansion.

Seit den Wirren, die der Shedden-Prozess und die Verurteilung einiger Bandidos verursacht haben, ist viel Zeit vergangen, und die heilt bekanntlich nicht nur Wunden, sondern macht auch vergesslich. Wer sich fragt, warum sich jemand zwei Jahre nach den Morden die Mühe macht, Kellestines Haus anzustecken, findet die Antwort in einem alten Sprichwort: aus den Augen, aus dem Sinn. Dass das Haus nicht mehr steht, beschleunigt das Vergessen. Jemand anderes wird kommen und an derselben Stelle ein neues Haus bauen. Das Leben geht weiter.

Die Bandidos handeln nach wie vor weltweit mit Drogen. Dabei stützen sie sich am liebsten auf Helfershelfer. In Australien scheinen sie sich als erste Kraft durchgesetzt zu haben, auch weil sie sich durch Übernahmen kleinerer Clubs verstärken konnten. Gelegentlich sind ganze Chapter geschlossen übergetreten. Nach einem mühsamen Start sind die Clubs inzwischen auch in Singapur und Thailand etabliert. Das sollte sich sehr positiv auf den Vertrieb des Heroins auswirken. Eine wichtige Rolle spielt diesbezüglich auch die Türkei.

Um die besten Handelswege für illegale Drogen gibt es nach wie vor eine Art Wettlauf zwischen den Bandidos und den Hells Angels. Die Hells Angels unterhalten seit Kurzem ein Charter in der Dominikanischen Republik, das sich außer um die Einnahmequelle Tourismus um den reibungslosen Ablauf des Geschäfts mit Kokain kümmert. Aus demselben Grund unterhalten die Bandidos ein Chapter in Costa Rica. Trotz der anhaltenden Konflikte zwischen den verschiedenen Motorradclubs ist also damit zu rechnen, dass sie den Drogenhandel relativ ungestört fortsetzen können. Ändern wird sich das nur, wenn einer von ihnen zu gierig wird oder wir, die normale Bevölkerung, endlich aufbegehren und die Politiker zwingen, Maßnahmen zu ergreifen und der Gewalt etwas entgegenzusetzen, dank derer die Clubs unsere Straßen beherrschen. Vielleicht ist aber auch ein offener Bikerkrieg mit explodierenden Autos und unschuldigen Opfern nötig, um die Politik wachzurütteln.

Bis dahin können unsere Kinder in der großen Pause nach Belieben Crack rauchen und sich Kokain oder Speed durch die Nase ziehen – und das alles für ein paar lumpige Dollar. Sollte sich Ihr Kind in letzter Zeit auffällig verhalten, extremen Stimmungsumschwüngen unterliegen, jedes Interesse an sich selbst und seinen Mitmenschen verloren haben und Sie wie einen Feind behandeln, dann brauchen Sie nach dem Grund vielleicht nicht lange zu suchen. Fragen Sie einfach den nächsten dicken Mexikaner, der ihnen über den Weg läuft.

(In Kanada hat sich unterdessen Folgendes zugetragen: Im Juli 2009, kurz bevor dieses Buch im Original in Druck ging, traf sich die

Führung der neuen Rock Machine mit Vertretern der Bandidos in einem Privathaus in London, Ontario. Die Rock Machine und ihre 117 Mitglieder verließen das Haus als Prospect-Club der Bandidos. Diejenigen, die im Zuge des Bikerkrieges von Quebec ins Gefängnis gewandert waren, müssen sich bei ihrer Entlassung wie in einer Zeitmaschine vorgekommen sein. Die Mehrzahl von ihnen hatte zwar in Ontario gesessen, der harte Kern jedoch hat die Zeit in Haftanstalten von Quebec verbracht. Nun, mehr als ein Jahrzehnt später, versuchen sie dort anzuknüpfen, wo sie damals aufgehört haben. Was wohl diejenigen „Brüder" dazu sagen, die noch im Gefängnis sind und es dort vornehmlich mit den Hells Angels zu tun haben?)

Glossar mit Bezeichnungen, die die Bandidos verwenden

Bandidos Patch: Aufnäher, der den Träger als Vollmitglied des Bandidos MC ausweist. Die Buchstaben MC stehen für „motorcycle club", also Motorradclub. Bis 1975 hieß es noch MG für „motorcycle gang", also Motorradgang.

BFFB Patch: Die Abkürzung auf dem Aufnäher steht für „Bandidos forever – forever Bandidos", sinngemäß also „Bandidos für immer – für immer ein Bandido"

Chapter: lokale Gruppierung von Bandidos mit einem eigenen Präsidium. Mindestgröße: fünf Mitglieder. Die Chapter eines Landes unterstehen dem nationalen Chapter, das wie die lokalen Chapter organisiert ist, aber ein größeres Präsidium hat.

Donation: Ein bestimmter Prozentsatz aller Einnahmen eines Chapters, gleich ob sie aus Mitgliedsbeiträgen oder illegalen Geschäften wie dem Drogenhandel stammen, fließt an das nationale Chapter, das dank dieser Praxis finanziell gut ausgestattet ist, ohne sich selbst die Hände schmutzig machen zu müssen.

FTW Patch: Aufnäher nur für Mitglieder; die Abkürzung steht für „Fuck The World".

Hangaround: Sympathisant eines Clubs, der zwar auf Partys willkommen ist, ansonsten aber keinen Zutritt zum Clubhaus hat. Hangarounds werden oft als Handlanger bei Straftaten eingesetzt.

In Memory Of: Ein rechteckiger Aufnäher, der vorne links auf der Weste getragen wird. Er dient zur Erinnerung an verstorbene Clubmitglieder, deren Namen hinzugefügt werden.

LLR: Mit dieser Formel beenden Bandidos häufig Gespräche, Briefe, E-Mails und andere Formen der Kommunikation. Sie steht für „love, loyality and respect“, also Liebe, Loyalität und Respekt.

No Surrender Patch: Wird an Mitglieder verliehen, die im Auftrag des Clubs Gewalt angewendet haben. Die Hells Angels verwenden dafür das Deguello-Patch.

One-percenter Patch: Ein kleiner Aufnäher in der Form eines Diamanten, der den Träger als „Einprozenter“ ausweist. Bis vor einigen Jahren wurde es in einer eigenen Zeremonie von einem verdienten Clubmitglied überreicht, um so die besondere Wertschätzung zum Ausdruck zu bringen. Mittlerweile wird es zusammen mit dem Club-Aufnäher überreicht und hat dadurch viel von der ursprünglichen Bedeutung eingebüßt. Alle Outlaw-Motorradclubs verwenden das „Einprozenter“-Abzeichen.

Our Colors Don't Run: Ein Motto der Bandidos, das besagt, dass der Träger des Aufnähers vor nichts und niemandem davonläuft.

Out In Bad Standing: Bezeichnet ein früheres Mitglied, das aufgrund von Regelverstößen oder anderen Handlungen, die dem Club schaden, verbannt wurde. Lange war es üblich, bei der Gelegenheit sein Motorrad und anderen Besitz zu beschlagnahmen. Das gleiche Prinzip wurde auf beitrittswillige kleinere Clubs angewendet: Zunächst zu Mitgliedern auf Probe ernannt, wurden sie vor der endgültigen Aufnahme wieder ausgeschlossen. Ihre Motorräder und andere Wertgegenstände gingen in den Besitz der Bandidos über. Diese Praxis wurde Mitte der 80er Jahre von der Clubführung unterbunden.

Out In Good Standing: Bezeichnet ein früheres Mitglied, das den Club aus medizinischen oder familiären Gründen verlassen musste oder sich zur Ruhe gesetzt hat. Solche Männer bleiben dem Club eng verbunden, dürfen weiterhin Tattoos und andere Erkennungszeichen der Bandidos tragen und sich mit aktiven Mitgliedern treffen.

Patchover: Übertritt eines kleinen Clubs oder eines einzelnen Bikers in einen anderen Club, einschließlich der Vergabe des neuen Abzeichens.

Patched Member: Vollmitglied eines Clubs mit allen Rechten und Pflichten. Er ist befugt, die Abzeichen seines Clubs zu tragen, und muss sich an die Clubregeln halten. Diese Männer bilden die Basis eines Clubs. Um ein Bandido zu werden, muss man mindestens 21 Jahre alt sein und ein fahrbereites Motorrad aus US-amerikanischer Produktion mit mindestens 750 Kubikzentimeter Hubraum besitzen.

President: Als Präsident eines lokalen Chapters zugleich dessen Anführer, der jedoch dem nationalen Präsidium untersteht. Als Präsident des nationalen Chapters Anführer sämtlicher Mitglieder eines Landes. Der Präsident der US-Bandidos ist gleichzeitig Präsident aller Bandidos weltweit. Er trägt einen besonderen Aufnäher auf dem Rücken seiner Weste, der ihn als El Presidente ausweist (die Bandidos verwenden für alle offiziellen Titel spanische Ausdrücke). Den Artikel El trägt nur der US-Präsident, alle anderen Präsidenten heißen schlicht Presidente.

Property Patch: Aufnäher, den ausschließlich Frauen tragen, um sie als Partnerin eines Mitglieds kenntlich zu machen und zu dokumentieren, dass die Beziehung bereits mindestens ein Jahr andauert. Oftmals tragen diese Frauen einen zweiten Aufnäher mit dem Namen ihres Mannes oder Freundes. Dasselbe besagt auch der Aufnäher mit der Inschrift PBOL, der gelegentlich zu sehen ist. Die Abkürzung steht für „Proud Bandidos' Old Lady“.

Prospect: Ein Anwärter, der ein streng geregeltes Verfahren durchlaufen muss, um sich für eine Mitgliedschaft zu bewähren. Befehle der Mitglieder müssen Anwärter ohne Widerworte ausführen. Oft werden sie für niedrige Arbeiten oder bei illegalen Geschäften eingesetzt. Anwärter ist man normalerweise für ein Jahr, es kann aber auch abweichende Regelungen geben.

Road Captain: Mitglied, das für die Planung und Durchführung sämtlicher Ausfahrten eines Clubs verantwortlich ist. Der Road Captain legt Routen fest, bucht Quartiere und nimmt Kontakt zur Polizei auf, um bei Bedarf die vorübergehende Sperrung einer Straße für den übrigen Verkehr zu veranlassen.

Secretary Treasurer: Mitglied, das die Clubkasse verwaltet, auf pünktlichen Eingang der Beiträge achtet und über Ausgaben entscheidet. Eine wichtige Arbeit, die wenig Anerkennung bringt. Das nationale Chapter hat normalerweise zwei El Secretarios, die neben ihrer eigentlichen Arbeit auch für die Kontrolle der lokalen Schatzmeister zuständig sind.

SS: Ein Aufnäher, der dem der Nazis sehr ähnlich ist. Er besagt, dass der Träger getötet hat. Manche Bandidos fügen die blitzähnlichen Runen auch ihrer Unterschrift hinzu. Wayne Kellestine hat sie nachweislich mindestens einmal benutzt.

Support Club beziehungsweise Puppet Club: Ein kleinerer Club, der von den Bandidos gegründet oder übernommen wurde. Die Mitglieder werden als Fahrer, Wachleute oder Kuriere eingesetzt. Zugleich vergrößern sie die personellen und finanziellen Möglichkeiten der Bandidos, etwa wenn es darum geht, ihr Einflussgebiet zu verteidigen oder zu erweitern. Im Gegenzug können die Mitglieder der kleineren Clubs von der Macht der Bandidos profitieren. Zudem haben sie die Aussicht, irgendwann Vollmitglieder zu werden.

Support Cookie: Ein kleiner kreisförmiger Aufnäher, den Mitglieder von Support Clubs oder Puppet Clubs tragen, um sie als Unterstützer der Bandidos kenntlich zu machen. Mitunter tragen ihn auch Vollmitglieder.

Vice-President: Der Vizepräsident vertritt den Präsidenten und kümmert sich um alle Belange, die entweder keinen Aufschub dulden oder keiner Beratung im Präsidium bedürfen. Analog zum Präsidenten wird der nationale Vizepräsident Vice Presidente genannt.

Wings: Es gibt eine Vielzahl von Aufnähern, die eine Zeit lang getragen werden und dann wieder von der Bildfläche verschwinden. Einige ältere Mitglieder aber tragen bis heute Aufnäher in Form eines Flügels, dessen Farben für verschiedene sexuelle Praktiken stehen. Schwarz und Gelb beispielsweise stehen für Oralsex mit einer Schwarzen beziehungsweise einer Asiatin. Ist das allenfalls wegen der rassistischen Gesinnung vieler Biker erwähnenswert, sieht es mit anderen Farben anders aus: Lila beispielsweise steht für orale Befriedigung an einer Toten.

13 Patch: Ein kleiner Aufnäher, meist in Form eines Diamanten, mitunter auch rechteckig, der die dreizehn Schritte bis zum Galgen symbolisiert. Der Aufnäher will sagen, dass sich der Träger lieber hängen lassen würde als den Club zu hintergehen. In Ihrer Unwissenheit interpretierte die Polizei dieses Abzeichen jedoch als Zeichen für den Buchstaben M, den sie mal als Marihuana deutete, dann als Methamphetamin und schließlich als Mord. Alle diese Lesarten sind falsch. Doch selbst einige Biker, die den Aufnäher tragen, wissen nicht, was er bedeutet.

Die Regeln der Bandidos

Wer Bandido werden will, muss die folgenden Regeln einhalten. Die Kopien wurden in Wayne Kellestines Haus gefunden, als Autor wird El Presidente George Wegers persönlich vermutet.

Robert Reed 5194 + Date

(1)

Jp/wes 12/04/01

BY - LAWS BANDIDOS MOTORCYCLE CLUB

1: Requirements for a Chapter:
Five (5) member minimum – One (1) "Charter Member".
Charter Member = 10 years.
Keep pictures and information on all members.
Hold weekly meetings.
$25.00 per month. per member to National Treasury (by the 1st of each month).
Probationary Chapters (new) will pay a one-time donation of $1000.00 to National Treasury.
Probationary Chapter members bikes and titles will be pledged to National Chapter for the first year.

2: Patches:
Only a Top and Bottom rocker, Fat Mexican, 1% diamond and MC patch should be on the back of your cut-off. It should be visible from 150 feet.
A 1%er diamond will be worn over the heart.
Anything else is up to the individual.

Year patches & buckles are not to be given early.

National can grant a "Lifer" patch or membership on a person to person basis.

One Property Patch per member. If she rides her own bike it is NOT to be worn while riding with or around Patcholders or Prospects. It should not be worn in public without her old man in view.

There is no limit on Property Belts.

3: Do's:
Labor Day and Memorial Day are MANDATORY RUNS.
A Chapter may leave one (1) member behind from a mandatory run. A member on medical leave or a Life Member is that member. This is for security reasons, that person should have access to a phone as much as possible.

When you are traveling you should attend your host chapter's meetings.
You must abide by those chapters By - Laws and policies.

4: Don'ts:
Things that will cost you your patch:
You don't lie.
You don't steal.
This includes OL' Ladies as well.

Needle use will not be tolerated

2 of 3

Neither will smoking of any chemicals – coke. speed. mandrax…if it didn't grow. don't smoke it!

5: Motorcycles:
Each member will OWN at least one (1) Harley Davidson or facsimile of at least 750cc.
No more than 30 days a year down time.
After 30 days that members Chapter will pay National $500.00.
Have a good reason? Ask for more time.

Road Captains should inspect all bikes regularly.
*** If you are visiting another area. chapter. state or country and you borrow another brothers property (bike. tools. money. etc.) you are responsible for the return of that property. It will be returned in as good or better condition than when you borrowed it.

6: Membership:
*Hangaround period to be determined by chapter President.
*Harley Davidson Motorcycle or facsimile capable of meeting the demands of Pledge period.
*Members must be at least 21 years of age
*Sponsor – May be individual (preferably charter member) or may be Sponsored by chapter as a whole.
*Sponsor.

Do not turn your Pledge loose without help. If you think enough of him to sponsor him into this club, it's up to you to teach him the right way, the BANDIDO WAY. If you're not ready to sacrifice your time and share your knowledge. Don't do it. The simple things – Who's the neatest M.F. in the world? Or don't wear your Patch in a vehicle. Trivial things that will get a Prospective BROTHER run off.

* Pay $275.00 to National Treasury.
* Pledge bike and title.
* Be voted in as Pledge by Chapter (100% vote).
* Receive your Patch or Rocker.
*DO YOUR TIME.

Prospect 6 months MINMUM.
Probationary 1 year MINIMUM.
This man is Pledged to the whole BANDIDO NATION, not just one Chapter or area, City or State. He will attend every meeting, party, bike event or gathering of any kind in his area where Bandido Patcholders will be present.
He will not miss any National or Regional runs, especially Funerals.
This club is about sacrifice. get used to it! His motorcycle should be in up and running condition his whole Pledge period, ready to go anywhere.
In other words, NO DOWN TIME.

* Pledge is not eligible for vote if there are any outstanding debts, Chapter, National or Private. (inside club), he should start into this club on a level playing field.
* After the manditory time period has passed, and the Sponsor feels the Pledge is ready, a meeting should be called. All surrounding Chapter Secretaries should also be notified, (in advance).
* The Pledge should be voted in by a 100% Chapter vote. Club members

outside the chapter should have a chance to voice their opinions. The Pledges Sponsor should base his decision on these things, for he is the One who will have to fade it if things go foul.
It is a life long commitment, DON'T RUSH IT.

*Charter Member is 10 years of unbroken service.

* National may grant Leave of absence – this is not automatic.
Members are eligible for transfer, only if both Presidents involved have agreed and a $50.00 fee is paid to NationalTreasury.

***** Suicides: Any Brother who commits suicide, WILL NOT be allowed to have a BANDIDO funeral.....

- **Other national Fees:**

New Patch Fee	$ 275.00
Transfers	$ 50.00
New Charter	$1000.00

Retirement Guidelines
12/04/01

From Now On:

There will no longer be any retired members of this Motorcycle Club. Any voluntarily retired member may have the option of becoming active again.
If a member has been retired for more than 5 years then he must Probate back into the club.
All Patches, Wall Plaques, Paintings, T-Shirts, Belts, Buckles, etc. are to be collected by the retired members Chapter immediately. Bandido Property must stay with the club.
They can keep their Photo Albums.
Out date Club Tattoos.

If a member is not returning to Active Status, his Patch is to be destroyed. NO EXCEPTIONS!

Medical leave is not retirement.

Madatorily Retired Members are NOT offered the same return to active status. These cases are to be looked at one at a time.

Life Member status is only to be approved by our International El Presidente, George.

Die Chapter der Bandidos: Eins davon ist sicherlich auch in Ihrer Nähe

Hier der Stand der Bandidos-Chapter aus 2009:

Australien:

Adelaide
Ballarat
Bayside
Brisbane
Cairns
Geelong
Gold Coast
Harbourside
Hunter Valley
Ipswich
Melbourne
Melbourne City
Midstate
Noosa
North Coast
North Victoria
Parmatta
Sunshine Coast
Sydney
Toowoomba

Belgien:

Antwerpen
Tongeren

Dänemark:

Aalborg
Aalborg North End
Kopenhagen
Kopenhagen Northside
Frederiksberg
Gladsaxe
Helsingør
Hillerød
Holbæk
Horsens
Koge
Næstved
Roskilde
Slagelse
Stenløse

England:

Guernsey
Jersey

Finland:

Harjavalta
Helsinki
Hyvinkää
Lohja
Nokia
Tampere

Frankreich:

- Annemasse
- Avignon
- Cannes
- Grasse
- Marseille
- Nizza
- Straßburg

Deutschland:

- Aachen
- Allersberg
- Berlin
- Berlin Centro
- Berlin Eastgate
- Bochum
- Brandenburg del Este
- Bremen
- Köln
- Dinslaken
- Dortmund
- Dresden
- Duisburg
- Essen
- Gelsenkirchen
- Hamm
- Ingolstadt
- Jena
- Kaiserslautern
- Kassel
- Kastellaun
- Lauchhammer
- Magdeburg
- München
- Münster
- Neubrandenburg
- Oberhausen
- Oldenburg
- Passau
- Perleberg
- Recklinghausen
- Rheinböllen
- Siegen
- Starnberg
- Stralsund
- Ulm
- Unna
- Wanne- Eickel
- Wetzler

Italien:

- Catania
- Florence
- Massa-Carrara
- Meran
- Messina
- Pisa

Malaysia:

- Kuala Lumpur

Norwegen:

- Drammen
- Fredrikstad
- Kristiansand
- Oslo
- Stavanger

Singapore

- Singapore

Sweden:
- Borås
- Borlänge
- Göteburg
- Helsingborg
- Hisingen
- Malmö
- Säffle
- Stockholm
- Stockholm South
- Vaestras

Thailand:
- Bangkok
- Bangkok East End
- Chiang Mai
- Kamphaeng Phat
- Krungthep
- Pattaya
- Samui

USA:
- Birmingham, AL
- Huntsville, AL
- Mobile, AL
- Montgomery, AL
- Little Rock, AR
- Denver, CO
- Denver South, CO
- El Centro Denver, CO
- Grand Junction, CO
- Peublo, CO
- Oahu, HI
- Declo, ID
- Atchison, KS
- Baton Rouge, LA
- Lafayette, LA
- New Orleans, LA
- Shreveport, LA
- Biloxi, MS
- Jackson, MS
- Billings, MT
- Missoula, MT
- Boot Hill, NE
- Alamogordo, NM
- Albuquerque, NM
- Albuquerque North, NM
- Albuquerque South, NM
- Albuquerque West, NM
- Carlsbad, NM
- Centro, NM
- Gallup, NM
- Las Cruces, NM
- Roswell, NM
- Ruisodo, NM
- Santa Fe, NM
- Silver City, NM
- Truth Or Consequences, NM
- Elko, NV
- Las Vegas, NV
- Lawton, OK
- Oklahoma City, OK
- Tulsa, OK
- Tulsa North, OK
- Black Hills, SD
- East River, SD
- Rapid City, SD
- Watertown, SD

Abilene, TX
Amarillo, TX
Austin, TX
Baytown, TX
Beaumont, TX
Cloverleaf, TX
Corpus Christi, TX
Dallas, TX
El Paso, TX
El Paso Eastside, TX
Fort Worth, TX
Galveston, TX
Heart Of Texas, TX
Hill Country, TX
Houston, TX
Houston North, TX
Houston NW, TX
Houston SW, TX
Houston West, TX
Jefferson County, TX
Kerrville, TX
Laredo, TX
Longview, TX
Lubbock, TX
McAllen, TX
Panhandle North, TX
Plainview, TX
San Antonio Centro, TX
San Antonio NW, TX
San Antonio SW, TX
San Antonio, TX
San Antonio West, TX
San Leon, TX
Waco, TX
Salt Lake City, UT
Tooele, UT
Bellingham, WA
Bremerton, WA
Chelan County, WA
Everett, WA
Mount Hull, WA
North Country, WA
Seattle, WA
Seattle North, WA
Seattle South, WA
Skagit County, WA
Spokane, WA
Tacoma, WA
Tacoma Centro, WA
Tres Rios, WA
Tri-Cities, WA
Watcom, WA
Yakima, WA
Gillette, WY

Diese Liste enthält keine Supporter Clubs. Allein in den USA sind es 43 mit über 1.000 Mitgliedern. Desweiteren gibt es zumindest ein europäisches Nomad Chapter ohne festgelegte Operationsbasis. Diese gibt es auch in den USA und Australien. Der Club listet sie jedoch nirgends auf.

Verbündete und Rivalen

Die Bandidos sind nur einer von Hunderten Motorradclubs weltweit. Die meisten davon sind klein und verbünden sich daher mit einem größeren Club, die sich auf diese Weise nicht nur selbst vergrößern, sondern auch ihre Macht und ihren Einfluss. Einige von ihnen haben sich zu kriminellen Organisationen entwickelt, die es mit jeder Konkurrenz aufnehmen können. Um zu verstehen, in welcher Welt die Bandidos leben, ist ein Blick auf die anderen großen Biker-Clubs hilfreich.

Die Outlaws

Der McCook Outlaws Motorcycle Club wurde 1935 in der Nähe von Chicago gegründet. Damit ist er der älteste aller Motorradclubs. Das Einprozenter-Zeichen trugen vor ihnen jedoch schon die Hells Angels und die Pagans. Die ursprünglichen Vereinsziele waren gemeinsame Ausfahrten und Rennen, doch sehr bald kamen Saufgelage und exzessive Partys hinzu.

Die Mitglieder der Outlaws trugen Overalls mit dem Vereinsnamen auf dem Rücken. Der Flügel mit dem Motorrad im Zentrum kam erst später hinzu. Um 1950 war der Club in ganz Illinois vertreten, das Hauptquartier wurde nach Chicago verlegt und das alte Abzeichen durch ein neues ersetzt: einen Totenkopf, der später unter dem Namen „Charlie“ bekannt wurde. Vier Jahre später kamen die gekreuzten Kolben hinzu. Das aktuelle Logo ist eine Variation dieses Entwurfes. Nur Mitglieder der Outlaws dürfen sich mit „Charlie“ schmücken – nicht einmal die Mitglieder der Black Pistons, den Hauptverbündeten der Outlaws, haben dazu das Recht.

Einem unbestätigten Bericht zufolge gab es in den 1950er Jahren den Versuch der Outlaws, sich mit den Hells Angels zusammenzutun.

Doch die Angels haben es nicht einmal für nötig befunden, sich mit dem Angebot zu befassen. Diese Brüskierung ist angeblich der Grund dafür, dass die Outlaws die Hells Angels bis heute hassen.

Nach dem Vorbild der American Motorcyclist Association (AMA), dem amerikanischen Motorradfahrer-Verband, gründeten die Outlaws 1965 die American Outlaws Association (AOA), einen Zusammenschluss von Einprozenter-Clubs. Zu dieser Zeit waren sie bereits ein eigenständiger und angesehener Zusammenschluss von Bikern, die vorsätzlich und offensiv gegen gesellschaftliche Regeln verstießen. Das lockte Gleichgesinnte aus dem gesamten Osten der USA an, und außer einzelnen Bikern traten auch kleinere Clubs den Outlaws bei: die Gypsy Outlaws, die Cult und viele andere. Wer sich diesem Schritt verweigerte, wurde vertrieben. Ende der 1960er Jahre reichte das Einflussgebiet der Outlaws bis nach Florida, wo sie 1967 ankamen und sehr bald zum führenden Club wurden. Am Ende des Jahrzehnts gaben sie sich den Wahlspruch: „Gott vergibt, die Outlaws nicht."

Die Ausweitung der Outlaws machte auch an den Staatsgrenzen der USA nicht Halt. 1977 übernahmen sie ein Chapter der Satan's Choice in Ontario. Damit waren sie in Kanada angekommen. Der Schritt nach Übersee ließ länger auf sich warten, doch als er schließlich gelungen war, verbreiteten sich die Outlaws dort ebenso schnell wie andere Clubs. In den frühen 1990er Jahren gründeten sie erste Chapter in Frankreich und in Australien, heute gibt es allein in Europa mehr als 100 Chapter, darunter auf dem Gebiet der früheren Sowjetunion. Auch auf den Philippinen sind die Outlaws vertreten. 2006 gründeten sie als erster US-Club ein Chapter in Japan. Sie dürfen auch für sich in Anspruch nehmen, als einziger der großen Clubs einen Support Club zu haben, dem Männer und Frauen angehören: die Distant Thunder aus England.

Das mag beeindruckend fortschrittlich klingen, doch charakteristisch für die Outlaws ist etwas anderes, und das macht sie unberechenbar: der abgrundtiefe Hass auf die Hells Angels. Zwischen 1970 und 1982 verlegten sich die Outlaws darauf, zu schießen statt zu reden, sobald ein Hells Angel auf der Bildfläche erschien. Die Angels operierten vor allem an der Westküste, die Outlaws an den Großen Seen und südlich davon. Dazwischen lagen nicht nur viele Kilometer, sondern auch das Territorium der Bandidos. Trotzdem kam es bei Ausfahrten und anderen Anlässen vor, dass die Clubs auf feindliches Gebiet gerieten. Dann mündeten selbst Zufallsbegegnungen unweigerlich in Schießereien oder Messerstechereien.

Dieser Kampf ist bis heute nicht entschieden und flammt auf, wann und wo immer Outlaws und Hells Angels sich begegnen. Da es viele andere Clubs gibt, die sich als Feinde der Hells Angels betrachten, könnte sich das Blatt in den nächsten Jahren zugunsten der Outlaws wenden. Doch enden wird der Kampf wohl erst, wenn einer der beiden Clubs irgendwann das Zeitliche segnen sollte.

Berühmt sind die Outlaws auch durch ihren Hang zur Kriminalität. Der OPP in Kanada gelang es, sie zu unterwandern. Zu verdanken war das Leuten wie Bob Dean, mit dem ich im Zuge der „Operation Winner" zusammenarbeiten durfte, die in erster Linie die Para-Dice Riders zum Ziel hatte. Die „Operation Retire", die sich an die „Operation Winner" anschloss, dauerte insgesamt vier Jahre, von 1999 bis 2003. Das Ergebnis war, dass 42 aktive Vollmitglieder, acht ehemalige Mitglieder und fünf Sympathisanten festgenommen wurden, die Anklageschrift umfasste mehr als 600 Vergehen.

Im Herbst 2002 nahm die Polizei im südlichen Ontario mehr als 50 Mitglieder des Outlaws Motorcycle Club fest und brachte die Aktivitäten des Clubs vorübergehend zum Erliegen. Vorausgegangen waren zweijährige verdeckte Ermittlungen durch einen Offizier der kanadischen Bundespolizei, der den Tarnnamen Finn benutzte. Sämtliche Motorräder der Clubmitglieder wurden beschlagnahmt und auf einen Hof der OPP in Orillia gebracht. Am Ende des langwierigen Prozesses wurden die meisten Anklagepunkte fallen gelassen beziehungsweise aus dem laufenden Verfahren ausgelagert. Das Gericht ordnete an, die Motorräder ihren Eigentümern auszuhändigen. Doch die Standzeit von zwei Jahren und der kanadische Winter hatten sie unbrauchbar gemacht.

Die Black Pistons, der wichtigste Support Club der Outlaws, haben sich unterdessen zum Rückgrat des Clubs gemausert, und nicht wenige Beobachter der Szene gehen davon aus, dass sie inzwischen das Sagen haben. Wenn ein Club wie die Outlaws gedemütigt und vor Gericht gezerrt wird, ist das seinem Ansehen kaum förderlich. Und wenn ein Club wie die Black Pistons parallel dazu immer reicher und mächtiger wird, dann wächst der Wunsch, sich unabhängig zu machen. Trotzdem ist vorerst nicht damit zu rechnen, dass die Black Pistons ihren eigenen Weg gehen. Dafür wären einige Änderungen in der Denkweise und dem Verhalten der Mitglieder erforderlich. Sie wurden als Support Club gegründet, und sich entsprechend zu verhalten entspricht ihrer Mentalität. Das zeigt der Blick auf ihr Gelübde, das bei einer Razzia in einem deutschen Clubhaus gefunden wurde:

„Ich gehöre zu den Black Pistons und bin Teil der schwarz-weißen Welt. Was ich tue, tue ich zum Wohle des Motorradclubs Outlaws und aller Biker, die sie unterstützen.

In meiner Welt gibt es kein Grau, denn meine Welt ist Schwarz und Weiß. Nur wenige Männer sind dazu auserwählt, Größe und echte Kameradschaft zu erleben. In meinem Club habe ich beides erfahren, und zum Dank werde ich ihn und seine Mitglieder bis an mein Lebensende verteidigen.

Liebe, Loyalität und Respekt, das sind die Fundamente unserer Kameradschaft. Zu dienen und zu unterstützen ist unsere Mission. Ehre ist unser Ziel. Unsere Brüder sind uns so wichtig wie wir selbst. Nie werde ich meine Brüder hintergehen, noch werde ich je das Vertrauen missbrauchen, das sie in mich setzen.

Was ich tue, tue ich zum Wohl aller Mitglieder dieser schwarz-weißen Welt. Hier habe ich meine Heimat gefunden, hier gehöre ich hin. Es ist meine Welt, und das Zeichen meiner Zugehörigkeit trage ich auf dem Rücken.

Bei meiner Ehre als Mann schwöre ich, diese Regeln einzuhalten.“

Die Black Pistons entstanden 2002 in Deutschland mit dem ausdrücklichen Ziel, die Outlaws und deren Verbündete zu unterstützen. Mittlerweile gibt es sie auch in Kanada, Australien, Dänemark und vielen weiteren Ländern. Doch der Daseinsgrund ist überall derselbe: die Outlaws in jeder nur denkbaren Art und Weise zu unterstützen. Das schließt Mord, Überfälle, Drogenhandel und Schutzgelderpressung mit ein. Welch verschworener Haufen die Pistons sind, belegt der Umstand, dass noch kein höherrangiges Mitglied mit der Polizei zusammengearbeitet hat.

Weil die Outlaws in Kanada massive Probleme hatten, glauben die Menschen dort, den Club aus ihrem Gedächtnis streichen zu können. Tatsächlich aber haben die Outlaws eine lange und ereignisreiche Geschichte, und ihre Entschlossenheit, die Angels zu vernichten, ist legendär. Die Black Pistons teilen den Hass auf die Angels und sind nicht weniger entschlossen. Selbstverständlich ist auch dieser Kampf längst international und wird rund um den Globus ausgetragen. In England zum Beispiel wurde 2007 der Hells Angel Gerry Tobin auf seinem Motorrad erschossen. Tobin, ein gebürtiger Kanadier, kam vom Musikfestival Bulldog Bash und befand sich auf dem Heimweg. Seine Mörder waren Outlaws. Sie erschossen ihn aus einem Rover heraus. Ein Jahr später wurden sieben Mitglieder des Chapters Warwickshire verurteilt. Die Strafe betrug zusammengerechnet 191 Jahre. Keiner der Beschuldigten kannte Tobin oder hatte ihn je zuvor gesehen. Dass er Mitglied der Hells Angels und in einem Gebiet unterwegs war, das die Outlaws für sich reklamierten, genügte, um ihn zur Zielscheibe zu machen.

In den USA hat es mehrere Polizeiaktionen gegen die Outlaws gegeben. Einige der wichtigsten Verhaftungen sind sogar auf ihrer Webseite aufgeführt – vielleicht um Polizei und Staatsanwaltschaft zu verhöhnen. Eine der Aktionen führte 2007 zur Anklage von 16 Mitgliedern des nationalen Chapters. Doch auch diesen Schlag scheint der Club schadlos überstanden zu haben. Wie die anderen großen Clubs machen auch die Outlaws einfach weiter.

Die Pagans

Die Pagans beherrschen die US-amerikanische Ostküste. Sie sind in vielerlei Hinsicht der merkwürdigste der großen Clubs und der einzige der „Big Four", der nicht in erwähnenswertem Umfang gewachsen ist. Heute haben sie zwischen 300 und 400 Mitglieder, verteilt auf gut 40 Chapter in elf Bundesstaaten. Gegründet wurde der Club 1959 in Prince George County, Maryland, von Lou Dobkins, der als Biochemiker für das nationale Gesundheitsinstitut arbeitete und, wie es heißt, ein kluger Mann war. Angeblich hatte der Club anfangs lediglich 13 Mitglieder. Sie trugen weiße Baumwollwesten und fuhren Motorräder der Marke Triumph.

Im ersten Jahrzehnt wuchs der Club stetig und weitete sich im Nordwesten der USA aus, wo neue Chapter entstanden. Ende der 1960er Jahre hatten sie die Versorgung der Bikerszene mit Drogen übernommen. Sie arbeiteten auch gut mit etablierten Verbrecherorganisationen wie der Mafia zusammen, und wer ihnen nicht passte, wie etwa der Warlock MC, wurde entweder geschluckt oder vertrieben.

Durch ihre Expansion wurden die Pagans schnell reich. Das Geld war ihnen aber allenfalls Mittel zum Zweck, das ihnen ermöglichte, das zu tun, was ihnen am wichtigsten war: als Einprozenter zu leben. Das mag erklären, warum sie nie bestrebt waren, sich auf andere Regionen der USA auszuweiten.

Das Erkennungszeichen der Pagans wird Zutar genannt. So heißt auch die Gottheit, dessen Abbild den Aufnäher ziert. Zutar, auch Surt genannt, ist in der nordischen Mythologie der Feuerrichter und Vernichter allen Lebens. Er säubert die Erde mit seinem Feuerschwert. Über dem Abbild des Gottes steht der Name des Clubs, und der gesamte Aufnäher ist in den Farben Rot, Weiß und Blau gehalten.

Der Club gilt als extrem gewalttätig und schreckt auch vor Mord nicht zurück. Mit der Herstellung und dem Verkauf von Drogen sowie anderen illegalen Geschäften haben die Mitglieder ein Vermögen verdient, doch um ihrer Ehre willen stellen sie alles aufs Spiel.

Mehrfach haben die Hells Angels versucht, auf das Territorium der Pagans vorzudringen. Auf Long Island ist ihnen das sogar gelungen. Dass man ihnen ihr Gebiet genommen hatte, ärgerte die Pagans maßlos, und nach einigen kleineren Scharmützeln holten sie zum Gegenschlag aus. Am 23. Februar 2002 griffen sie den jährlichen Hellraiser Ball an, der in diesem Jahr auf Long Island stattfand. Sonny Barger hatte sich angesagt, um sein Buch zu signieren, und auch Chuck Zito, ebenfalls ein prominenter Angel, wollte kommen – für die Pagans eine perfekte Gelegenheit, die Rivalen anzugreifen. Mit mehreren Kleinbussen stürmten sie das Gelände, Dutzende von Pagans sprangen heraus und griffen mit Baseballschlägern und anderen Waffen an. Die Bilanz lautete: ein Toter, zehn Verletzte und 76 verhaftete Biker, 74 davon Pagans.

Am wenigsten Spaß verstehen die Pagans aber dann, wenn sie jemanden für einen Verräter halten. 2003 kam es in Philadelphia zu einem Streit unter den ortsansässigen Pagans. Vier Mitglieder verließen daraufhin den Club und schlossen sich den Hells Angels an, die prompt die Chance sahen, in Philadelphia Fuß zu fassen. Sie gründeten ein Chapter mit den vier früheren Pagans als Mitglieder. In den darauffolgenden Monate kam es zu diversen Zwischenfällen, und am 14. Januar 2005 erschossen die Pagans Tom „Thinker" Woods, seines Zeichens Präsident des lokalen Chapters der Hells Angels, auf offener Straße. Die Angels von Philadelphia bekamen Anweisung, den Club zu rächen. Leiten sollte das Kommando Jamie „Slim Slim" Wysong, der auch der neue Präsident des Chapters war. Slim war 55 Jahre alt und sehnte sich nach Ruhe und Frieden. Er verließ den Club sofort.

Die Angels versuchten dem Trend zu trotzen, aber vergeblich. Eines Tages stahlen die Pagans ein Schild von der Front des Clubhauses. Auf der einen Seite stand „Hells Angels", auf der anderen „Philadelphia". Am 18. November 2005 gaben die Hells Angels auf und schlossen ihr Chapter in Philadelphia. Drei Mitglieder schlossen sich anderen Chaptern an, die neun anderen zogen ihre Kutten aus und verließen den Club.

Die Hells Angels machen die Mitglieder vor Ort für den Rückzug verantwortlich und behaupten, dass es mit den Pagans nichts zu tun hatte. Unstrittig ist jedoch, dass die erfolgsverwöhnten Hells Angels Philadelphia aufgeben mussten und die Pagans sich das als Erfolg auf die Fahne schreiben konnten – zumal es in einer Zeit geschah, in der die Pagans angeblich Gefahr liefen, von den Hells Angels endgültig verdrängt zu werden, weil sie sich aufgrund der vielen Verhaftungen auf Long Island vermeintlich nicht mehr wehren konnten. Ich hielte es jedoch für verfrüht, die Pagans abzuschreiben. Für sehr verfrüht sogar.

Die Mongols

Neben den „Big Four" gibt es eine Vielzahl von Clubs mit wachsender Bedeutung. Diese neuen Clubs sind oftmals straffer organisiert und dynamischer als die etablierten, deren Mitglieder allmählich in die Jahre kommen. Die neuen Clubs konnten nicht nur beobachten, wie die großen Geld scheffelten – oft haben sie es ihnen selbst beschafft. Nun wollen sie einen Teil des Kuchens für sich.

Einige der „neuen" Clubs sind nicht neu, sondern schon bis zu 20 Jahre alt. Doch bis vor Kurzem waren sie mit einem relativ kleinen Einflussgebiet zufrieden. Das ändert sich gerade, und das Bild, das wir uns über die Welt der Biker machen, bleibt lückenhaft, wenn wir diese Clubs nicht näher betrachten.

An erster Stelle wäre der Mongols MC zu nennen.

Keimzelle der Mongols waren eine Straßengang, eine Gefängnisgang und ein Bikerclub in Montebello, die sich Anfang der 1970er Jahre zusammenschlossen. Die meisten Gründungsmitglieder waren Hispanics, und Spanisch war daher die offizielle Clubsprache. Im Lauf der Jahre hat sich das geändert, und heute ist die „Amtssprache" Englisch. Die Polizei schätzt, dass der Club derzeit zirka 1.000 Mitglieder hat. Auf der Webseite der Mongols ist außer von den verschiedenen

Chaptern in den USA auch von Chaptern in Kanada, Italien, Mexiko und Skandinavien die Rede.

Den Namen haben sich die Mongols von dem Nomadenvolk entliehen, das unter der Führung von Dschingis Khan weite Teile Asiens und Europas unterwarf. Die Mongolen galten als extrem grausam, sie hinterließen Tod und Verwüstung, aber keinerlei Relikte einer eigenen Kultur. Ihr Reich verschwand ebenso schnell, wie sie es aufgebaut hatten. Unter der Überschrift „Unseren Feinden" findet sich auf der Website des Mongols MC ein Zitat von Dschingis Khan (1162–1227):

„Das größte Vergnügen eines Mannes ist es, seine Feinde zu besiegen, sie vor sich herzutreiben, ihnen alles zu nehmen, was ihnen etwas bedeutet, diejenigen heimzusuchen, die sie lieben, ihre Pferde zu reiten, ihre Frauen und Töchter in Armen zu halten."

1980 nahmen die Mongols Kontakt zu den Hells Angels auf, um eine engere Zusammenarbeit bis hin zum Zusammenschluss zu diskutieren. Doch die Hells Angels speisten sie mit dem Hinweis auf ihre Clubregeln ab, die die Aufnahme von Hispanics verbieten. Ärger hätte man die Mongols und ihren Präsidenten Roger Pinny nicht beleidigen können. Pinny hatte in Vietnam gekämpft und sah sich und seine Männer als eine Art Elitetruppe im Kampf gegen gesellschaftliche Konventionen. Die Beleidigung durch die Hells Angels war unverzeihlich, und die Erinnerung daran wachzuhalten wurde zu einer Aufgabe, auf die jedes neue Mitglied eingeschworen wurde.

Aufgrund der enormen Gewaltbereitschaft der Mongols haben die Behörden von jeher ein waches Auge auf sie. Die Mongols gelten als grausamster der großen Clubs. Ihn zu zerschlagen oder einzelne Mitglieder dazu zu bewegen, mit der Polizei zusammenzuarbeiten, erwies sich als ungeheuer schwierig. In den Gefängnissen sitzen so viele einflussreiche Mongols, dass eine Haftstrafe alles andere als abschreckend wirkt. Als einzige Chance, etwas gegen den Club auszurichten, blieb der Polizei, einen Agenten einzuschleusen.

Dieser Agent hieß William Queen. 1998 schloss er sich im Auftrag des ATF den Mongols an. Er verwendete technische Hilfsmittel, die ich für meinen Einsatz gegen die Bandidos entwickelt hatte. Wie ich wurde auch Queen Vollmitglied des Clubs, den er ausspionierte, und stieg sogar zum Schatzmeister auf.

Billy St.-John, wie er sich nannte, zog sich mit Abschluss des Falls aus dem Berufsleben zurück und hat bis heute Schwierigkeiten, sich im Alltag zurechtzufinden. In einem Interview mit dem History Channel sagte er jüngst: „Die Untersuchung war für das ATF ein Erfolg, sie war für die Bevölkerung Kaliforniens ein Erfolg. Für mich war sie ein Desaster.“ Im April 2000 wurden aufgrund der Beweise, die Queen während seines 28 Monate dauernden Einsatzes zusammengetragen hatte, 54 Mitglieder der Mongols verhaftet. Mit einer Ausnahme wurden alle später wegen verschiedenster Straftaten verurteilt. Den Ruf als raue Gesellen hatten sie nicht von ungefähr.

Den endgültigen Beweis traten sie 2002 in Laughlin, Nevada, an. Ich hatte das zweifelhafte Vergnügen, zusammen mit einem Mitglied der Hells Angels vor Ort zu sein, als im Spielcasino Harrah's die sprichwörtlichen Fetzen flogen. Am Ende waren drei Tote zu beklagen: Anthony „Bronson“ Barrera wurde erstochen, Jeramie Bell und Robert Tumelty, beide Mitglieder der Hells Angels, wurden erschossen.

Am 23. Februar 2007 wurden die beiden Hells Angels James Hannigan und Rodney Cox wegen der Mitwirkung an den Geschehnissen von Laughlin jeweils zu zwei Jahren Haft verurteilt. Auf einer Videoaufnahme des Kasinos war zu sehen, wie sie sich mit Mitgliedern der Mongols prügelten. Die Anklagen gegen 63 weitere Hells Angels und Mongols wurden hingegen fallen gelassen.

Am 21. Oktober 2008 wurden 38 Mitglieder der Mongols verhaftet, unter ihnen der Präsident Ruben „Doc“ Cavazos. Erneut war der Club vom ATF unterwandert worden, dieses Mal sogar durch vier Agenten, die alle Vollmitglieder wurden. In Kalifornien und fünf weiteren Bundesstaaten der USA wurden 110 Haftbefehle und 160 Durchsuchungsbeschlüsse vollstreckt. Die meisten Organisationen wären unter diesem Druck zerbrochen. Doch zum Leidwesen der Polizei wechseln die Mongols gewissermaßen nur das Chapter, wenn sie ins

Gefängnis wandern. Der Club hat die Aktion nicht nur überlebt, er ist stärker geworden.

Wie zum Beweis schlugen die Mongols in Kanada genau zu jenem Zeitpunkt zu, als in den USA die Verhaftungen liefen. Ziel waren die Hells Angels von Quebec. Das Clubhaus in Sorel nördlich von Montreal war eine Institution – es war das erste Clubhaus, das die Hells Angels in Kanada unterhielten, und es war am besten geschützt. In der Nacht des 20. Oktober 2008 durchbrachen drei Männer mit einem Tanklastwagen das Tor zum Grundstück und fuhren quasi ungebremst in das Gebäude. Die Zerstörungen durch die Explosion und das Feuer waren so gewaltig, dass die Polizei mehrere Stunden brauchte, um auch nur herauszufinden, dass ein Tanklastwagen verwendet wurde.

Kurz vor dem Angriff auf die Hells Angels war an drei Stellen Feuer gelegt worden. Die Polizei nimmt an, dass es zur Ablenkung der Behörden und dazu diente, Einsatzkräfte zu binden. Die Brandserie begann am frühen Abend, als die Feuerwehr zu einem Bürogebäude gerufen wurde. Zwei Stunden später meldete ein Anrufer ein Feuer in einer Autowerkstatt. Als die Explosion und das Feuer im Clubhaus der Hells Angels gemeldet wurde, waren mehrere Einheiten der Feuerwehr schon anderswo im Einsatz. Trotzdem kam zum Glück niemand zu Schaden.

Ewig ein Rätsel bleiben wird mir, warum die Behörden und die Medien solche Vorfälle als lokale Vorkommnisse behandeln. Nichts, was Biker tun und lassen, ist ein lokales Vorkommnis, schon gar nicht ein solcher Bombenanschlag. Wer die Dinge nicht in einem größeren Zusammenhang sieht, begreift die Logik nicht, die hinter solchen Anschlägen steht. Denn das Schreckliche an dem Überfall auf das Clubhaus ist ja nicht, dass die Hells Angels von ihren Rivalen angegriffen wurden – erschreckend ist die Methode, die verwendet wurde. Früher nahmen Biker einen konkreten Feind unter Beschuss oder verwendeten Rohrbomben, um einen Rivalen auszuschalten. Heute verwenden sie die Methoden des Terrorismus. Und mit einem hochexplosiven Lastwagen in ein Haus zu rasen, das erinnert nicht von ungefähr an Selbstmordattentate. Doch wie der Bikerkrieg in Skandinavien und der Einsatz von Panzerfäusten gezeigt hat, waren Biker bei der Wahl ihrer Mittel noch nie sonderlich wählerisch.

In New England wurde der Präsident des lokalen Chapters der Hells Angels erschossen, als er mit seinem Motorrad unterwegs war. Mit dem Clubhaus von Sorel wurde auch ein Statussymbol der Hells Angels in Kanada zerstört. In Frankreich wurde ein hochrangiges Mitglied der Hells Angels auf offener Straße erschossen. Diese Geschehnisse unterscheiden sich grundsätzlich von denen des Bikerkrieges in den 90er Jahren: Es geht nicht mehr darum, irgendwelche Nachtclubs in die Luft zu jagen oder lästige Rivalen auszuschalten. Die neuen Feinde der Hells Angels gehen gezielt vor und nehmen psychologisch geschickt das Herz ihres Gegners ins Visier. Es ist ein Kampf auf Leben und Tod, und der Angreifer kennt offenbar nur ein Ziel: die Zerstörung der Hells Angels. Die Mongols haben eine Mission und arbeiten darauf hin, den ruhmreichen Platz zu erobern, der ihnen ihrer Meinung nach zusteht. Es sieht ganz so aus, als sollten die „Big Four“ bald Zuwachs bekommen.

Nachweise und Quellen

Während der Arbeit an diesem Buch habe ich mit vielen Menschen gesprochen und Quellen benutzt, die ich hier nicht preisgeben kann, ohne die entsprechenden Menschen der Gefahr auszusetzen, Opfer von Racheaktionen zu werden. Viele haben nur unter der Bedingung mit mir gesprochen oder mir Dokumente überlassen, dass sie nicht namentlich genannt werden. So sehr ich diesen Wunsch respektiere, möchte ich ihnen hier doch danken. Bei meinen Lesern möchte ich mich dafür entschuldigen, dass ich manche Quelle schuldig bleibe, aber ein Versprechen zu geben heißt, es auch zu halten. Wer also in der folgenden Aufzählung von Nachweisen und Quellen Lücken entdeckt, weiß um die Ursachen.

Es gibt aber auch Menschen, die ich sehr wohl namentlich erwähnen darf, und es sind in erster Linie drei Männer, die mir nicht nur viele Fragen beantwortet haben, sondern ihr Wissen um die Bikerszene mit mir geteilt haben. Dieses Wissen hat in dem Buch an vielen Stellen Niederschlag gefunden. Dank dafür gebührt Craig Pulfrey, der einer speziellen Einheit der OPP zur Bekämpfung der Bikerkriminalität angehört, George Cousens, bis zu seiner Pensionierung ebenfalls bei dieser Einheit, und J.P. Levesque, zum einen stellvertretender Leiter des Criminal Intelligence Service of Canada (CISC), zum anderen in meiner Zeit als verdeckter Ermittler mein Führungsoffizier. Alle drei sind anerkannte Experten, die Gespräche mit ihnen haben mir dabei geholfen, manche strittige Punkte zu klären.

Natürlich waren auch meine Erfahrungen als verdeckter Ermittler hilfreich. In diese Zeit fällt auch meine erste Begegnung mit Craig Pulfrey und George Cousens. Mit ihnen habe ich in der „Operation Winner" zusammengearbeitet, die von 1998 bis 1999 dauerte und sich gegen die Para-Dice Riders in Ontario richtete. Darüber hinaus habe ich mit zahlreichen Angehörigen der Strafverfolgungsbehörden in Nordamerika und anderen Gegenden der Welt gesprochen. Um laufende Ermittlungen nicht zu gefährden, müssen auch deren Namen hier ungenannt bleiben. Schließlich und endlich habe ich mich auf die Fakten und Hintergründe aus den Jahresberichten des CISC stützen können, die sich mit den kanadischen Bikern befassen.

Prolog

Meine Beschreibung der Ereignisse in der Scheune von Wayne Kellestines Farm stimmt mit MHs Aussagen über das Massaker von Shedden überein, die auch die Grundlage für den Prozess gegen die acht Angeklagten bildeten. Lange war MH der einzige Augenzeuge, der sich zu den Vorgängen äußern wollte. Im Frühjahr 2009 brach Michael „Taz" Sandham sein Schweigen und lieferte der Polizei seine Version der Ereignisse jener Nacht, und die klingt in vielen Punkten anders. So behauptet er, dass er sich gegen die Morde ausgesprochen und sich nur aus Angst daran beteiligt habe. Des Weiteren sagte er aus, dass sich neben Kellestine, Mushey und Mather auch MH aktiv und freiwillig an dem Massaker beteiligt habe. In anderen Punkten stimmt seine Version mit der von MH hingegen überein, allenfalls in den Zeitangaben gibt es leichte Abweichungen. Dabei gilt es jedoch zu bedenken, dass Taz MHs Aussage in weiten Teilen bekannt war, als er seine zu Protokoll gab. Und in vielen Fragen kommen die kriminaltechnischen Untersuchungen zu Ergebnissen, die seinen Angaben widersprechen. Fest steht, dass die Morde begangen wurden und die acht Angeklagten daran beteiligt waren. Wie sich die Dinge genau abgespielt haben, wird man aber möglicherweise nie erfahren.

Die Schilderung des Mordes an Shawn Douse habe ich Akten der Polizei, den Aussagen von Zeugen sowie Artikeln der Zeitungen «London Free Press» und «London Star» entnommen. Zusätzlich habe ich in Toronto und Umgebung Interviews geführt und Recherchen angestellt, um Informationen über den Kokainfund und das anschließende Geschehen, aber auch über die Bandidos von Toronto allgemein zusammenzutragen. Einer vertraulichen Quelle in Quebec verdanke ich das Wissen darüber, wie die Hells Angels den Transport der Drogen organisierten. Auch mit Pierre „Carlito“ Aragon habe ich gesprochen, einem der vier Bandidos, die für den Mord an Douse derzeit im Gefängnis sitzen. Die anderen drei sind Cameron Acorn, Robert Quinn und Randy Brown. Ich habe mich bemüht herauszufinden, warum die zuletzt Genannten am Abend des Massakers nicht auf Kellestines Farm waren, aber mehr als vage Gerüchte und wenig plausible Erklärungen sind mir nicht zu Ohren gekommen.

Dass Jamie Flanz die Absicht hatte, die Bandidos zu verlassen, geht aus Gesprächen mit Familienangehörigen und Freunden hervor, die nicht zur Bikerszene gehören. Die biografischen Angaben zu den anderen Opfern stammen aus Berichten der «London Free Press». Sie dienten mir auch als Quelle für andere biografische Angaben in diesem Buch. Dass Wayne Kellestine Fahrzeuge anderer Bandidos beschlagnahmen und auf seine Farm schleppen ließ, habe ich der Tageszeitung «Globe and Mail» entnommen.

1. Kapitel

Die Schilderung der Anfänge der US-amerikanischen Bandidos stützt sich in der Hauptsache auf ein Dokument der DEA sowie auf Unterlagen des Justizministeriums, des FBI, des ATF und der kanadischen Bundespolizei. Angaben über die Anfänge der Hells Angels finden sich dort ebenso wie Informationen zu den Pagans und den Outlaws. Die Websites der beiden letztgenannten Clubs waren sehr aufschlussreich und enthielten jeweils einen Abriss über die Clubgeschichte. Ich habe auch mit Sam Georgina gesprochen, einem Polizeioffizier im Ruhestand, der als profunder Kenner der US-Bandidos gilt. Informationen über die frühen Bandidos und Donald Chambers habe ich zudem in der Zeitschrift «Texas Monthly» gefunden. Das von mir zitierte Gelübde eines Einprozenters wurde in einem Clubhaus gefunden. Es kursieren zahlreiche Versionen. Die Abweichungen sind jedoch gering, und die wesentliche Aussage ist überall dieselbe.

Vieles von dem, was ich in diesem Kapitel (und an anderen Stellen) beschreibe, weiß ich aus meiner Arbeit als verdeckter Ermittler. Mir ist es gelungen, mich in das Chapter Bellingham einzuschleusen und zum Vollmitglied der Bandidos zu werden. In dieser Zeit habe ich auch George Wegers kennengelernt, der sich für meine Aufnahme in den Club starkgemacht hat. (Mehr darüber findet sich in meinem ersten Buch «Befriend and Betray».) Damals habe ich viel über die Geschichte der Bandidos erfahren und bin vielen Personen, die in diesem Buch erwähnt werden, selbst begegnet. Ich war Mitglied der Bandidos, als die Banshees angegriffen wurden und die australischen Comancheros erstmals in die USA kamen. Ich war bei dem großen Treffen der Hells Angels mit den Outlaws in Sturgis anwesend, bei dem die Bandidos als Streitschlichter fungierten. Ich nenne bis heute eine der Visitenkarten mein Eigen, die einst von Chambers für Mitglieder der Bandidos entworfen wurden.

Die Geschichte des Drogendealers aus El Paso, der von den Bandidos ermordet wurde, weil er ihnen Backpulver untergeschoben hatte, ist mir während meiner Zeit als verdeckter Ermittler zu Ohren gekommen. Sie wird aber auch im Buch «Dirty Dealing» von Gary Cartwright erwähnt, der den Drogenhandel entlang der Grenze zwischen Mexiko und den USA untersucht. Diesem Buch habe ich auch Details des Anschlages auf den Richter John Woods sowie die Beteiligung der Familie Chagra und von Charles Harrelson entnommen, dem Mörder des Richters. Hilfreich waren mir in diesem Zusammenhang auch Berichte im «El Paso Journal».

Das Wissen über die Bikerszene in Australien und das Massaker von Milperra verdanke ich dem Buch «Brothers in Arms» von Sandra Harvey und Lindsay Simpson. Lindsay Simpson, die an der James Cook

University Journalistik lehrt, hat mir darüber hinaus viele Fragen zu den australischen Bikies beantwortet. Weitere wertvolle Informationen stammen aus Berichten des «Sydney Morning Herald», des Radio- und Fernsehsenders ABC und von Angehörigen der australischen Sicherheitsbehörden.

Zweifel an der Identität von Leanne Walters tauchten zum ersten Mal im Internet auf, jedoch nie auf vertrauenswürdigen Seiten. Mittlerweile sind die Gerüchte weitestgehend verstummt. Die junge Frau, deren Foto versehentlich in «Brothers in Arms» abgedruckt wurde, hat den Verlag auf Schadensersatz verklagt, ist vor Gericht jedoch abgeblitzt. Untersuchungen der Zähne haben zweifelsfrei erwiesen, dass es sich bei der Toten von Milperra um Leanne Walters handelt. Auch diese Information verdanke ich Lindsay Simpson.

2. Kapitel

Die Angabe zu der Rolle der Bandidos im skandinavischen Bikerkrieg stammen aus mehreren Quellen: der Zeitschrift «The Scandinavian Review», den Zeitungen «Copenhagen Journal» (Dänemark), «The Independent» (England) und «De Volkskrant» (Niederlande) sowie dem Archiv des Instituts für Kriminologie der Sam Houston State University in Huntsville, Texas. Eine unerwartete, aber höchst willkommene Hilfe war mir auch die theologische Bibliothek der Universität Boston, wo ich auf Berichte der Berlingske Media Group stieß, die insbesondere Dan Lynge betrafen. Informationen zu den deutschen Bandidos habe ich dem Magazin «Der Spiegel» entnommen. Die Kenntnisse über das dänische Gefängnissystem verdanke ich einem Bericht des Centre for Conflict Resolution (CCR) in Südafrika, der Website der dänischen Bewährungshilfe und persönlichen Kontakten.

Die Abschnitte, die den Einzug der Bandidos in Kanada behandeln, stützen sich auf die bereits zitierten Quellen. Das gilt vor allem für die

Perspektive der US-amerikanischen Seite. Die Geschichte der Rock Machine und der kanadischen Hells Angels wurde in Berichten des «Toronto Star» und der «Gazette» aus Montreal geschildert. Zudem konnte ich auf die Aussagen von Zeugen zurückgreifen, die bei den verschiedenen Gerichtsverfahren jener Zeit angehört wurden. Das Gleiche gilt auch für das folgende Kapitel. Von der Ausgabe der «Allô Police» mit dem Foto des Handschlags zwischen Faucher und Boucher besitze ich noch heute ein Exemplar.

3. Kapitel

Die Geschichte von „Connecticut Ed" Winterhalders gescheitertem Versuch, die neuen kanadischen Bandidos zu beaufsichtigen, ist in den Kreisen der kanadischen Ordnungshüter bestens geläufig. Eds eigene Version der Ereignisse ist in seinem Buch «Die Übernahme: Von der Rock Machine zu den Bandidos» nachzulesen. Seine Bemühungen, dem Club Struktur zu verleihen, richteten aber mehr Schaden als Nutzen an. Nicht zuletzt dank Winterhalders „Vorarbeiten" konnte die Polizei 2002 einen Großteil der kanadischen Bandidos verhaften. In gewisser Hinsicht haben Eds Mühen also auch die Bühne für die Ereignisse von Shedden bereitet. Dass 80 Prozent der kanadischen Bankräuber aus Quebec stammen, habe ich einer Publikation der Stadt Montreal entnommen. Die Angaben zu Eric „Ratkiller" Nadeau verdanke ich einem Bericht im «Montreal Mirror».

Der unselige Versuch von Joey „Crazy Horse" Campbell, in Alberta ein Chapter der Bandidos zu gründen, wurde vom ersten Tag an von den Behörden überwacht. Details über die Beziehung der Bandidos in den USA und in Kanada stammen aus den zitierten und weiteren E-Mails aus jener Zeit sowie aus den Ermittlungsunterlagen der Polizei. Die Details über die Bikerszene in Winnipeg allgemein und Ron Burling im Besonderen stammen aus einem Bericht in der Zeitung «Winnipeg Free Press».

4. Kapitel

Wayne Kellestines Karriere als Biker habe ich aus Vernehmungsprotokollen der Polizei und des Gerichts sowie Gesprächen mit den bereits genannten Experten rekonstruiert. Zusätzliche Informationen wie das Aussehen von Kellestines Farm und Wohnhaus verdanke ich der «London Free Press». Hilfreich waren auch die Aussagen von MH und andere Beweismittel, die vor Gericht vorgelegt wurden. Dazu gehört auch ein Video, dass während des Aufenthalts der Biker aus Winnipeg auf Kellestines Farm entstand. Für weitere Recherchen bin ich selbst auf dem Gelände gewesen und habe mich dort umgesehen. Die «London Free Press» war die Quelle für die Angaben zu Martin Weiche und dem Hakenkreuz auf seinem Grundstück sowie für die Behauptung, dass Kellestine einst plante, nach einem Banküberfall mit den öffentlichen Verkehrsmitteln zu fliehen. Zurückgreifen konnte ich auch auf Berichte des kanadischen Fernsehsenders CBC und des «Toronto Star».

Die Angaben zu Jamie Flanz beruhen auf mehreren Quellen. Details zu seiner Biografie stammen aus Berichten der «Gazette» und der CBC. Berichte über seine Karriere als Geschäftsmann und den vergeblichen Versuch, ihn vor Gericht zu bringen, finden sich in Unterlagen des Justizministeriums des US-Staates New York. Im Internet bin ich auf die Homepage einer Organisation mit dem Namen Help Desk Institute und dort auf den Eintrag eines Menschen gestoßen, der sich selbst als leitender Angestellter der IT-Firma Onico Solution ausgab. Dieser Eintrag ist mittlerweile verschwunden. Hilfreich waren auch die vielen Gespräche, die ich mit Familienangehörigen und Freunden von Jamie Flanz geführt habe, die nicht der Bikerszene angehören.

Die Angaben zu Michael „Taz“ Sandham verdanken sich ebenfalls mehreren Quellen. Seine Laufbahn bei der Polizei wurde in Berichten des Canwest News Service und der CBC beschrieben. Über die CBC habe ich auch die Information bekommen, dass der frühere Polizeichef von Winnipeg, David Grant, ein Empfehlungsschreiben ausgestellt hat, das Sandham die Anstellung bei einer Sicherheitsfirma eintrug, die im Auftrag der Behörden von Manitoba arbeitete. Weitergeholfen haben mir auch die vielen Gespräche und Interviews, die ich in Manitoba geführt habe. Die Angaben zu Sandhams Laufbahn als Biker stammen überwiegend aus Unterlagen der Polizei und aus E-Mails, die auf dem Computer gefunden wurden, der bei seiner Verhaftung im Juni 2006 beschlagnahmt wurde. In den E-Mails ist auch von den Streitigkeiten zwischen Toronto und Winnipeg die Rede, zudem haben sich MH und Sandham selbst vor Gericht dazu geäußert.

Einblick in das System, nach dem die Hells Angels Drogen transportieren, haben mir vertrauliche Quellen und Unterlagen der Polizei ermöglicht. Die Suche der Hells Angels nach dem verloren gegangenen Kokain haben mir Gesprächspartner in Toronto geschildert. Die Angaben zu dem Treffen hochrangiger Hells Angels und Bandidos in den USA stammen aus dortigen Polizeikreisen. Das Gleiche gilt für die Angaben zu dem Team, das die Bandidos nach Chicago entsandten.

Von George Wegers' Verhaftung habe ich durch meine Kontakte zu den Strafverfolgungsbehörden erfahren. Von dort erhielt ich auch die Information, dass Wegers ein Kopfgeld auf mich ausgesetzt hatte und was seine nächsten Schritte sein würden. Auch andere Hinweise verdanke ich diesen Quellen. Hilfreich waren zudem Berichte der Zeitungen «Seattle Weekly», «Seattle Post-Intelligencer» und «Seattle Times». Dank persönlicher Kontakte weiß ich auch von den Spannungen und Konflikten zwischen der Wegers-Fraktion auf der einen und der Pike-Fraktion auf der anderen Seite. Die Schilderung des Treffens in British Columbia basiert auf Aussagen von MH, auf Polizeiunterlagen und dem E-Mail-Verkehr zwischen verschiedenen Mitgliedern der Bandidos. Auch Sandham äußerte sich vor Gericht dazu.

5. Kapitel

Wie schon im Prolog stützt sich die Schilderung der Ereignisse im Wesentlichen auf die Aussagen von MH, die von Michael „Taz" Sandham weitgehend bestätigt werden. Zusätzliche Informationen verdanke ich Polizeiberichten und Aussagen weiterer Zeugen. Kriminaltechnische Untersuchungen beschäftigten sich mit der Frage, wer wen erschossen hat, und förderten interessante Details zutage. Die Angaben über den Einsatz der Polizei von Durham in jener Nacht stammen aus den Protokollen zu den Einsätzen, abgehörten Telefongesprächen der späteren Opfer und einem Bericht des Polizeioffiziers Perry Graham. Ich habe auch mit dem Mann gesprochen, der in der Mordnacht mit Jamie Flanz und Paul Sinopoli bis nach Woodstock fuhr und hoffte, später wieder mit zurück nach Toronto fahren zu können.

6. Kapitel

Auch bei diesem Kapitel habe ich mich vor allem auf Aussagen MHs gestützt. Zusätzliche Informationen verdanke ich meinen guten Kontakten zur Polizei und Berichten der «London Free Press». Und auch hier decken sich die Angaben Sandhams weitestgehend mit denen von MH. Zu den wenigen Ausnahmen gehört Sandhams Behauptung, dass er sich nach der „Entsorgung" der Leichen nur aus Sorge um seine Familie nicht von den Bandidos abgesetzt habe. Dass Kellestine mit den US-Bandidos in Verbindung stand, ist ebenso durch Beweise belegt wie die Angaben zu Eric Niessen und Kerry Morris. Weitere Angaben zu den beiden Letztgenannten habe ich der «London Free Press» entnommen. Bei meinem Aufenthalt in der Gegend rund um Shedden habe ich mit vielen Einheimischen gesprochen. Darunter waren Forbes Oldham, der am frühen Samstagmorgen beobachtet hat, wie die Leichen weggebracht wurden, und Mary Steele, auf deren Grundstück die Leichen abgelegt wurden. Sie und ihr Mann Russ wurden von Oldham und einem weiteren Nachbarn über die eigentümlichen Vorgänge auf ihrem Grund und Boden informiert. Weitere Details stammen aus den Zeugenvernehmungen vor Gericht; der Prozess dauerte jedoch noch an, als dieses Buch entstand.

7. Kapitel

Auch dieses Kapitel fußt im Wesentlichen auf Aussagen von Zeugen und anderen Beweisen, die im Laufe der Ermittlungen zusammengetragen wurden. Die Angaben zu MHs Biografie und seiner Karriere als Drogendealer und Biker stammen von ihm selbst. MH hat sich auch zu Tim Diack und dem beiderseitigen Verhältnis geäußert. Um mich abzusichern, habe ich aber auch die Aussagen von Tim Diack selbst und seinen Partner George Van Macklebergh berücksichtigt, die sich gegenüber dem Untersuchungsrichter geäußert haben. Zusätzlich habe ich Tim Diack befragt, obwohl er sich gerade auf unbestimmte Zeit hatte beurlauben lassen. Auch mit Mark Loader von der OPP habe ich gesprochen. Die Angaben zu Diacks Erziehungsurlaub standen in einem Artikel des Magazins «Business Edge». Einige der Angaben zur Geschichte der Motorradclubs in Manitoba verdanke ich einem Bericht der «Winnipeg Free Press».

Die Details zu Michael „Taz" Sandhams Fahrt nach Texas, wo er sich mit dem Präsidium der Bandidos treffen wollte, habe ich Zeugenaussagen und diversen E-Mails entnommen, die zwischen Winnipeg und Texas kursierten. Frank Lentis Begegnung mit den Hells Angels wurde mir von mehreren Gesprächspartnern geschildert, weitere Details verdanke ich dem «Toronto Star» und der Sun Media Group. Einem Bericht im «Georgia Advocate» und Informationen der Metroland Media Group verdanke ich die Angaben zu dem Mordkomplott der Hells Angels gegen Lenti.

Die zum Teil widersprüchlichen Informationen zu den Ereignissen, die Gegenstand dieses Kapitels sind, stammen aus Interviews und

Gesprächen, die ich in Manitoba mit Mitgliedern der Indian Posse und der Manitoba Warriors geführt habe.

8. Kapitel

Ein Großteil der Informationen stammt aus Quellen, die ich bedauerlicherweise nicht preisgeben kann. Zusätzlich verwendet habe ich Angaben aus europäischen Medien, die bereits erwähnt wurden. Die Details über die Verhältnisse in Deutschland stammen von der Deutschen Presse Agentur. Die Ereignisse in Finnland wurden in der finnischen Tageszeitung «Helsingin Sanomat» beschrieben. Die Angaben über den Angriff auf dem Flughafen von Birmingham stammen aus Artikeln in der Zeitung «Birmingham Mail».

Zusätzlich zu den erwähnten Quellen habe ich für die Passagen zu den australischen Bandidos und den anderen Biker-Clubs auf Berichte der Zeitungen und Nachrichtenagenturen «Herald Sun», «Daily Telegraph», «Sydney Morning Herald», «Geelong Advertiser» und Australian Associated Press zurückgegriffen. Bei dem Experten, der sich zur Geschäftstüchtigkeit der Bandidos äußert, handelt es sich um Dr. Mick Kennedy von der University of Western Sydney, den ich nach einem Artikel in dem Magazin «Australia» zitiere. Die Angaben zu den Bandidos-Chaptern in Asien stammen zum Teil von den Websites, die der Club in jedem Land unterhält, in dem er vertreten ist. Leider sind sie aber nicht alle durchgehend freigeschaltet. Weitere Details stammen aus den «Pattaya Daily News» sowie von den Agenturen Indo-Asian News Service und Express News Service. Die Angaben zur Bikerszene in Japan habe ich der «Far Eastern Economic Review» und der englischen Zeitung «Telegraph» entnommen.

Die Schilderung der Entwicklung der nordamerikanischen Bandidos in der Zeit nach Shedden stammt zum größten Teil aus bereits erwähnten Quellen. Detaillierte Angaben zu Punkten wie der Verhaftung und Verurteilung von George Wegers sind Berichten der «Seattle

Times» und «Seattle Weekly» entnommen. Die Passagen, die sich mit den Versuchen in Winnipeg und Toronto, die Bandidos in Kanada am Leben zu erhalten, und den daraus resultierenden Konflikten beschäftigen, stützen sich in erster Linie auf E-Mails und Aussagen beteiligter Personen.

Von der Neugründung der Rock Machine habe ich durch Quellen in Quebec erfahren. Berichte im «Toronto Star» und der «Winnipeg Free Press» bestätigten diese Angaben und lieferten weitergehende Informationen, darunter auch die über den Besuch der australischen Biker in Kanada. Weitere Details stammen aus Interviews und Gesprächen, die ich geführt habe.

Anhang, erster Teil: Glossar

Die Informationen im Glossar entsprechen dem, was ich in meiner Zeit als Bandido gelernt und erfahren habe. Seit jener Zeit weiß ich recht genau, wie die Bandidos ticken. Während meiner Arbeit als verdeckter Ermittler war das eine Art Lebensversicherung.

Anhang, zweiter Teil

Die Kopie der Regeln der Bandidos fand die Polizei bei einer Durchsuchung auf Wayne Kellestines Farm. Wie schon im Falle des Gelübdes eines Einprozenters existieren auch von diesen Regeln verschiedene Varianten. Die Unterschiede sind jedoch marginal. Klar ist auch, dass sich nicht jedes Chapter der Bandidos Wort für Wort an diese Regeln hält.

Anhang, dritter Teil

Die Liste mit den Chaptern der Bandidos ist der Website des Clubs entnommen, die offenbar von den dänischen Bandidos betrieben wird.

Viele außeramerikanische Chapter haben aber auch eine eigene Website. Die US-Bandidos kommunizieren lieber über MySpace und ähnliche Seiten. Die Liste spiegelt den Stand von 2009 wider. Es ist gut möglich, dass sich daran unterdessen etwas geändert hat. Die Angaben zu den Support Clubs stammen aus Polizeiquellen.

Anhang, vierter Teil

Die Informationen über die anderen großen Motorradclubs stammen ebenfalls weitestgehend von deren Websites. Vor allem die Outlaws machen im Internet recht genaue Angaben über die Geschichte des Clubs. Interessanterweise verschweigen sie auch die Polizeiaktionen nicht, die gegen den Club und seine Mitglieder gerichtet waren. Des Weiteren konnte ich mich auf viele derjenigen Quellen stützen, die ich auch bei der Darstellung der Geschichte der Bandidos in Kapitel eins verwendet habe. Die Unterlagen des US-Justizministeriums erwiesen sich als besonders hilfreich. Die Angaben zu dem Mordanschlag der Outlaws in England stammen aus der «Times».

Die Informationen zu den Pagans habe ich Berichten der «Express-Times» aus New Jersey, der «Philadelphia CityPaper» und der «Pitsburgh Post-Gazette» entnommen. Die Angaben zu Surt, dem Vernichter allen Lebens, der als Vorbild für Zutar, dem Erkennungszeichen der Pagans diente, habe ich in dem Buch «The Viking War» von Edmund Meadows gefunden.

Details über die Mongols verdanke ich Berichten in der «Chicago Tribune», der «Los Angeles Times» und dem «Telegraph». Die Geschichte der Unterwanderung der Mongols beschreibt William „Billy“ Queen ausführlich in seinem Buch «Ermittlung auf vier Rädern». Die Schilderung des Angriffs auf das Clubhaus der Hells Angels in Sorel, Quebec, der den Mongols zugeschrieben wird, habe ich von der «Gazette» und der CBC übernommen.

Mancher Leser mag sich fragen, warum den Hells Angels in diesem Anhang kein eigener Abschnitt gewidmet ist. Habe ich über die nicht schon genug gesagt? Überdies ist der Club bereits bestens dokumentiert. Es ist sicherlich nicht übertrieben zu sagen, dass mit der Geschichte der Hells Angels weitaus mehr Menschen vertraut sind als mit der Geschichte aller anderen Clubs zusammen.

Über den Autor

Alex Caine berät die Polizei bei ihren Ermittlungen gegen Motorradclubs und tritt zudem häufig als Referent bei Konferenzen und Tagungen der Polizei auf. Als Kampfsportler ist er Träger des schwarzen Gürtels und Mitglied der World Kickboxing Association. Sein Buch «Befriend and Betray», in dem er seine Erlebnisse als verdeckter Ermittler schildert, war in Kanada ein Bestseller und schaffte es in der Kategorie „Bestes Sachbuch" in die Auswahl für den Arthur Ellis Award. Das Buch «Charlie and the Angels: The Outlaws, the Hells Angels and the Sixty Years War« wartet derzeit auf einen Veröffentlichungstermin in seiner Heimat.